苏州文脉

主编：王家伦　高万祥
撰稿：（以姓氏笔画为序）
王家伦　顾毓凡　高俊清
董玉叶　潘新娜
摄影：王家伦等

东南大学出版社
·南京·

图书在版编目(CIP)数据

苏州文脉/王家伦,高万祥主编.—南京:东南大学出版社,2019.6

ISBN 978-7-5641-8401-8

Ⅰ.①苏… Ⅱ.①王…②高… Ⅲ.①文化史—苏州 Ⅳ.①K295.33

中国版本图书馆CIP数据核字(2019)第084477号

⊙ 本书得苏州大学文学院汉语言文学省品牌专业建设经费资助

苏 州 文 脉
Suzhou Wenmai

主　　编:王家伦　高万祥
出版发行:东南大学出版社
社　　址:南京四牌楼2号　邮编:210096
出 版 人:江建中
网　　址:http://www.seupress.com
经　　销:全国各地新华书店
印　　刷:江苏凤凰扬州鑫华印刷有限公司
开　　本:700mm×1000mm　1/16
印　　张:18
字　　数:343千字
版　　次:2019年6月第1版
印　　次:2019年6月第1次印刷
书　　号:ISBN 978-7-5641-8401-8
定　　价:48.80元

本社图书若有印装质量问题,请直接与营销部联系。电话(传真):025-83791830

留存姑苏永久的梦
（代序）

近年来，苏州传统文化类图书出版兴旺。林林总总，既有通史类的鸿篇钜制，也有就某一时段、门类，或某个方面，进行著录和探究的专著；既有发前人之所未见、精心建构欲以传世之作，也有可供想窥见姑苏文化概貌者需要的通俗读物。举凡名人、文物、沿革、遗迹、故事、传说、行当、图籍，几乎无不涉及，再要想在这个领域里有所开拓，难矣哉。

在苏州传统文化研究和传承工作中要有新的构想、新的营建，就得进行精神突围，就要打破既定的思维格局，从当下线性的、平面的、散叶式的研究方法和呈现方式中跳出来，打通古今，纵横勾连，从史学、文学和哲学，甚至社会学、民俗学、方志学、考古学等各个角度综合考量，让历史文化得以现场面貌重现。

王家伦、高万祥两位先生主编的《苏州文脉》，较完美地体现了上面提出的要求，可谓是苏州文化整理、研究和普及工作的一个很好的突破。

《苏州文脉》的总体设想，是以历史名人事迹的记叙为经，从各个不同角度展开，介绍有关人物的诸多方面，窥见那个特定时代的风情，感受这座城市的悲欢冷暖，永葆一个绝代风华的梦。

宏观上看，《苏州文脉》的总体构成，是以人物为主线，从吴地三千年历史长河中，挑选了近百位耆宿乡贤或有过重大影响的人物，以生年次第相承，以其姓名命篇。每篇文字，多含“历史回放”“轶事趣闻”“诗文赏读”“寻古访胜”“文化辞典”等五个部分。

微观上看，篇章中的各个部分，都守着自己的边际，有着自己的内涵，分别发挥着自己的功能作用。“历史回放”，意在为人物立传，或者留存其事迹中最为重要的片断。事由人生，用纪传体，这是中国传统史籍用得最多的文体。苏州又有着以乡里先贤事迹垂训后世的传统，叶圣陶先生晚年在沧浪亭，指点五百名贤碑对子女说过：“打头的那位是吴泰伯，孔子的学生言游也在内，总之都是对苏州有贡献的乡贤。我念小学的时候，章伯寅先生常带我们来这里讲墙上的名贤；特地指着顾亭林的像，要我们牢牢记住他说的‘天下兴亡，匹夫有责’。还跟我们说‘五百名贤还没有满额，后面还留着地位等你们呐’”。本书所收入的人物，较传统意义所说的“乡贤”更为宽泛，但着眼点仍在“贡献”，除了道德品行堪为世范的忠臣义士、鸿儒大家、诗人墨客以外，还增添进另一类人物，诸如画师工匠、医卜僧人、贩夫走卒、歌女绣娘，乃至草莽英雄，这样，我们就能从书中看到苏州文化圈内长期隐而不显的人物，有如见到徐扬笔下的《姑苏繁华图》中的人物群像。

“轶事趣闻”，选录了有关人物的传说故事，其中有些是信实的，可补正史之缺失，有些虽是齐东野语，但也彰显了公众的情感评价，有助于认识人物和有关的那段历史，增添阅读兴味。“诗文赏读”，选入历史人物自己的作品或他人的有关题咏，可以作为参读材料。“寻古访胜”会和你一道轻轻地揉动城市柔软的海绵体，将吸汲进去的记忆压出，抚摸条条路路细密的手纹，审视伤痛、灾难刻烙下的伤痕，重现你未曾经历过的姑苏岁月风光。姑苏文化是怎样进入辞书典籍、百度、搜狗等数据库的？是怎样融入全民族话语系统，化为成语、谚语、口头语、歌谣留存在世世代代华夏人集体无意识之中，成为永生的不死鸟的？“文化辞典”会帮你找到很好的答案。

历史文化是城市的灵魂。姑苏文化承载着长达三千年的悠久文明，具有跨越时空、超越地域的永久魅力，是见证这座城市变迁的历史年轮，是彰显古城个性的遗传密码，是增强水城走向世界自信的金色名片，也是苏州得以可持续发展的核心竞争力。对于上面涉及的方方面面，《苏州文脉》均作出了很好的回应。

《苏州文脉》图文并茂，庄谐兼具，较之传统和近出的同类读物来，也许会有更强的生命力。

《苏州文脉》，显示出这座城市汩汩滔滔、历古至今的流淌的血脉，让你去把、去切、去悟察，让你的血脉和应着它一起跳动。

感谢王家伦、高万祥两位先生以及共同打造这本读物的朋友们的劳作，让我的展读也成了享受。

草草写了一点阅读体会，权以为序。

秦兆基

年值丁酉，时在岁暮，春花待发，朗月照户

说　明

一、本书的内容

“文脉”,指的是文化脉络。这文化,是一种宽泛意义上的文化,涉及面甚广。

二、本书的取材

本书选取了近百位在苏州历史上影响重大的人物。至于近百人的定位标准,首先是“生不立传”,其次为该人在历史上的影响大小,其三为自己掌握的材料多寡。至于一些历史影响巨大而我们掌握材料不多的文化名人,则只能割爱。

三、本书的结构框架

以历史进程为经,分为5大单元。单元下以具体历史人物一到数人为篇,每篇主要涉及以下内容:

历史回放:演绎该人生平,从“正史”的维度简介该人,特别重视其与苏州的关系。

轶事趣闻:收集有关该人的轶事、民间传说,不受“苏州”的限制。

诗文赏读:选取与该人有关的诗文,必要时作简单注释并赏析。

寻古访胜:展示与该人相关的在苏州的最主要的遗迹,并辅以现状照片。

文化辞典:诠释与该人相关的最主要的几个概念甚至俚语。

四、本书的特别表述

为叙述简洁,书中凡传主籍贯、出生地涉及吴郡、平江和吴县、元和县、长洲县等者,一律称为“苏州”;而涉及苏州以下的其他县级市(包括吴江),则不在其前冠以“苏州”。

五、有关图片

凡人物肖像皆来自相关书籍、有关景点的雕塑以及苏州市名人馆,凡“寻古访胜”栏目中涉及的景物照片,主要为自己拍摄,也有少数由亲朋好友提供。

王家伦

2019年5月

目　录

开荒拓蛮　逐鹿争霸

秦汉风云　六朝遗韵

盛唐气象　两宋文豪

明代风流　人文昌盛

清水洪波　近世俊彦

泰伯庙

泰伯与仲雍

三千多年前，东太湖流域是一大片广袤的沼泽地，那儿水源充沛，绿树成荫，碧草如茵，有大片的可耕地。然而，与黄河流域相比，这里文化严重落后，习俗怪异不近人情，人们截短头发，身刺花纹，就是所谓的“断发文身”。

历史回放

因为两个人的到来，东太湖流域有了质的变化。这两人就是泰伯和仲雍。

渭水之滨的周太王古公亶父生有三个儿子：长子泰伯（亦作太伯，约公元前1165—前1074）、次子仲雍（生卒年月不详）、三子季历。季历的儿子就是后来的周文王姬昌。姬昌从小聪明异常，颇有王者风范，深得祖父宠爱。言谈之间，古公亶父常流露出将姬昌当作继承人的意向。但是，按照“有嫡立嫡，无嫡

泰伯像

立长”的古老传统，姬昌的父亲季历排行老三，无论如何没有资格承嗣王位，姬昌也就更没有机会了。泰伯和仲雍知道了父亲的心事后，故意假托为患病的父亲外出采药，逃避到西面的吴山(今天宝鸡县、陇县交界处)，把继承王位的机会让给弟弟季历。这是泰伯“一让王位”。

泰伯、仲雍入吴山不返，这样，季历就被改立为太子。不久，古公亶父因病去世，泰伯、仲雍得知父亲病故的消息后立即赶回奔丧，季历定要把王位让给泰伯。泰伯千般避让未见效果，只好带着弟弟仲雍举族南迁，到了吴地——以苏州为中心的东太湖流域。这是泰伯“二让王位”。

泰伯、仲雍来到吴地后，也是“断发文身”，和当地人一起开发江南，并把北方先进的文化、技术教给当地人。慢慢地，原先人烟稀少、土地肥沃的“荆蛮”之处逐渐成为人丁兴旺、经济发达的富庶之地。泰伯、仲雍也因之被当地人推举为部族首领。泰伯、仲雍在吴地建了一个新国家，号为“句吴(勾吴)”。大约公元前1193年，他们的三弟季历被商王杀害，季历的儿子姬昌力邀泰伯回中原继位，泰伯再次让位。这就是让百姓肃然起敬的泰伯“三让王位”。

而周，也在姬昌的带领下逐步发展，最后一统天下，建立了八百年的基业。真所谓“至德无称，八百开基绵世泽；天伦信美，千年遗范在人间”。

周武王统一天下后，寻找泰伯、仲雍的后代，那时候，仲雍的曾孙周章已做吴君，武王就因此正式封周章为句吴国君。“句吴”立国后的数百年间，吴地人开垦荒地，兴修水利，畅通物流，逐步国富民丰，兵强马壮。

轶事趣闻

【仲雍又称虞仲的原因】仲雍又称“虞仲”，不仅常熟地方志上有，而且许多古籍上也有记载。众所周知，仲雍姓姬，“虞”不可能是仲雍的姓。据古籍记载，仲雍的曾孙中有一位叫仲，就是我们上文所说的周章的弟弟。仲被武王封国于虞(今山西省运城县附近)，故称“虞仲”。距今七百多年的南宋著名文人，苏州人范成大曾在他的巨著《吴郡志》中作过考释，他的意见是：虞仲被武王封国于虞，后代人把虞仲的封国“虞”的名称冠于他的始祖仲雍之前，所以仲雍又称虞仲。也就是说，祖先跟后代子孙姓。

诗文赏读

之荆操咏泰伯庙

高　启

粤我有土，岐山之下；孰是营之，维我考祖。

今我于迈，自岐徂荆；岂不怀归，念我弟兄？

民勿我思，我思安只；国已有后，先君季子。

高启的《之荆操咏泰伯庙》是一首“诗经体”的四言诗。诗题的“之荆”，就是“奔荆蛮”到江南一带，实际上，就是说“奔吴”。

这是一首很有趣的诗，说有趣是因为作者采用了一个有趣的角度，那就是从泰伯的“主观镜头”来叙事抒情。“粤”古同“聿”“越”“曰”，文言助词，用于句首；“维”，也是句首语气词。开头四句说，我们(按：用泰伯口气，下同)周人在岐山之下有自己的乐土，经营者就是我的父祖。紧接着四句说，如今我从岐山到江南，难道不想回乡吗？难道不想念我的弟兄吗？“迈”，行。第三层的意思很明确，我愿岐山的百姓不要想念我，我已在江南安居，国家已经有了继承者，那就是季历。前一个“思”为动词思念，后一个“思”为语气词。

这首诗经体的琴曲，因为其特殊的诗体，更因为第一人称的手法，把读者与泰伯的心灵距离拉近。特别是对圣贤内心矛盾的揭示，更让圣贤可亲可近。

寻古访胜

【苏州泰伯庙】早在东汉永兴二年(154)，苏州郡守麋豹就在阊门外建庙，以奉祀泰伯。后来吴越王钱镠将泰伯庙搬迁到阊门内下塘，就是今天的泰伯庙所在地。北宋元祐年间诏号“至德”庙。近千年来，因天灾人祸，泰伯庙屡毁屡建，但香火不绝。1982 年，泰伯庙被公布为苏州市文物保护单位。2014 年 5 月，泰伯庙经部分整修后向公众开放。如今能见到的苏州泰伯庙，主建筑共两进。第一进为仪门，题额为“泰伯庙”；第二进就是正殿，题额为“至德殿”。仪门和正殿之间，两侧是双层的庑殿，放置着有关泰伯、仲雍等吴国先贤事迹的介绍。也就是说,仪门、正殿和两侧的庑殿构成一个大大的“口”字。

提示:苏州市区最靠近泰伯庙的公交车站为“皋桥”“阊门横街”。

仲雍墓

【虞山仲雍墓】仲雍墓位于常熟虞山。虞山古称乌目山,横卧于常熟城西北,北濒长江,南临尚湖,是国家AAAA级景区。因状如卧牛,故又称卧牛山。因为虞仲(即仲雍)去世后葬于此山东麓,故后人将乌目山改称虞山。仲雍墓东向,墓道石级依山而上,依次耸立着三座建于清代的冲天式石牌坊。第三道牌坊上的楹联曰:“一时逊国难为弟;千载名山还属虞。”“逊国”,让出国君的位子;“难为”,指的是不易做到,作为老二的仲雍,和老大泰伯一起让位,确实是不易做到的。“名山”,“名”为动词,给山命名之意,就如《醉翁亭记》中“名之者谁?太守自谓也”。上下联为转折关系:虽然是和哥哥一起让出国君的位子难为了他,但此山命名为“虞”,也可以名垂千古了。第三道牌坊后就是仲雍墓了。

提示:常熟市区最靠近仲雍墓的公交车站为“言子墓”。

文化辞典

【至德】最高的道德;盛德。子曰:“泰伯,其可谓至德也已矣。三以天下让,民无得而称焉。”意思是泰伯可以说是品德最高尚的人了,几次把王位让给季历,老百姓都找不到合适的词句来称赞他。后代以“至德”代称泰伯,如泰伯庙就称为“至德庙”;而苏州等地,被称为“至德之邦”。

【句吴】即“勾吴”(gōuwú),即泰伯、仲雍建立的吴国。《史记·吴太伯世家》:“太伯之犇荆蛮,自号句吴。”

【伯、仲、叔、季】古人家中孩子排序,伯是老大,仲是第二,叔是第三,季是最小的。一般情况下,“伯仲”指的就是兄弟,如杜甫诗“出师一表真名世,千载谁堪伯仲间”。“伯”也称为“孟”,如春季的三个月,第一个月称为“孟春”,第二个月称为“仲春”,第三个月称为“季春”,其他季节亦然。

寿梦坟

寿　梦

穿越时空的隧道,历史的车轮不停地转动。到吴王寿梦在位,一个可以和中原诸侯各国并驾齐驱的蒸蒸日上的强大吴国就在东南崛起了。

历 史 回 放

吴王寿梦(前 620—前 561),为仲雍第 19 世孙,吴王阖闾的祖父。寿梦以前,吴越一直被中原各国视为“蛮夷”。寿梦作为一代君王,雄才大略,视野开阔,锐意进取,采取不少得力措施,为吴国崛起作出了杰出贡献。

首先是“扬己长”。由于地处水乡泽国,吴国的水军发展较早,战斗力很强。我国历史上第一支水军,应该说首创于吴国。

其次是“走出去”。在即位的第一年,他亲自带队去洛邑朝见周天子,并沿

吴王寿梦像

途访问了不少中原国家,决心把别的国家的先进文化和先进技术吸收过来,加速本国的发展。在他的倡导下,吴国向中原学习文化,一时形成风气。

第三是"请进来"。寿梦即位的第二年,楚国有个名叫申公巫臣的大夫,在国内受到排挤而出逃,他见吴国正在强大起来,就想借吴国的力量攻打楚国,此事正中寿梦下怀。于是,申公巫臣就带领125个兵士和一些战车,来到吴国,教会吴国士兵使用战车和射箭等军事技术。

随着经济力量和军事力量的壮大,吴国开始向外扩张。寿梦二年,吴国就开始攻打楚国,前后达七次,使楚国疲惫不堪。史籍载寿梦时"吴始大",从寿梦时开始,吴国成为拥有今江苏、上海、浙江、安徽等地的泱泱大国。吴也是从寿梦开始有了纪年和文字记载。由此,"勾吴"构建起它在先秦短暂却影响深远的辉煌史。

轶事趣闻

【寿梦名源】吴王寿梦,又称邗王,寿梦名"乘","寿梦"为王号。"乘"字在青铜铭文中,是一个人张开双臂,叉开双腿站立在大木筏上。如此"乘"字含义非常清楚。寿梦的"梦"古音读"忙"(现代吴方言仍如此读),古字音同则字通(但必得照古音读),"梦"即通"网",寿梦之意是"长久牢固之渔网"。他的名与王号都与吴地的水、鱼密切相连。

诗文赏读

望虞辞

滕新

孰姑居句吴,孰哉居蕃离。一在皇山东,一在皇山西。相望不相即,喟然长别离。此地已端委,彼邦胡羸衣。让周本无迹,让商有谁知。

作者滕新,事迹不详。

这是一首五言古风。读这首诗前,必须先搞清楚几个人名与地名。"孰哉",仲雍的字;"孰姑",寿梦的字。"皇山",即鸿山,位于无锡城东北靠近苏州处,为泰伯的墓地。皇山之北即是常熟虞山,是仲雍的墓地;皇山之西就是"蕃离",一般认为就是无锡梅里,仲雍曾经建都的地方;皇山之东就是"句吴",如今的苏州,寿梦建都的地方。

这首诗的开头四句属于说明性文字,是为了引出下面两句"相望不相即,喟然长别离"。祖先和后代各自所建的都城,虽然都在吴地,但终究不是在一起。下面两句的意思甚为深刻:在小小的吴地查查底细,祖先与子孙所居之地已经不在一起了,更何况当年的西岐与东南沿海之间的习俗完全不同!那么,究竟是什么原因促使了泰伯、仲雍采取如此大的举措呢?最后两句作了另一种解答:说是为了让位给姬昌建立周朝,查无实据;实际上是为了逃避父亲古公亶父伐商的举措!

寻古访胜

【真山公园】真山地属苏州高新区浒关镇,312 国道附近。1992 年 11 月,苏州郊区浒关真山采矿二厂在真山开山炸石,暴露出了凿山为穴的古墓。参加考古活动的苏州博物馆钱公麟、朱伟峰两位先生发表在《苏州大学学报》(自然科学版)上的文章《苏州真山墓地的发掘与收获》云:根据专业人士的研究,认定真山 1 号墓是吴王寿梦墓。如今,一个"真山公园"已粗具规模,真山在公园的西北角,山顶上的凹下处就是当年开挖的遗留。

提示:苏州市区最靠近真山公园的公交车站为"华通花园一区"。

文化辞典

【兄终弟及制】这是一种继承制度。在中国历史上多见于远古和少数民族早期政权。吴王寿梦为了让小儿子季札能继承到王位,逝世前提出"兄终弟及"制,导致了阖闾派遣专诸刺杀王僚的悲剧。

伍相祠

伍子胥

历史的车轮是不会停止的,每个历史阶段,都会有不同的主角登场。即将上演的一出波澜壮阔的历史剧的主角之一是伍子胥。

历史回放

伍子胥(前559—前484),楚国贵族的后裔。他的父亲伍奢是楚国太子太傅,负责教导太子建。太子被费无忌所诬陷,伍奢也受到了牵连。费无忌对楚平王说:“伍奢有两个儿子,都有才干,不杀掉将成为楚国的大患。可将他们的父亲作为人质,将他俩召来,不然就会成为楚国的祸害。”楚平王听信了费无忌的话,派使者对伍奢说:“你若将你的两个儿子召来可免你一死,不然性命难保。”伍奢说：“大儿伍尚为人仁厚，召他一定会来；小儿伍员（即伍子胥）为人刚烈暴戾，忍辱负重，能成大事，他料到来后会一起被擒，一定不会来。”平王不听，派人召伍奢的两个儿子说：“你们若来，我就让你们父亲活命；不来，马上就杀掉他。”

伍子胥像

伍尚要去，伍子胥说：“楚王召我兄弟俩，并不是为了让父亲活命，是怕我们逃脱后成为祸患，所以拿父亲作为人质，假意召我兄弟俩。我兄弟俩一到，父子三人就会一起被杀，我们死了便不能报仇雪恨。不如投奔别的国家，借他国的力量来为父亲报仇。”伍尚说：“我知道应召前去也不能保全父亲的性命，可是父亲召我们，而我们不去，以后又不能报仇雪恨，到头来岂不被天下人耻笑。”又说：“你逃走，你可以报杀父之仇，我将安心就死。”伍尚束手就擒。

伍尚到了楚国都城，楚王将伍奢并伍尚一道杀死。伍子胥只身逃往吴国。

逃到吴国后，伍子胥推荐专诸给吴王阖闾刺杀吴王僚，使得阖闾夺取王位。阖闾向伍子胥请教富国强兵之策。伍子胥认为吴国地处东隅，三面受敌，又有江海之患，一旦强敌入侵，对吴国十分不利。只有兴建一座大城，驻兵屯粮，方能永保千秋大业。阖闾听取了建议，便命伍子胥监造阖闾大城。

后来，伍子胥又辅佐吴王阖闾修法制以任贤能，奖农商以实仓廪。又举荐精通兵法的孙武为将，选练兵士，整军经武，使吴成为东南地区的强国。

公元前 506 年，吴王阖闾调动全部兵力攻打楚国，攻破郢都，伍子胥掘开楚平王的坟墓，挖出尸体，抽打了三百鞭才罢休。

吴王夫差继位后，打败了越国，越王勾践投降，伍子胥认为勾践不死，必为吴国大患，请求杀掉越王勾践，一举消灭越国。但是夫差为伯嚭所谗，不听苦口良言，反而派伍子胥出使齐国。伍子胥对他的儿子说：“我多次规劝大王，大王不采纳我的意见，我现在已看到吴国的末日了。你与吴国一起灭亡，没有好处啊！”于是将他的儿子托付给齐国的鲍牧，就返回吴国向夫差汇报。伯嚭乘机进谗言，诬陷伍子胥有谋反之心。

公元前 484 年，夫差赐剑令伍子胥自尽。后来吴国果然被越王勾践所灭，夫差羞于在阴间见到伍子胥，用白色丝巾蒙住双眼后举剑自尽。

轶事趣闻

【千金报恩】伍子胥在逃离楚国途中,饥困交加,一次他见一位浣纱姑娘竹筐里有饭,于是上前求乞。姑娘顿生恻隐之心,慨然相赠。伍子胥饱餐之后,出于安全原因,要求对方为他的行踪保密。姑娘觉得人格受辱,随即抱起一石,投水而死。伍子胥见状,伤感不已。他咬破手指,在石上血书:"尔浣纱,我行乞;我腹饱,尔身溺。十年之后,千金报德!"后来伍子胥报了大仇之后,又想到要报恩,但苦于不知姑娘家地址,于是就把千金投入她当时跳水的地方。据说这就是"千金小姐"说法的由来。

【一夜白头】伍子胥要想进入吴国,必须要越过昭关。昭关在两山夹峙之间,前面便是大江,形势险要,并且有重兵把守,过关真是难于上青天。伍子胥心急如焚,辗转反侧,一夜之间,竟然头发全白,容貌改变。于是更衣换装,终于混过了昭关,进入吴国。伍子胥过昭关一夜白头的故事就此流传下来。

【年糕筑城】苏州城墙建起来后,吴王阖闾摆下盛宴庆贺,君臣忘乎所以,纵情欢乐。席间,唯一的清醒者就是总设计师伍子胥,他说,如果我们的阖闾大城被敌人紧紧包围,吴国援尽粮绝,濒临灭亡时,大家可去匠门(今相门)城下掘地三尺取粮。阖闾去世后,他的儿子夫差继承王位。夫差听信谗言,逼迫伍子胥自杀。越王勾践经过十年卧薪尝胆,最后背信弃义举兵伐吴。那年的寒冬腊月,越军把阖闾大城团团围住。时间一长,吴军粮源得不到补充,有位当年伍子胥的随从记起伍相的嘱咐,急忙召集大家一起到相门城楼下掘地三尺,果然发现城墙基础竟是用糯米粉做的糕砌起来的。于是大家把糯米糕挖出来食用,终于度过了一时的难关。此后每到寒冬腊月,苏州人就会准备糯米糕,一来表示对伍子胥的纪念,二来与亲朋好友分享。因为寒冬腊月与过年连在一起,所以这种糕又被称为"年糕"。

【端午之源】由于伍子胥尸沉于胥江之事比屈原投江为早,有些文献认为中国端午节的习俗与伍子胥有关,而非屈原,如划龙舟与食粽子。直到今天,苏州百姓都这么认为。

【悬目西门】伍子胥最终被赐剑自刎。临终前,他对夫差派来的人说:"我死后可将我的眼睛挂在苏州西门城门上,我要看着越军入城。"后来越军果然攻破苏州城,据说城头上伍子胥的眼睛突然睁开,吓得越军连忙撤退。晚上,越王勾践梦见伍子胥对他说:"我早就知道你会来,只怨我们的大王不听忠言。”勾践害怕了，最后带兵从东门进入苏州城。吴方言中，“西”与“胥”同音，从此以后，苏州“西门”就称为“胥门”。

诗文赏读

题伍子胥庙壁

唐　寅

白马曾骑踏海潮，由来吴地说前朝；眼前多少不平事，愿与将军借宝刀。

唐寅的这首七绝，是作者游历吴地伍子胥庙时的感怀之作。从诗题和诗意看，此诗为题在伍子胥庙中壁画旁的题画诗。由怀古到抒情，是这首诗的显著特点。前两句为怀古，颂扬助吴王阖闾、夫差强国称霸的伍子胥的神勇威武；后两句为言志，抒发愤世嫉邪的心志。

“白马曾骑踏海潮”，传说伍子胥死后化为潮神，每年八月钱塘江大潮时，可以看见伍子胥驾着白马拉的战车，立于潮头浪尖，这是想象，属于写“虚”。然而又是写“实”，指伍子胥庙中壁画，伍子胥曾为吴王阖闾训练水师，吴国水师为当时诸侯国最精锐威猛之师，故后人在伍子胥庙中作此壁画以寄悼念。“由来吴地说前朝”，来到吴地游玩的骚人墨客，都会说起当年伍子胥帮助吴王称霸的史事。然后，作者突然笔锋一转，联系到当前的一系列“不平事”，这些“不平事”，既有作者的所见所闻，也有作者的自身遭遇，如科场舞弊案等。在这样的情况下，产生向伍将军“借宝刀”砍向浑浊世界的念头也就理所当然了。

寻古访胜

苏州盘门

【伍相祠】伍相祠在盘门景区西部，与城楼为邻，于1988年翻建，是纪念一代忠臣伍子胥的庙宇。伍相祠分东西两院。东院由厅堂、廊亭和花园组成，庭院内点缀花木湖石，四周曲廊，翠竹石笋掩映于漏窗之外。西院庄重肃穆。正殿三间为伍相祠,“气壮山河”的横匾下,高约 4 米的伍子胥彩绘塑像栩栩如生,令人肃然起敬。伍相祠内有一千年夹石,实为古时庙宇的旗杆石。古人在此庙做法事,白天必在夹石中立杆挂幡旗,晚上则挂起长明灯。“凡入城者必敬礼之”,夹石逾千年,表达了苏州人对伍子胥不朽功勋的崇敬,抒发了对伍子胥“忠而见谤,信而见疑”的不平和惋惜。

提示:苏州市区最靠近的公交车站为“盘门”“盘门景区北”。

【胥门】也称老胥门,相传为伍子胥当年悬目之处。1982 年被列为苏州市文物保护单位。现存城门为元至正十一年(1351)重建,明清重修。胥门与盘门同为苏州幸存的古城门。

提示:苏州市区最靠近的公交车站为“胥门”。

文化辞典

【阖闾大城】即古苏州。这个规模宏大、气势雄伟的阖闾大城,就是由伍子胥“相土尝水,象天法地”勘测设计的。所造大城呈不规则四边形,城周长约 40 里,置水陆城门各 8 个,东西南北各开两个门。城内街衢宽广,河道纵横,水陆交通,四通八达,为两千五百年来苏州的繁荣昌盛奠定了基础。比如水陆城门的盘门,既能蓄水军,又能出陆军,其建造精巧,在中国是独一无二的,连联合国教科文组织的官员都赞叹其不可思议。又比如绕城而围的护城河,既有泄水之便,又有航运之利。两千五百年间,苏州古城内从未发生过漫城的水患。

【先有伍子胥,后有苏州城】这是老苏州们说起吴越春秋时常挂在嘴边的一句话。实际上说的就是最早的苏州城由伍子胥建造。

【鸱夷子】皮口袋,古人多用来盛酒。伍子胥死后,吴王夫差用皮口袋装着他的尸体,任其漂于江中,所以,“鸱夷子”也代指伍子胥。另外,越国范蠡后来弃政从商,用“鸱夷子”为号,据说也有感到自己对不起伍子胥的含义。

【胥江】胥江是公元前 506 年伍子胥主持开挖的人工运河。这是第一条从苏州出发的人工运河,早于隋朝京杭大运河开通千余年。胥江源出太湖,经胥口、木渎,汇京杭大运河,过横塘,在胥门外与外城河交汇,全长 16.5 公里。

虎丘剑池

阖　闾

公子光(约前 537—前 496)就是后来的吴王阖闾,吴王寿梦的长房长孙。他是一位通过阴谋而上位的君主,又是一位有着雄才大略的君主。

历 史 回 放

吴王寿梦有四个儿子,依次为诸樊、余祭、夷昧、季札。诸子之中,季札最贤。寿梦临终时,欲把吴王的位子留给季札,但季札坚辞不受。于是寿梦将王位传给诸樊,并制订“兄终弟及”的规矩,他的目的很明显,就是要使季札取得王位。

当了吴王的诸樊为了让弟弟早日继承王位,亲自率领吴军攻打楚国,故意战死在疆场上。继承王位的余祭了解兄长的心意,也亲自率军去攻打越国,自己故意让越国的俘虏刺死。三公子夷昧依次当立。公元前527年,吴王夷昧身患重病,临死时,他重申父兄之命,要季札接替王位。但是季札再度拒绝,并逃到封邑延陵(今常州与属于无锡的江阴一带)躲藏起来。国不可一日无君,吴国群臣遂奉夷昧的嫡长子为吴王,他就是“吴王僚”(?—前515)。这引起了寿梦的长孙、诸樊的嫡长子公子光的不满。他找来专诸,用鱼藏剑刺杀了吴王僚,又派遣要离使断臂之计,刺杀了吴国第一勇士——吴王僚的儿子庆忌。

吴王阖闾

于是公子光称王,遂为吴王阖闾。其间的刀光剑影,我们将在下文分别叙说。

作为寿梦的长孙,阖闾当然也想有所作为。这时的吴国,经过寿梦的励精图治,已经拥有相当的实力。阖闾上台后,推行了一系列厚爱百姓、奖励农耕、任贤使能、扩建都城以及整军经武的措施,使吴国继续走上强国富民之路。

公元前514年,阖闾又用伍子胥造苏州城,时称“阖闾大城”。这个“阖闾大城”,就是苏州城的前身。

阖闾重用伍子胥、孙武,前506年,他以出色的智慧和卓越的军事才能,指挥吴军击溃了数倍于己的楚军,这是春秋史上一个以少胜多和以弱胜强的典型战例。

阖闾的雄心勃勃和吴王僚的继位当权是冰火不兼容的,或迟或早,这一场血与火的较量都不可避免。专诸刺王僚,只是提供了一个天时地利的契机、一个王位更替的媒质、一个风云人物表演的盛大舞台。

阖闾后来率兵攻打越国,兵败受伤而死,葬于苏州虎丘山。太子夫差继位。

轶事趣闻

【阖闾墓之谜】虎丘山下,剑池水清,人道是吴王阖闾葬于此,相传有宝剑三千为殉葬品。夫差为营造阖闾墓,曾征调十万民工,使大象运土石,穿土凿池,积壤为丘,历时三年竣工。墓中“铜椁三重,倾水银为池,黄金珍玉为凫雁”。吴王阖闾墓中的宝剑、珍宝成了历代盗墓贼垂涎的目标。秦始皇统一天下之后,曾经亲临苏州,指挥大军寻找、挖掘阖闾墓,但因为不了解墓葬具体位置,只得无功而返。到了三国时期,孙权也亲自带兵前往虎丘挖掘,结果也是一无所获。1955 年,苏州市政府启动虎丘园林保护修葺工程,“剑池”水抽干之后,人们在池东部的岩壁上,发现一块石刻。上面内容记载的是:明朝正德六年(1511),苏州大旱,剑池水干,王鏊、唐寅等人在池底部发现一个石洞,并捡到一个头盖骨,便认定这就是吴王阖闾墓。众人想继续探索,被赶来的官员制止,官员认为这是吴王陵墓,不可轻动,随后派人用石头将石洞重新封砌。1978 年,虎丘剑池的水再次被抽干,考古人员对池底的石洞进行了探查,发现一个“人”字形穴,高约 3 米,可容单人出入,洞底横叠三块石板,最上面一块已经脱位,斜倚在下面的石板上,种种迹象显示为人工所为。2010 年 6 月 4 日,为了一探水底之谜,文管部门抽干了剑池之水,电视摄制组记录了这个过程,也发现了 1978 年曾发现的情况。但是剑池上方就是虎丘塔,为了保护虎丘塔基不受破坏,考古人员一直没敢移动石洞中的石板,也就没有对墓葬进行试掘。关于吴王阖闾墓是否真的就在洞中,这个困惑人们两千多年的秘密,只能期待今后更多的发现。

【狮子回头望虎丘】吴王僚死后葬于狮子山上。虎丘山原名海涌山,当年吴王阖闾率兵攻打越国,不幸在战斗中重伤而死,葬于海涌山。传说三天后有一白色猛虎蹲踞在坟丘之上,故吴王的儿子夫差改海涌山为虎丘山。因吴王僚是含恨而死,冤魂不散,回头怒视葬于虎丘山的阖闾,便有了“狮子回头望虎丘”之说。

诗文赏读

登阊门闲望

白居易

阊门四望郁苍苍,始觉州雄土俗强。十万夫家供课税,五千子弟守封疆。阖闾城碧铺秋草,乌鹊桥红带夕阳。处处楼前飘管吹,家家门外泊舟航。云埋虎寺山藏色,月耀娃宫水放光。曾赏钱唐嫌茂苑,今来未敢苦夸张。

这是一首七言排律,是白居易任苏州刺史(职位相当于现在的市长)时所作。登上阊门,眺望四方,繁华的阊门、虎丘山的佛寺、馆娃宫的轮廓、月下的水面，令作者心旷神怡，也反映出诗人的闲适心境。

其中“云埋虎寺山藏色，月耀娃宫水放光”两句是说，围绕虎丘山建筑的佛寺，隐入白云之中，山间云雾缭绕，青翠的山峰朦朦胧胧，颜色显得暗淡；馆娃宫在月光映照下，轮廓可见，月光映在水面泛出清光，点缀出一派迷人的景色。月下观景，体察细微。

寻古访胜

【虎丘】虎丘位于苏州古城西北七里处，为古城苏州的重要标志，号称“吴中第一名胜”。相传春秋时吴王夫差葬其父阖闾于此，三日后有白虎踞其上，故名。丘如蹲虎，也有以形得名的说法。秦始皇曾登丘览胜，项羽跟随叔父项梁在此率八千子弟兵起兵反秦。东晋王珣、王珉兄弟舍宅为虎丘山寺，宋代名为云岩禅寺。虎丘的主体建筑是虎丘塔，又称云岩寺塔，现存高度约 48 米。塔建于五代末北宋初，是一座七级八面仿木结构楼阁式砖木塔，在我国现存八边形楼阁式塔中年代最早，且规模宏大，结构精巧，在中国古代建筑史上占有重要地位，被定为全国重点文物保护单位。由于基础沉降不均，虎丘古塔的倾斜度不下于意大利著名的比萨斜塔。但由于采取了加固措施，古塔斜而不倒，令人称奇。虎丘古迹众多，如千人石、剑池、断梁殿、憨憨泉、试剑石、真娘墓、拥翠山庄和万景山庄等。剑池之下就是阖闾墓。唐代大诗人白居易任苏州刺史时常游虎丘，“一年十二度，非少也非多”。宋代苏东坡则感叹“到苏州不游虎丘，乃憾事也”。

提示：苏州市区最靠近的公交车站为“虎丘首末站”。

【临顿路】临顿路沿临顿河东岸，南起干将路，向北直达临顿桥，与齐门路相通，是苏州市区南北向交通次干道。据《吴地记》载，春秋时代吴王阖闾征伐东夷，曾在此临时停顿憩息，宴赏军士，后在路北置桥名“临顿桥”，建馆曰“临顿宅”。唐代著名文人陆龟蒙曾在临顿宅旁居住过。有趣的是，由于吴方言的原因，苏州人将“临顿路”称之为“伦敦路”。

提示：苏州市区最靠近的公交车站为“醋坊桥观前街东”，轨道交通车站为“临顿路”。

文化辞典

【槜李之战】吴越两军在槜李(今浙江省嘉兴市西南)相遇,勾践见吴军军容严整,组织敢死队连续几次发起冲击,均被吴军击退。在此情况下,勾践迫使犯了死罪的囚徒,列为三行,持剑走到吴军阵前,一起举剑自杀。吴军注目观看,惊骇不已。勾践抓住机会,突然进攻,大败吴军。也就是在这次战斗中,吴王阖闾受了重伤,不久即死去。

【鹤市】据传说,吴王阖闾有个女儿,因与父亲斗气而自杀。吴王痛心不已,厚葬于阊门外。下葬之日,吴王令舞白鹤于吴市中,诱使万民随而观之,还使男女与白鹤俱入墓门。然后发动机关,杀生以送死。后即以"鹤市"别称苏州。

【虎疁】相传公元前 210 年,秦始皇南巡求吴王剑,挖掘阖闾墓,见白虎蹲虎丘山上,率部追赶 20 余里,虎不见处即名为"虎疁"地。这个"虎疁"就是当今的浒墅关。明·李士标《秋日偕下润移棹虎丘》诗:"虎疁北拒通关路,鹤市西来尽佛宫。"

【春秋五霸】从公元前 770 年到前 476 年,历史上称为春秋时代。在这 290 多年间,社会风雷激荡,烽烟四起,战火连天。相传春秋初期诸侯列国一百多个,经过连年兼并,到后来只剩较大的几个。这些大国之间还互相攻伐,争夺霸权。历史上把先后称霸的五个诸侯叫做"春秋五霸"。一般认为"五霸"依次为齐桓公、晋文公、楚庄王、吴王阖闾和越王勾践。

孙武墓

孙 武

吴地双星闪耀，这就是伍子胥和孙武。一个经国理政，一个治军尚战，把吴国治理得井井有条，国力强盛。

历史回放

孙武（约前 535—前 480），字长卿，春秋时期吴国将军，中国古代大军事家，我国军事理论的奠基者。本为齐国人，后避乱出奔吴国，先隐居于苏州西郊穹窿山，潜心研究军事理论，成兵法十三篇，即传于后世的《孙子兵法》。

吴王僚既死，公子光自立为王，号阖闾。他重用伍子胥为相国，伍子胥一天七次举荐孙武为吴国将军。

孙武强调战争的胜负不取决于鬼神，而是与政治清明、经济发展、外交努力、军事实力、自然条件诸因素有联系，预测战争胜负主要就是分析以上这些条件如何。孙武不仅相信世界是客观存在的，而且认为世界上的事物都在不停地运动变化着，强调在战争中应积极创造条件，发挥人的主观能动性，促成对立面朝着有利于自己的方向转化。

兵圣孙武

经过了多场测试，于是，吴王阖闾用孙武为大将。公元前 506 年，吴国伐楚，五战五胜，出奇兵直逼汉水，在柏举一举击溃楚军 20 万，攻克楚国的国都，楚昭王慌忙逃奔随国。从此，楚国元气大伤，再也不能构成对吴国的威胁。

孙武根据历次作战经验所著的《孙子兵法》，至今仍是美国西点军校的必读书。

孙武 50 多岁的时候，至交好友伍子胥被杀，孙武不再为吴国的对外战争谋划出力，转而隐居乡间，修订其兵法著作。伍子胥被杀后不久，孙武可能也因忧国忧民和郁郁不得志而谢世了。孙武死后则葬于吴都郊外。

轶事趣闻

【怒斩美人】吴王起始并不相信孙武的军事才华，就命他训练宫中的宫女。孙武以吴王的两个宠姬为队长，分率两队宫女，当着吴王的面操练左右进退的步伐。击鼓三遍，那些宫女并没有把这个外来客放在眼里，都嘻嘻哈哈。孙武见状，再次宣布纪律，并亲自击鼓，宫女们仍是一片嬉笑。孙武大怒，于是下令立斩两个队长以严军令，连吴王求情都没用。孙武斩杀两姬后，宫女们顿时振作精神操练了。这事在吴军中迅速传开，军心为之一振。

诗文赏读

游后湖赏莲花

李　璟

蓼花蘸水火不灭，水鸟惊鱼银梭投。满目荷花千万顷，红碧相杂敷清流。孙武已斩吴宫女，琉璃池上佳人头。

李璟，五代十国时南唐第二位皇帝，史称南唐中主。此诗前四句在视觉上给人美的享受，水面上不灭的灯光，水面下穿梭的鱼影，动静结合，让人遐想无尽，这里写的是夜景；至于日景，则红绿相杂，在阳光下色彩斑驳，给人一种很“休闲”的感觉。美景让人流连，然而，作者的联想却给人很恐怖的感觉：荷花如同孙武当年砍下宫女的人头；或许他认为被杀宫女穿的是绿裙，与被杀后的血污红碧相杂……这从一定程度上表现了他穷兵黩武的内心。想当年，南唐先主李昪长期执行与民休息的国策，兵不妄动，使南唐综合国力迅猛增长。不但周边诸国如闽、吴越、荆南等朝贺，影响甚至远达海外，如高丽、新罗及北边的契丹亦遣使入贡。但李璟继位后，将先主临终遗训“汝守成业，宜善交邻国，以保社稷”之谆谆告诫远抛云霄，轻启边衅，率意出兵，南征北战，几将国库掏空。最后，南唐到后主李煜手里亡国，也就是必然的了。

寻古访胜

【孙武纪念园】孙武纪念园在苏州市相城区元和镇境内，即历史记载的孙武墓所在地。苏州是孙武的第二故乡和功成名就之地，相城区更是孙武归隐终老之地。2005 年 5 月开始，相城区人民政府建了孙武墓园，供后人瞻仰、朝圣。孙武纪念园的制高点是 13 米高的孙武塑像，寓意《孙子兵法》13 篇。

提示：苏州市区最靠近的公交车站为“御苑家园东”，轨道交通车站为“孙武纪念园”。

文化辞典

【三令五申】“三令五申”是我国古代军事纪律的简称，它最早出自《史记·孙子吴起列传》。指多次命令和告诫，对象多指上级对下级，领导对群众。所谓“三令”，一令观敌之谋，视道路之便，知生死之地；二令听金鼓，视旌旗，以齐其耳目；三令举斧，以宣其刑赏。所谓“五申”：一申赏罚，以一其心；二申视分合，以一其途；三申画战阵旌旗；四申夜战听火鼓；五申听令不恭，视之以斧。“三令”与“五申”的原意是教育将士应该在点阵中或军事行动中明确作战守则。如今，“三令五申”的含义是再三地向下级发命令或告诫。

干将路牌楼

干将与莫邪

在阿拉伯民间故事中，有法术的人常常是站在飞毯上凌空而降；而在中国的武侠小说中，有法术的剑客常常是人剑合一飞到天外。原因很简单，古代阿拉伯的制毯技术高明，而古代中国的铸剑技术(冶金技术)高明。说到铸剑技术，不得不提干将、莫邪。

历史回放

干将、莫邪是春秋时期最有名的铸剑高手，他们打造的剑锋利无比。各文献记载的有关他们的出生地、制剑处、服务对象等出入较大。当然，我们的介绍围绕“苏州”展开。

催人泪下的干将、莫邪的铸剑故事发生在苏州。

政变成功后的阖闾当上了吴王，便广罗天下能工巧匠，在如今的相门外设工厂铸剑。数千铸剑师日夜奋战，铸造着征战的利器，而铸剑的“工头”就是干将。靠着一把“鱼肠剑”搞暗杀上台的阖闾终日想称霸天下，要当“世界警察”，这当然少不了先进武器，于是阖闾下了最后通牒，限期完成“吴王之剑”。干将受命后与其妻莫邪日夜加班加点烧炉熔铁，经过无数周折，最终，“干将”“莫邪”这对雌雄宝剑炼成。也由此产生了一系列凄美感人的有关传说。

轶事趣闻

【试剑石传奇】苏州虎丘有一块一分为二的试剑石。干将、莫邪夫妇经过一百天，终于炼出了两把举世无双的宝剑，一把雄剑名“干将”，一把雌剑名“莫邪”。干将将剑献给了阖闾，阖闾为了试其锋利，手起剑落，就将这块石头一劈为二。

【双剑化龙】据说西晋初建时期，斗牛之间常有紫气冲霄而起。重臣张华心知其异，特邀请善观天象的雷焕共卜吉凶，最后得出结论是：紫气源于豫章丰城，其实是宝剑之精。张华利用权力，帮助雷焕谋得了丰城县令一职。雷焕到任以后，在监狱地基底下掘出一个石函。石函出土后霞光四射，里面双剑并列。雷焕当即送其中一支剑给张华，而留一支自佩。张华收到剑后发现此双剑就是“干将”“莫邪”。后来，张华被杀，“干将”剑从此下落不明。而雷焕死前将他所佩“莫邪”剑传给了其子雷华。雷华持剑路经延平津，腰间佩剑忽然跃出剑鞘掉到河里。雷华请人入水取剑，入水者不见宝剑，但见两龙盘绕水底。转眼间，江水碧波灿烂，浪涛汹涌。时人认为这是双剑复合，在此化龙。

诗文赏读

干将墓

高　启

干将善铸剑，剑成终杀身。吴伯亦遂亡，神物岂不神。始知服诸侯，威武不及仁。徒劳冶金铁，精光动星辰。莫邪应同埋，荒草千古春。青蛇冢间出，犹欲恐耕人。

高启的五言古诗气度恢宏，写出了干将的豪侠之气。开头六句，作者从追溯历史入手，在痛悼干将夫妻悲剧命运的基础上，认为穷兵黩武，扩张军备是最终导致吴灭亡的原因。“始知服诸侯，威武不及仁”就是对历史教训的总结。后六句，赞颂了干将、莫邪夫妇感天动地的故事，虽然是荒冢，但是仍有青蛇护卫着，不让人来侵犯。

寻古访胜

【苏州干将路】此路为纪念春秋战国吴国铸剑大师干将而命名。为了纪念干将，古代苏州人把与干将墓相近的古城正东城门称为“干将门”，即今天的相门；把附近的宋前古坊称为“干将坊”。1982 年，原干将坊向东延伸，合原松鹤板场、濂溪坊、新学前、狮子口统称为“干将路”。1994 年，在新一轮古城改造中，干将路向东西两边进一步延伸，扩展为干将东路和干将西路，成为一条长约 7 000 米，横贯古城东西的主干道。干将路采用苏州古城中传统的“两路夹一河”格局，南北两边是两车道的单行道，中间则为一条清澈的小河，小河两岸又有漂亮的绿化带，成为苏州城中一条亮丽的风景线。宏伟的“句吴神冶”牌楼在干将路宫巷的交叉口。

提示：苏州市区最靠近的公交车站为“市一中”“乐桥”，轨道交通车站为“乐桥”“临顿路”。

文化辞典

【匠门与相门】伍子胥建的苏州城有水、陆城门各八道，每个方向的城垣城门命名分别为阊门、胥门、盘门、蛇门、匠门、娄门、齐门和平门。一般认为匠门又称将门，干将门，即今相门，因阖闾曾使名匠干将在此铸剑，因以为名。“将”讹读为“匠”，又讹读为“相”，可以从中看出古今语音的变化。

【干将坊】干将坊是一个苏州的宋前古坊名字，因为靠近匠门干将墓，故得名。如今并入干将路。

专诸巷

专诸与要离

上文说过，公子光(即后来的吴王阖闾)要取得王位，必须除掉他的堂兄弟吴王僚。由于伍子胥的到来，他的愿望得到了实现。

历史回放

在吴国，伍子胥结识了一个叫专诸(？—前515)的杀手。其人虎背熊腰，力大无比，性格暴躁，喜欢与人斗殴，然而，却是个出名的孝子。伍子胥见此人长相非凡，料定今后必有大用，就与他结交为友，拿出银子让他侍奉老母。专诸感其恩，就答应伍子胥的要求去刺杀吴王僚，助公子光一臂之力。

刺吴王僚绝非易事。首先，宫廷警卫森严，常人根本无法接近；其次，吴王僚也知道公子光对自己心怀不满，故早有戒备，平日里身佩利剑，铠甲不离身，外出时总有百名手持长戟的亲兵护卫。然而吴王僚爱吃鱼，这个弱点就暴露给对手了。

专诸刺吴王僚

伍子胥安排专诸到太湖船上去学烧鱼的手艺三个月，公子光对外吹风说，自己得到一位好厨子，有一手炙鱼的绝活，想请吴王僚吃炙鱼。吴王僚不便推辞，但也想到公子光可能对他下毒手，便暗中穿了三层铁片铠甲，同时安排自己的亲兵守住宴会厅的大门。所有进献食物的人都要脱光衣服，跪着上前敬献。但百密仍有一疏，公子光暗中叫专诸将剑置于炙鱼的肚子里，托到吴王僚面前时，迅捷地抽出猛刺过去，吴王僚顿时气绝身亡，专诸也被卫士乱戟刺死。

阖闾既立，便封专诸之子专毅为上卿，并根据专诸遗愿，从优安葬专诸在泰伯皇坟旁。

吴王僚的儿子庆忌是当时的天下第一勇士，事变后逃到卫国，准备兴兵报仇，这使得阖闾寝食不安。

在吴国朝堂之上，伍子胥竭力向吴王阖闾举荐要离(？—前513)。要离与吴王交谈后，毛遂自荐，说是要去杀死庆忌。但是，庆忌疑心很重，要离主动定下苦肉计，要吴王杀死他的妻儿，并断他一臂，以消除庆忌的疑心。吴王不同意，说："你帮我除掉敌人，我怎么能杀死你的妻儿呢？"要离回答道："一个战士，怎么可以享受家庭的温暖呢？大王只需要在我回来之后厚葬他们就行了。"吴王很感动，同意了要离的要求。

断臂后的要离到卫国去投奔庆忌。庆忌了解到要离是从吴国投奔他的，最初对他无法信任。后来看他的右臂真的断了，并打听到他的妻子也是被吴王阖闾所杀，并焚尸于市，就相信了他。于是用他为心腹，令他每日训练士卒，修治舟舰，准备讨伐吴国。

庆忌率兵乘船伐吴，要离手执短矛在一旁侍立。大军浩浩荡荡向前进发，忽然江面刮来一阵强风，庆忌的战船被风刮得摇晃不定，庆忌也随着船体的摇晃而坐立不稳。要离抓住这个千载难逢的机会,借着颠簸摇晃之势以短矛刺中庆忌,短矛透入心窝,穿其后背而出。身受重伤的庆忌此刻才醒悟要离断臂的真正目的,但是他不愧为天下第一勇士,忍着剧痛,单手提着要离,把他的头按入水中,如此多次。然后又把淹得半死的要离横放到自己的膝盖上,大笑着对他说:“天下居然有像你这样的勇士,竟然能用这种苦肉计来刺杀我啊!”庆忌身边的卫士冲上来要把要离碎尸万段,庆忌摆了摆手说:“这个人是天下少有的勇士,我们怎么可以在一天之内杀死天下两个勇士呢!”庆忌深知自己不能支撑多久了,就对他左右的卫士说:“你们不要杀要离,放他回吴国,以表彰他对主人的忠诚。”说完,他把要离扔到甲板上,自己用手抽出刺穿身体的短矛,当时血流如注而死。后来,吴王阖闾要重赏要离,要离不愿接受封赏,说:“我杀庆忌,不是为了做官发财,而是为了吴国的百姓生活安宁,免受战乱之苦。”说完,要离拔剑自刎。

据说要离死后,葬在苏州胥门附近。

轶事趣闻

【厨师之祖】因专诸曾在太湖边学烧鱼之术,后人把他奉为“厨师之祖”,旧时城内居民时常焚香祭奠。现在苏杭一带的名菜“糖醋鱼”乃“糖醋黄河鲤”的简称或俗呼,就是“全炙鱼”(又称“全鱼炙”)的传承及代表,而它的发明者正是教专诸做鱼的人——春秋时期名厨太和公(或太湖公)。

【惧内】伍子胥看见专诸正要跟很多人打架,妻子出来一叫,他马上就乖乖回家了。伍子胥很奇怪:一个万夫莫敌的大侠客,怎么会怕一个女人?于是便赶上前去询问原因,专诸告诉他,能屈服在一个女人手下的人,必能伸展在万夫之上。“惧内”一词始于专诸。

诗文赏读

专诸塔

杨万藻

范蠡宅边天共水,阖闾城外雨连潮。凄凉惟有专诸塔,半壁红泥草木焦。

杨万藻,清人,生平不详。从题目来看,诗人表现的是专诸塔,从第三句也可知表现的是专诸塔的凄凉。诗人当时所见的专诸塔,正是“半壁红泥草木焦”。为何“焦”？从“红泥”来看，可能是经历了火灾。正因为这个“火”，作者以“水”和“潮”开头，水火不相容，这是对比。天与水“共”，雨与潮“连”，水可谓多矣，这些又和孤零零的专诸塔形成对比。现在我们就知道了，名义上写塔、写宅、写城，实际上作者在感叹历史对专诸的不公。为何范蠡、阖闾能得到那么多人的关注，而专诸却逐渐被人们遗忘呢？从另一个维度理解，范蠡代表越，阖闾代表吴，众所周知，吴越是一对冤家，这对冤家都得到了后人的重视，而为吴献出生命的专诸却是何等的凄凉！

寻古访胜

【专诸巷】专诸巷位于苏州古城西部，是紧挨内城河和城墙的一条街巷，南通景德路西端的金门口，北达西中市西端的阊门口。或说专诸墓就筑在专诸生前居住的地方，巷由此而得名。后专诸巷一带逐渐发展成玉雕行业集中之地，故专诸巷又讹传为“穿珠巷”。

提示：苏州市区最靠近的公交车站为“阊门横街”。

文化辞典

【鱼肠剑和十大名剑】鱼肠剑，也叫“鱼藏剑”，即专诸刺王僚所用之剑。一般认为它以小巧能够藏身于鱼腹之中而得名，就如匕首。鱼肠剑为中国古代十大名剑之一。十大名剑依次为“轩辕”“湛泸”“赤霄”“泰阿”“七星龙渊”“干将”“莫邪”“鱼肠”“纯钧”和“承影”。这些剑的记载多见于古籍或上古传说，如《史记》《越绝书》《列子》《吴越春秋》等。在十大名剑中，有些是真实存在的，而有些仅仅是传说或文学渲染的产物。

【四大刺客】司马迁《史记·刺客列传》里记载了几位刺客侠士的事迹，他们的信条都是“士为知己者死”。他们以视死如归的气魄和撼动山河的壮举，在历史上留下了自己的侠义之名，使自己的英名万古流芳。其中四位常被人称为“四大刺客”，四人姓名与他们的事迹为：专诸刺王僚、要离刺庆忌、聂政刺侠累、荆轲刺秦王。

灵岩山

夫　差

夫差(约前528—前473),吴王阖闾之子,春秋末吴国国君。夫差是一个复杂的人物,了解他,要从吴越两国的关系说起。

历史回放

吴国和越国是地处长江下游一带的两个诸侯国,为了自身利益,两国间战争不断。

公元前507年,越王允常趁阖闾率军攻楚、吴国国内空虚之机,出兵偷袭

吴王夫差

吴国。吴王撤兵回救，允常主动撤兵。公元前496年，越王允常病死，子勾践继位。阖闾为“南服越人”，乘勾践新立之机，率军攻越。然而，却吃了败仗，阖闾身受重伤，死于败退途中。阖闾临终对儿子夫差说：“千万别忘了为你父亲报仇。”夫差继位后，忍辱负重，发誓为父报仇。他派人站在庭中，每逢他出入，那人就高喊：“夫差！你忘了越王杀你父亲的大仇吗？”夫差回答说：“不敢忘。”夫差日夜练兵，准备报复越国。

夫差与臣子们同心协力理政。一方面积蓄钱粮，扩充兵员；另一方面日夜操练军队，积极备战。不到三年，吴国国力大增，士气高昂，伐越的物质和精神准备都已完成。公元前494年，越王勾践听说夫差日夜练兵，抢先伐吴。夫差闻讯，征发全部水陆军迎战，双方在夫椒(今江苏省苏州市西南太湖中的椒山)展开激战，越军大败。吴乘胜攻破越都会稽城。越王勾践率残兵5 000余人退保会稽山，被吴军团团围住。越王勾践请降。

夫差降服越国以后，开始向中原地区扩张势力。公元前489年，吴国进攻陈国，次年攻鲁。公元前484年，夫差听说齐景公已死，联合鲁国大败齐军，此为“艾陵之战”。

这时候，我们看到的夫差，是一个励精图治、奋发图强的君主。

越王勾践向夫差求和，献上美女西施，并重金贿赂吴太宰伯嚭。虽然伍子胥早就看出了端倪，认为勾践定将是吴国大患，但急于北上和齐国争霸的夫差最终采纳了伯嚭的意见，答应与越国议和，并接受了美女西施。为宠幸西施，他大兴土木，筑姑苏台，过上了骄奢淫逸的生活。更为可怕的是，他还听信伯嚭之言杀害了大功臣伍子胥。

这时候我们看到的夫差，是一个骄奢淫逸、刚愎自用的昏君。

夫椒之战后越国元气大伤。为安抚民心，勾践下诏罪己，将国内事务分别托付诸大夫负责管理，在国内采取了一系列安民措施。随后，他又带着范蠡等人去吴国给夫差当奴仆。勾践在吴国忍辱负重，历尽艰辛，终于得到夫差的信任，3年后被释放回国。

公元前482年，吴王夫差命太子守国，自己亲率国内精兵北上，与晋在黄池(今封丘县西南)争盟。越王勾践趁此机会，发动大军讨伐吴国。

越军攻入吴都，焚毁姑苏台，尽获吴国大舟，俘虏吴太子等要人。吴派人向夫差报告国内败讯，夫差为防止此事泄露，在帐幕中连杀七名使者灭口。吴军回国后，因都城已失，士卒疲惫，无力再战，就派太宰伯嚭向越求和。勾践见吴军主力尚存，遂与吴国媾和后班师。

公元前478年，吴国遭受旱灾，勾践再度起兵伐吴。吴王夫差则率军抵御。吴军三战三败，退保吴都。吴国大片土地落入越国之手。此战过后，吴越两国军事实力对比发生根本性变化，越国已占有绝对优势。

公元前475年，勾践倾全国之力，发动灭吴战争。越军包围吴国三年，吴军不战自溃。夫差求和，勾践拒绝。范蠡率兵攻下姑苏宫，俘获吴王夫差。夫差老泪纵横，说："我懊悔不听伍子胥的话，以致落到这个下场。如伍卿不知道倒也罢了，如他地下有知，我有什么脸面去见他呢？"说罢，就用一条大丝巾覆盖自己的面部挥剑自刎了。

这时候我们看到的夫差，就是一个后悔不及的亡国之君了。

轶事趣闻

【千人石之谜】虎丘剑池之南有一块由西南向东北倾斜的巨大磐陀石。石呈紫绛色，平坦如砥，宽达数亩，如用刀斧削成，确实是非常罕见的奇石。千人石除了形状特异外，它的色泽最为引人注目。相传吴王阖闾死后，其子夫差为他在虎丘山上营造陵墓。竣工后，夫差和奸臣伯嚭害怕工匠们日后泄露机关，便把一千多名工匠骗至此处，灌醉后，全部杀害。一时鲜血四处流淌，渗入石中，日久便渍化成暗紫色的斑驳印痕，永不消褪。每逢阴雨天，颜色转为殷红，显得更为耀眼。

诗文赏读

鸡　陂

张大绪

吴郊有地不得耘，缭垣筑堑鸡成群。啄粟常应费官廪，胶胶终日声相闻。

驼峰豹胎岂不足，何为复扰鸡豚局。田家盘餐苦不继，梦想鸡黍等珍玉。

行厨朝出香水溪，灯火夜照西山西。君王好作长夜饮，切勿喔喔侵晨啼。

张大绪，生卒年月不详，清代苏州人。因为西施好食嫩鸡，鸡必择肥嫩洁白的，吴王夫差就在苏州娄门外造鸡陂，畜鸡以供西施食用。

这是一首七言古风，诗中的多组对比，颇值得玩味。我们的祖先，视土地为命，因为土地能够生产粮食，能够使人活命。然而，“吴郊”的这块土地，却不种粮食而另作他用——养鸡。这不是舍本逐末吗？此乃其一。“官廪”，国库里的粮食，国家平时积攒，必要时用于赈灾活人，《宋史·真宗纪二》有“丁丑，发官廪赈凤州水灾”；然而在鸡陂，却成了喂养群鸡的食物。或许早已是饿殍遍地，但鸡群却啄食着粮食，胶胶而鸣。此乃其二。作者为清朝人，定知“满汉全席”的山八珍：驼峰、熊掌、猴脑、猩唇、象鼻、豹胎、犀尾、鹿筋，所以，以“驼峰豹胎”指代珍奇美味；尽日与此等佳肴相伴尚不知足，还惦记着普通的鸡或猪，岂不令人叹息！此乃其三。然而，“田家盘餐苦不继”，寅吃卯粮，对那些被贵人们视为一般的“鸡黍”，也只能在“梦想”中品尝。此乃其四。鸡的职责是“司晨”，然而，在应该起床劳作的时间，“君王”却还在“长夜饮”，所以，作者只能劝鸡们“切勿喔喔侵晨啼”，以搅了“君王”的局！鸡应该晨啼的时候却不能晨啼，如此日夜颠倒，岂不令人扼腕！此乃其五。

通过这些对比，我们明白了全诗的主旨，作者仅是借鸡陂一用，表达了对统治者醉生梦死的愤慨。

寻古访胜

【木渎】木渎古镇，位于苏州古城西部，是江南著名的风景名胜区，素有“吴中第一镇”“秀绝冠江南”之誉。相传吴王夫差专宠西施，特地为她在秀逸的灵岩山顶建造馆娃宫，又增筑姑苏台。“三年聚材，五年乃成”，源源而来的木材堵塞了山下的河流港渎，“木塞于渎”，“木渎”之名便由此而来。

提示：苏州市区最靠近的公交车站为“木渎严家花园”“木渎古镇翠坊桥”。

【灵岩山】灵岩山位于江南水乡苏州西南的木渎镇西北，因为灵岩塔前有一块“灵芝石”十分有名，因此得名“灵岩山”。山上多奇石，巨岩嵯峨，怪石嶙峋，物象宛然。旧有“十二奇石”或“十八奇石”之说。有昂首攀游状的石蛇，敲打有声的石鼓，状若发团的石髻，伸首隆背的石龟，两耳直竖的石兔，形影不离的鸳鸯石，埋头藏泥的牛背石等。

提示：苏州市区最靠近的公交车站为“灵岩山”。

【锦帆路】锦帆路位于苏州市古城区，平行于五卅路和人民路之间，南起十梓街，北至干将东路。锦帆路原来是“锦泛泾”，又称“锦帆泾”。“泾”为春秋时吴国子城西城濠。“锦泛”或“锦帆”名称来历主要有三说：一说泾旁遍植桃柳，春日倒影水中，如铺满锦绣；二说春秋时吴王夫差携西施乘悬挂锦帆之舟游乐于此；三说元末吴王张士诚携美女乘锦帆花舟游于此。据说南宋时锦帆泾尚宽三四丈，元末起锦帆泾逐渐堙塞。民国二十年填泾筑路，仍用“锦帆”之名，即锦帆路。

提示：苏州市区最近的公交车站为“饮马桥”“乐桥”，轨道交通车站为“乐桥”。

文化辞典

【吴王夫差剑】吴王夫差剑为春秋末期吴王夫差当政时制造的一系列青铜剑。剑身铸有“攻敔王夫差自作其元用”字样。截至2014年5月，吴王夫差剑已知存世量共有9柄。1976年河南辉县出土的吴王夫差剑现藏于中国国家博物馆，山东平度发现的吴王夫差剑现藏于山东省博物馆，台湾古越阁藏有吴王夫差剑一把，1976年湖北襄阳出土吴王夫差剑藏于湖北省博物馆。

【邗沟】古邗沟是吴王夫差开挖的运河，开凿于公元前486年，南起扬州以南的长江，北至淮安以北的淮河。2500年来，邗沟被视为扬州的文明“源头”，亦是大运河的前身及开端。在古代陆路交通不发达的情况下，邗沟及后来的大运河，便成了扬州最重要的运输途径。尤其到了唐代，扬州成为全国漕运的中心，占有重要的政治、经济、文化地位。此时的扬州商贾如云，极尽繁华，获得“维扬雄富冠天下”的美名，造就了扬州一段最辉煌的时期。可以这样说，因为古邗沟，运河得以生，扬州得以生。

【姑苏台】姑苏台又名姑胥台，在苏州城外西南隅，一般认为即今灵岩山。吴王夫差战胜越国之后，在吴中称王称霸，得意忘形，骄傲起来，在国内大兴土木，到处建造宫室、亭台楼阁，作为他荒淫无度享乐的“蓬莱仙境”，长生逍遥之地。

灵岩山寺

西 施

吴越争霸近20年,狼烟四起,血雨腥风。忠良与奸诈较量,机智与权谋齐出,高尚与卑鄙共存,最终是骄奢淫逸的胜利者王冠落地,卧薪尝胆的失败者东山再起,这一切似乎都与一个美丽的女子息息相关。这位女子姓施,名夷光,因居住在秀山丽水怀抱的西村,人称西施。

历史回放

那年西施年方二八,出落得异常美艳,闭月羞花,沉鱼落雁,尤其是发愁时皱眉的模样更让人多几分爱怜之心。她本来可以像别人家的女孩一样过着无忧无虑的生活,却被越王勾践召进宫来当作“美人计”的诱饵,献给了吴王夫

《吴越春秋》

差。夫差为博得美人欢心，大兴土木，在苏州城西南灵岩山上为西施造了一座富丽堂皇的“馆娃宫”。美人迷倒了这个曾经也想有点出息的吴王。他从此纵情声色，滥用民力和财力，吴国开始走下坡路了，这正是越王勾践梦寐以求的事啊。

西施的绝世容颜和柔言媚语果然让夫差神魂颠倒。夫差从此沉湎酒色，不理朝政，最终逼死伍子胥，将争夺盟国霸主地位的壮志置之脑后，更放松了对勾践的警惕，使勾践有了卧薪尝胆、励精图治的良机。

吴国灭亡后，西施却不知所踪了，有人说她和大夫范蠡本是恋人，功成身退后双双隐居了；也有人说西施失身于吴王，忍辱负重只为复国，事后自沉于太湖了；更有人说西施日久生情，爱上了夫差，竟于国破之日在馆娃宫为夫差殉情了。真相已经湮没于历史的迷雾之中，只留下了这个可歌可泣的美人计传奇，任后人评说了。

轶事趣闻

【响屐廊】相传西施喜欢着木屐走路，那轻移莲步的姿态优雅，步履声十分悦耳。夫差为听到美人的脚步声，特地从南粤运来香梓木，建造了一条百米长廊，谓之“响屐廊”。

【吴王仙境点西施】这是一段古老而又浪漫的故事。旧时官太尉河上吴王桥东西两侧，各有一条支流，河上各建小桥一座，西名“胭脂”，东名“仙境”。有一天，宠妃西施在王宫内闷闷不乐，想到宫外去散散心。于是，吴王夫差携西施乘锦帆出游。当时，吴王开船起航的石桥，就称为“吴王桥”。彩船行至一座木桥边，西施见这里桃红柳绿宛如仙境，非常高兴，就随口起了一个“仙境桥”之名。船行至另一座小桥边，吴王让宫女捧上化妆箱，亲自为西施补妆。一不小心，胭脂盒从桥上掉入河中。于是，吴王为此桥取名“胭脂桥”。当地流传一句顺口溜：“吴王仙境点胭脂”，出典就由这三座桥名而来。

【一箭泾】一次，西施和吴王在灵岩山顶远望，望到白茫茫的太湖。西施便向吴王说:“我看到前面有一座小山,叫什么山呢?”吴王说:“那是香山。”西施问:“为什么叫香山?”吴王说:“我命人从越国带来的香草,都种在那山上,这香草炼出来的香水,是专门供给你用的,所以叫香山。”西施听了露出了一丝笑意说:“到香山去可怎么走呢?”吴王说:“这里下山到木渎乘船就可以到香山。”西施摇摇头说:“要兜这样大一个圈子,太远啦!”吴王听了,马上叫人拿来弓箭,对准香山方向“嗖”地一箭射去,对手下说:“以箭开河!”河开好了,吴王与西施经常乘着画舫,一路吹箫弹曲到香山去采香草。如今,从灵岩山望下去,那条笔直的河就是“箭香泾”,又叫“一箭泾”“箭泾河”“采香泾”。

【玩月池的传说】西施到了吴国后,常因思念故国而闷闷不乐。吴王说:“你吃的是山珍海味,穿的是绫罗绸缎,还想要什么?”西施说:“你能把天上月亮拿下来吗?”吴王听呆了。西施却叫吴王在灵岩山御花园中另开一个小池塘,和吴王一起看水中的倒影。从此,这个池就叫“玩月池”。

诗文赏读

鸭城

姚承绪

在匠门外沙里,吴王筑以养鸭。

只闻鹅鸭乱军声,不信微禽亦筑城。果使飞鸣能助阵,六千猿鹤尽奇兵。

姚承绪,生卒年不详,清嘉定(原属苏州府太仓州昆山县,1958年划归上海)人。

就如杨贵妃喜食荔枝一般,西施喜食鸭。其鸭必喂以香料拌米,拌以脂油,养至硕大无比,吃起来才可口。为了博得美人一笑,吴王就特地筑鸭城以畜鸭。姚承绪这首七绝,对吴王这种荒诞行径作了无情的讽刺。

春秋争霸时期,有所作为的君主应考虑的是城高池深,兵精粮足;然而,也想称霸的吴王,却把精力放在美女特殊的食用要求上——竟然为鸭筑城。如此本末倒置,岂非咄咄怪事!无怪乎作者要“不信”。作者的感受是“鹅鸭乱军声”,即鹅鸭扰乱了军心,一旦战士寒心,岂能为你玩命!虽然作者没有明说,但读者不难联想到一千多年后唐玄宗为杨贵妃飞骑送荔枝的闹剧。两者性质相同,结局小异。

全诗区区28字,作者“戴着镣铐跳舞”,格律严明,铿锵有力,虽未用典却能让读者自然联想到有关事件;语言平实却含义丰赡,堪称佳作。

寻古访胜

【馆娃宫】馆娃宫坐落于苏州西南郊的灵岩山上，春秋时期吴王夫差为宠幸西施而兴建。现今园内尚存的吴王遗迹和古迹有吴王井、梳妆台、玩花池、玩月池等。夫差宠爱越王进贡来的美女西施，特地为她兴建了这座规模宏大的大型离宫。宫内“铜勾玉槛，饰以珠玉”，楼阁玲珑，金碧辉煌。至今，馆娃宫遗迹众多，引人探访追思。相传现在的灵岩山寺大殿，即是建在馆娃宫殿堂旧址上。

提示：苏州市区最靠近的公交车站为“灵岩山”。

【明月湾】明月湾古村位于太湖西山岛南端，2500多年前，吴王夫差携美女西施在此共赏明月而得名“明月湾”，简称“明湾”。明月湾依山傍湖，三面群山环绕，终年葱绿苍翠，深藏不露，深得桃花源意境。村内设南北两条东西走向的主要街道，两街之间有多条横巷，纵横交叉，井然有序，俗称“棋盘街”。街面均以花岗岩条石铺设，下为沟渠，有“明湾石板街，雨后穿绣鞋”的民谚。街道两旁多明清建筑，高低错落，斑驳苍古。

提示：苏州市区最靠近的公交车站为“明月湾古村”。

文化辞典

【东施效颦】汉语成语，比喻模仿别人，不但模仿不好，反而出丑。有时也作自谦之词，表示自己根底差，学别人的长处没有学到家。从前，西施因为心口疼痛而皱着眉头在邻里间行走，邻里的一个丑女人看见了，认为皱着眉头很美，也捂着胸口皱着眉头。邻里的有钱人看见了，紧闭家门而不出；贫穷的人看见了，带着妻儿子女远远地跑开了。那个丑女人只知道皱着眉头好看，却不知道皱着眉头好看的原因。

【红颜祸水】用红颜指代女人，指女子貌美如花。一般认为成为祸水的红颜史上有妲已、褒姒、西施、杨玉环等人。此说在君主时代的中国几乎是真理，为人们所接受。根据男权社会的逻辑，昏君之所以成为昏君，总是因为一个或者几个女人不好。美，本是人人向往的无瑕之物，却偏偏有些男人，可以把美和权利、尊严甚至大义挂起钩来，实际上变质的不是美本身，而是人心。

言子墓

言 偃

孔门七十二贤弟子中有一位南方人,他就是言偃。言偃擅文学,曾任鲁国武城宰,阐扬孔子学说,用礼乐教化士民,为孔子所称赞。孔子曾云:“吾门有偃,吾道其南。”故言偃被誉为“南方夫子”。

历史回放

言偃(前506—前443),字子游,常熟人。言偃比孔子年轻45岁,他应是孔子晚年的学生。

据《论语》《礼记》等书记载,言偃在孔子处学习十分勤奋,遇到疑难问题常向孔子请教;孔子也视言偃为他所满意的及门弟子之一,曾向言偃描绘过他心中理想社会的美境。一次,言偃陪孔子参加腊祭,祭祀仪式结束后,两人走到宗庙外面高大的建筑物旁边,孔子仰天长叹。言偃觉得十分奇怪,就问道,老师为什么叹气？孔子说，我没有赶上大道实行的时代和三代（夏、商、周）英明人主当政的时代，可心里总是很向往啊！接着他滔滔不绝地向言偃描述了“盗窃乱贼不作，外户不闭”的大同社会的景象。这在言偃的脑海里留下了深刻的印象。他后来在鲁国当武城（今山东省费县附近）宰（相当于今天的县长）时，遵照师训，以礼乐教化人民，做出了成绩。

言偃去世后得到后人的崇敬，累世不绝。唐代被列为“十哲”之一，进入孔庙而受到人们的祭祀。北宋又被封为丹阳公，南宋被封为吴公，元代被封为吴国公，明代被封为“先贤言子”，清代承袭明代的封号。清康熙年间，朝廷批准在言偃后裔中设五经博士一员，世代承袭，用以奉祀先贤。清代几个皇帝南巡，先后派大臣到常熟言偃墓致祭，并赠送御笔题的匾额。

轶事趣闻

【敬奉贤人，见贤思齐】今天上海市奉贤县的得名就是来自言偃。据说两千多年前的先秦时期，被后世尊为圣贤的孔子办学兴儒，其弟子言偃学成后，辞官归学。相传公元前 444 年，言偃来到东海之滨的奉贤开设学馆，不但教授弟子学文习字，更以儒学的礼仪教人育德。在言偃的倡导下，处处可闻礼乐之声，言偃也被百姓尊为“贤人”。为纪念这位毕生致力于传学兴礼的贤人，后人将县名取为“奉贤”，建造了“言子祠”，以表达怀念之情，更彰显后人以言偃为楷模，崇尚“敬奉贤人，见贤思齐”的民风。如今“敬贤、学贤、齐贤”已然成为奉贤市民的行为准则。

【杀鸡焉用牛刀】言偃从孔子处受业结束之后，当武城宰。有一次孔子到武城，听到城内处处是弹琴瑟、唱诗歌的声音，就微笑着对言偃说：“杀鸡，何必用宰牛的刀？”意思是说治理这种小地方，用不着实施礼乐之教。言偃当即回答道：“以前我听老师您说过，做官的学习礼乐，就会有仁义之心；老百姓学习礼乐，就容易听指挥。礼乐之教有用啊！”孔子听罢，就向身边的学生们说：“大家听着，言偃的话是正确的。我刚才怪他杀鸡用牛刀，不过是同他开个玩笑罢了。”

诗文赏读

言偃墓门楹联

旧庐墨井文孙守，高陇虞峰古树森。

上联从人文的维度描述，“旧庐”不难理解；“墨井”，据说言子故居的井水黑而味甘。“文孙”原指周文王之孙，后泛用为对他人之孙的美称。上联的全部意思是：言偃的旧居遗迹已有自己和他人的子孙守护。下联从自然的维度描述，“高陇”，高地，此处应指言子墓；“虞峰”，虞山；“森”，树木丛生繁密，此处当动词用，严密覆盖之意。下联意思较易理解：在虞山的言子墓被茂密的树木覆盖着。总之，这副楹联从人文环境与自然环境两个维度描述了言子，实际上是对言偃的高度赞赏。

寻古访胜

【言子墓】言偃墓位于虞山东麓，与仲雍墓相邻。依山而建，气势雄伟。墓为一个高大的封土堆，现在所存的墓道由三座牌坊和一个石亭组成。墓道延伸至半山腰，第一座牌坊上书“言子墓道”四个大字。墓门牌坊联即为上文“诗文赏读”之内容。第二道前后有乾隆书额：“道启东南”“灵萃句吴”。第三道牌坊为雍正江苏布政使额书“南方夫子”，言子墓就在坊后。言子墓初建于西汉，南宋时常熟县令明文昭示保护言子墓。后经历次修缮，现存建筑多为清代所建，今属省级文物保护单位。

提示：常熟市内最靠近的公交车站为“言子墓”。

文化辞典

【琴川】常熟别称“琴川”。南宋范成大曾说过：“言偃，……尝为武城宰，孔子过之，闻弦歌声……常熟，世传一名琴川，本弦歌之说教也。”

【孔门十哲】指孔子门下最优秀的十位学生(颜渊、子骞、伯牛、仲弓、冉有、子贡、子路、子我、子游、子夏)的合称，受儒教祭祀。十人各有所长，其中德行：颜渊、子骞、伯牛、仲弓；言语：子我、子贡；政事：冉有、子路；文学：子游、子夏。

春申湖

黄　歇

战国末期，各诸侯国贵族为了对付秦国的入侵和挽救本国的灭亡，竭力网罗人才，因此养“士”(包括各种各样的人才)之风盛行。以养“士”著称的有魏国的信陵君魏无忌、赵国的平原君赵胜、楚国的春申君黄歇以及齐国的孟尝君田文。四人都能礼贤下士、结交宾客，并在国内掌握大权，后人称之为“战国四公子”。我们这里介绍的就是春申君黄歇。

历史回放

春申君，名黄歇(约前 320—前 238)，为战国时期楚国公室大臣。

春申君明智忠信，宽厚爱人，以礼贤下士、招致宾客、辅佐治国而闻名于世。楚襄王病重,春申君设计使留在秦国作为人质的楚太子熊完逃回楚国即位,即楚考烈王。楚考烈王任他为相,封春申君,赐给淮北12县的封地。15年后,黄歇请求楚考烈王把自己的封地淮北12县改为郡,把自己的封地换到江东,楚考烈王答应了黄歇的要求。

春申君来到原来的吴地,对原吴都阖闾大城地区的经济恢复有很大的功劳。他在黄埭这个地方挖塘筑堤,黄埭从此水土丰饶,民聚物阜,成为苏州北部的重镇。大约到了唐朝,苏州信奉春申君的习俗影响了当时苏州属地的上海,上海简称为"申",就与此有关。

轶事趣闻

【珠履震赵使】春申君曾为楚相,相传有门客三千。赵平原君派人出使楚国,春申君将使者安置在高档次宾馆里。赵国使者穿着缀着珠玉的高级时装,颇有点优越感,一边向春申君显摆,一边提出来要同春申君的门客见见面,想难堪他们一番。春申君立即叫出三千门客中的上客与赵使相见,那些门客不仅穿着比赵使更高级的服装,连鞋子上都镶嵌着明珠,且个个大方得体。赵使不敢多说,惭愧而去。

【春申君墓之谜】春申君黄歇死后葬于何处,众说纷纭,不少地方都说发现了黄歇墓。1994年11月至1995年4月,苏州博物馆和吴县文物管理委员会对真山春秋战国墓进行发掘,其中D1号的战国墓中出土了一方铜印,印文为"上相邦玺"。结合出土的陶冥币"郢爰",此印应为楚相之印。黄歇为楚相20多年,苏州一带为他的封地,死后很可能归葬真山。

诗文赏读

春申君

杜 牧

烈士思酬国士恩,春申谁与快冤魂?三千宾客总珠履,欲使何人杀李园?

作者杜牧,晚唐诗人。这是一首咏史诗。

读这首诗,先要知道一个史实。赵人李园做了黄歇的门客,后来,李园就把他美丽的妹妹送到了春申君的面前。李园妹有身孕后,李园又动员春申君把她献于楚考烈王,后生子被立为太子(即楚幽王)。其实,楚幽王就是春申君的血脉。李园借着妹妹被立为王后的机会，逐渐掌握大权，蓄养死士。门客朱英提醒春申君，国舅有野心，但春申君不以为然。后来考烈王卒，李园使死士埋伏于寿春城门之内，杀死春申君，并斩杀春申君全家。“快冤魂”，大致是快意恩仇之意，指有恩报恩，有仇报仇。显然，这首诗为春申君抱不平，针对的是他的三千门客。滴水之恩，当涌泉相报，但是，除了一个报信的朱英，当春申君被杀之后，那些穿着珠履和赵国使者斗富的门客，又有谁能够挺身而出，为春申君报仇，诛杀李园呢？

寻古访胜

【黄埭与春申湖】黄埭镇，古名春申埭，又名埭川、埭溪。隶属苏州市相城区，距苏州市中心约 14.5 公里，东与蠡口镇、渭塘镇相连，南与黄桥镇、浒墅关镇接壤，西与东桥镇、无锡市后宅镇相邻，北与北桥镇毗邻。战国时期，楚相国春申君黄歇为治理水患筑堰埭，初为春申埭，后改称黄埭。人群开始在此聚居，逐渐形成集镇。2003 年黄埭镇对裴家圩围堰抽水取土，在湖北岸的大片滩涂荒地上建湿地水景，并改名为“春申湖”，以纪念“筑堰成埭”的春申君黄歇。春申湖面积不大，方圆数里，但水光潋滟，景色迷人。

提示：苏州市区最靠近的公交车站为“观湖名苑”。

【春申君庙】苏州春申君庙在苏州市王洗马巷内。建于明代，重修于清代同治年间(1862—1874)。现存大殿、戏楼、二殿、厢房、道舍等建筑，占地 8 261 平方米，均为 1990 年苏州市道教协会重新修复，是苏州道教界举行宗教活动的主要场所。

提示：苏州市区最靠近的公交车站为“儿童医院景德路院区”。

文化辞典

【门里人】春申君在安徽寿县被刺，寿县古城南门东墙上嵌着一块石刻，上刻着一个作行刺状的石人，这就是“寿州八景”之一的“门里人”。人们为了不忘血的教训，在春申君遭刺的地方，嵌上石刻刺客像——“门里人”，旨在告诫人们防“暗箭”。

项羽举鼎

项　羽

历史总有着惊人的相似。当吴国重臣伍子胥慷慨悲壮死去时，他怎么会想到二百多年后，一样为楚国贵族后裔，一样叱咤风云的一位江东子弟壮志未酬，倒在四面楚歌的悲剧舞台上！

历史回放

这个悲剧英雄，就是被李清照赞为“生当作人杰，死亦为鬼雄”的项羽。

项羽(前232—前202)，名籍，字羽，江苏宿迁人，楚国名将项燕之孙，他身材高大，“力能扛鼎”，性格豪爽，又有雄心大志。

项羽早年跟随叔父项梁在苏州酝酿起义反秦。吴中有才能的士大夫，都追随项梁。每当吴中有大规模的徭役或丧葬事宜时，项梁经常做主办人，他借此机会暗中用兵法部署组织宾客和青年，以了解他们的才能。秦始皇游览会稽郡时，项梁和项籍一块儿去观看。项籍说："那个人，我可以取代他！"

项羽像

项梁、项羽在吴中起事也是得其所宜。那时的吴人并不温文尔雅，习武之风很盛，兵器也精良，有习武的群众基础。项梁、项羽树起抗秦的大旗，江东子弟纷纷加入义军，接连在苏、鲁、豫交界处大败秦军。项梁死后，项羽统帅部队，战巨鹿，秦将章邯率 20 万人投降。项羽被各路义军推举为上将军，浩浩荡荡向咸阳进发，灭秦后自称"西楚霸王"。

然而，他忽略了刘邦，犯了与吴国夫差同样的错误，放虎归山，以至谋臣范增像当年的伍子胥一样悲叹："夺项王天下者，必沛公也……"

果然，楚汉相争 4 年多，项羽被刘邦的汉军围困在垓下，追随其左右的八千江东弟子只剩下 28 个。自觉无颜见江东父老，项羽就拔剑自杀了。

轶事趣闻

【霸王举鼎】为了扩大力量，项羽去联络桓楚一起反秦。桓楚趾高气扬地说："你能敌万人，我们就服你，院中有一大鼎，足千斤，你能举得起吗？"项羽先让桓楚手下 4 名健壮的大汉一起举鼎，然而大鼎却像生了根似的丝毫未动。然后，他自己撩起衣襟，大步走到鼎前，握住鼎足，运起力气大喝一声"起"！生根似的大鼎被高高举起，而且三起三落。于是，桓楚答应跟随项羽起义。

【虞姬】西楚霸王项羽的爱姬，一说常熟（常熟简称"虞"）人，一说今沭阳（隶属今江苏宿迁）人，一说绍兴人。据说，虞姬生时五凤鸣于宅，异香闻于庭。相传虞姬容颜倾城，才艺兼长，舞姿惊艳，即使在四面楚歌的困境下，她也一直陪伴在项羽身边。后人根据项羽所作的《垓下歌》推断她在楚营内自刎。

诗文赏读

垓下歌

项　羽

力拔山兮气盖世，时不利兮骓不逝。骓不逝兮可奈何？虞兮虞兮奈若何？

这是西楚霸王项羽在进行必死战斗的前夕所作的绝命诗。既洋溢着无与伦比的豪气，又蕴含着满腔深情；既显示出罕见的自信，却又有渺小而沉重的叹息。短短的四句，表现出如此丰富的内容和复杂的感情，是篇佳作。

第一句，项羽概括了自己叱咤风云的业绩，但从这一句也可以看出项羽夸大了个人的力量，这是他失败的重要原因。第二句，项羽将失败的原因归于天时，这是他的历史局限性，他逞的是匹夫之勇，既不善于用人，更不会审时度势，他的失败根本不是什么天意所致，完全是咎由自取。最后两句是项羽面临绝境时的悲叹，一个英雄，最后众叛亲离，连自己心爱女人都保不住了，好不悲壮！

文化辞典

【江东与江左】江为大江，即现在长江。之所以称为东，因为长江在安徽境内向东北方向斜流，而以此段江为标准确定东西和左右。江左，即江东。古人以东为左，以西为右。一般指长江下游南岸地区，即今苏南、浙北以及皖南部分地区。项梁、项羽曾在此率江东八千子弟起兵反秦。

【衣锦还乡】衣，yì，作动词，穿的意思。项羽攻占咸阳后，有人劝他定都关中。但项羽乡土观念很浓厚，说："富贵不归故乡，如衣绣夜行，谁知之者！"后人便延伸出了"锦衣夜行"，慢慢就有了这个成语"衣锦还乡"。

【四面楚歌】四面楚歌是一个汉语成语，形容人们遭受各方面攻击或逼迫而致陷于孤立窘迫的境地。出自《史记·项羽本纪》："项王军壁垓下，兵少食尽，汉军及诸侯兵围之数重。夜闻汉军四面皆楚歌，项王乃大惊，曰：'汉皆已得楚乎？是何楚人之多也。'"

【霸王别姬】京剧艺术大师梅兰芳表演的梅派经典名剧之一。主角是西楚霸王项羽的爱妃虞姬。此剧，又名《九里山》《楚汉争》《亡乌江》《十面埋伏》。1918年，由杨小楼、尚小云在北京首演。1922年2月15日，杨小楼与梅兰芳合作。齐如山、吴震修对《楚汉争》进行修改，更名为《霸王别姬》。

穹窿山

朱买臣

西汉的朱买臣,苏州人,生卒年不详。然而,他却在苏州演绎了一出令人津津乐道的大剧。

历史回放

朱买臣家里很贫穷,但爱好读书。他不治产业,40 岁了仍然是个落魄儒生,靠砍柴维生。朱买臣在挑柴途中背诵诗文,被人讥笑,惹得妻子难堪,逼朱买臣写下休书,另嫁他人。

后元三年(前 141)正月,汉景帝驾崩,太子刘彻继位登基,这就是雄才大略的汉武帝。

西汉朱买臣

一天，朱买臣凑巧在京城街上遇到同县人严助，这个严助本姓“庄”，因东汉明帝名“庄”，为避讳，后人改“庄”为“严”。严助官居中大夫，深受汉武帝赏识，于是严助向汉武帝推荐了朱买臣。汉武帝召见朱买臣，朱买臣谈说《春秋》，讲解《楚辞》，汉武帝很高兴，便封朱买臣为中大夫，与严助一起在宫廷侍奉皇帝。

元鼎年间，东越王余善反复无常，屡次不听朝廷命令。汉武帝任命朱买臣为会稽郡(大致辖地为苏、浙两省，郡治在苏州)太守。余善之乱平息后，朱买臣因平叛有功，被征召到朝廷做了主爵都尉(汉代官名)，列于九卿之中。

晚年，朱买臣与酷吏张汤相互攻击，被汉武帝诛杀。

轶事趣闻

【负薪藏书】朱买臣自幼家境贫寒，以打柴为生，但他非常喜欢读书。为了防止家人的干扰，他把书藏到穹窿山上的一块石头下面，趁家人不注意时，偷偷拿出来读。后来，这个镇就被称为“藏书”。

【一鸣惊人】担任会稽郡太守的朱买臣穿上又脏又破的旧衣裳，怀里藏着太守印绶，步行来到郡邸。会稽郡那些官吏都不屑看朱买臣一眼，朱买臣稍微露出那系着官印的绶带，守邸人抽出绶带，看到那方会稽太守章，大吃一惊，走出屋外告诉了官吏。官吏们都喝醉了，大叫大喊道：“乱说大话！”有位平素轻视朱买臣的旧相识走进室内看了官印，吓得回头就跑，高声嚷道：“的确如此！”在座的人都惊慌害怕起来，赶忙相互推挤在中庭排成排拜谒朱买臣。

【马前泼水】当年，朱买臣妻子崔氏因他整天读书，“不务正业”，竟把他“休”了。后来朱买臣读书成功，做了会稽太守，其妻当众下跪认错，企图复婚。朱买臣把一盆水泼在地上，说是除非把地上的水全收起来才能复婚。崔氏闻言，知道缘分已尽，羞愧难当，精神失常。这就是典故“马前泼水”的由来。

诗 文 赏 读

朱买臣

徐　钧

长歌负担久栖栖，一旦高车守会稽。衣锦还乡成底事，只将富贵耀前妻。

徐钧，宋人，生卒年均不详。从表面上看，这首诗有点儿像叙事诗，用28字，将我们熟知的朱买臣展现出来：忙忙碌碌挑担卖柴—发迹成会稽太守—衣锦还乡妻前炫富。实际上，我们应该从中看出作者对朱买臣的不以为然。"底事"，即可理解为"此事"，也可理解为"何事"。"衣锦还乡"够荣耀了，但也可以说是没啥了不起，妻子当年"休"了你确实大错，但你朱买臣既然当了大官，大人应该大量，应该考虑如何为百姓干点实事，何必要采用"马前泼水"这种极端的手段呢？

寻 古 访 胜

【穹窿山】穹窿山位于苏州吴中区光福镇东南，高峻挺拔，山高林密。据传为朱买臣贫贱时砍柴藏书之处，今有朱买臣读书台，另有孙武苑、宁邦寺、上真观、小王山摩崖石刻等景点。

提示：苏州市区最靠近的公交车站为"穹窿山森林公园"。

文 化 辞 典

【烂柯山】《烂柯山》是清代的昆剧剧目，主人公是朱买臣。该剧是传统剧目，表现的是朱买臣马前泼水的故事。

【马前泼水】东北"二人转"著名剧目，其唱词为朱买臣马前泼水的故事。

皋桥

梁鸿与孟光

举案齐眉的故事大家都知道,但是否知道这个故事发生在苏州呢?

历史回放

梁鸿,字伯鸾,陕西人,西汉末至东汉初人,跨过王莽篡汉时代。后受业太学,家贫,博览群书无所不通,但从来不是死读书。汉章帝时,梁鸿偶过京城,作《五噫歌》讥刺时世,由此惹恼了皇帝,成了被通缉的钦犯。梁鸿只能改名换姓,带着妻子逃到苏州干些粗活避祸。

孟光浓眉大眼,肤色黧黑,能力举石臼,但姿色全无。她偏又自视甚高,无论是财主的儿子求偶,还是县令的小舅子求婚,都被拒绝,几乎成为“剩女”。然而,却成了梁鸿的佳偶。

轶事趣闻

【以身抵财】梁鸿年轻时曾在上林苑放猪。一次不慎失火，蔓延到别的房屋，梁鸿就寻找到受灾的人家，问他损失了多少，把猪全部拿来做赔偿。那家主人还认为太少。梁鸿说："我没有别的财产，愿意用自己的身体做工来抵。"那家主人答应了，梁鸿就给他们做杂务，早早晚晚从不懈怠。那家邻居的老人们看到梁鸿不是平常人，就都责怪那家主人，并称赞梁鸿忠厚老实。从此那家主人才敬佩梁鸿，觉得他很特别，把猪全部还给梁鸿。梁鸿不接受，离开那家人，返回自己的家乡。

【孟光择偶】孟光自称要嫁个像梁鸿一样的贤士，万万没想到梁鸿听到后立即来下聘礼。成婚之日，孟光打扮得花枝招展，然而梁鸿却说："我一直希望自己的妻子能与我同甘苦，能够与我一起隐居到深山大泽之中。而现在你却如此穿着打扮！"孟光听了，不但不恼，反而对梁鸿说："如此穿着打扮，只是想验证一下夫君是否真是我理想中的贤士。"说完之后，便将头发卷起来，穿上麻布衣服，动手织布。梁鸿又惊又喜，连忙走过去，笑容满面地说："你是我梁鸿真正的妻子！"

举案齐眉

【举案齐眉】梁鸿逃到苏州后，打工的东家就是隐居在苏州皋桥的皋伯通。在这样的境遇下，妻子孟光依然每餐把饭菜盛好，放在木盘子里，恭敬地举到齐眉高，梁鸿也恭敬地接过来。一向推崇儒家思想的皋伯通偶然看见如此情形，颇为感动，从此便待他们夫妻俩为上宾。后来梁鸿在皋伯通的照拂之下，潜心学问，著书立说，成就了一番事业。这个感人的故事便是成语"举案齐眉""相敬如宾"的出典。

诗文赏读

皋桥

皮日休

皋桥依旧绿杨中，闾里犹生隐士风。唯我到来居上馆，不知何道胜梁鸿。

皮日休，字袭美，晚唐著名诗人。很明显，诗中称梁鸿为"隐于市"的"大隐"，并竭力赞颂他。然而，皮日休却忘了一个重要的人物——伯乐皋伯通。经常与皮日休唱和的陆龟蒙在《皋桥和袭美咏皋桥》诗中说："横截春流架断虹，凭栏犹思五噫风。今来未必非梁孟，却是无人继伯通。"他给了关键人物皋伯通以绝对公正的评价；皋伯通不以贫贱而低看人，一片赤忱，更加难得。所以，用皋桥来纪念皋伯通，实在很有警世的用意。

寻古访胜

【皋桥】皋桥，又名伯通桥，位于姑苏东中市与西中市之间，跨苏州古城内第一直河，是进出阊门的必经之路。姑苏城中，皋桥向来和阊门"捆绑"在一起，可谓"一等一的繁华去处"，天天车水马龙，行人摩肩接踵。白居易《忆旧游》中就有"阊门晓严旗鼓出，皋桥夕闹船舫回"的名句。皋桥是因为居住在这儿的吴中名士皋伯通而得名，而皋伯通因为梁鸿而得名，梁鸿因为他的妻子孟光而得名，孟光却因为"举案齐眉"的故事而得名。

提示：苏州市区最靠近的公交车站为"皋桥"。

文化辞典

【《五噫歌》】梁鸿所作，歌曰："陟彼北芒兮，噫！顾瞻帝京兮，噫！宫阙崔嵬兮，噫！民之劬劳兮，噫！辽辽未央兮，噫！"该诗每句之后有个"噫"，故曰"五噫"。噫，yī，感叹声，表示悲痛或叹息。作者通过鲜明的对比，表达了对劳动人民的同情。然而这却引起了汉章帝的不快，于是，作为"通缉犯"的梁鸿只能改名换姓，南逃到苏州作雇工。

司徒庙

邓　禹

东汉光武帝取得天下，手下的“云台二十八将”立下了汗马功劳。而“云台二十八将”中排第一位的就是邓禹。

历史回放

邓禹像

邓禹(2—58)，字仲华，河南南阳新野人，东汉初年军事家。邓禹13岁时，就能朗诵诗篇，在长安从师学习。当时刘秀也游学京师，邓禹虽年幼，但见到刘秀后就知道他不是一位普通人，就与他亲近交往，刘秀“恃之以为萧何”。后来听说刘秀安定河北，邓禹就驱马北渡黄河，追刘秀到邺县。邓禹协助刘秀建立东汉政权，“既定河北，复平关中”，功劳卓著。

刘秀任用将领,多问计邓禹,邓禹所荐举的人才,都能才职相称,刘秀认为邓禹知人。刘秀称帝后,封邓禹为大司徒、酂侯,后改封高密侯,进位太傅。

邓禹晚年隐居苏州光福邓尉山。

轶事趣闻

【敬人不如敬己】邓禹晚年辞去官职,在太湖岸边的光福西崦湖边造了一幢房子,过着隐居的生活。据说邓禹造屋,被太上老君和城隍老爷盯上,托梦命令邓禹供奉他们。邓禹的大堂里放了两尊神像,已经占去了一大半地方。恼怒之下,邓禹心想"敬他们不如敬自己",于是,请来手艺高超的塑像师父,照自己的模样塑了一尊肖像,放在大堂正中的须弥座上。从此,太平无事。后来邓禹百岁千古,他的住宅成了他的祠堂。他一生当中最后的一个官衔是司徒,后人就把他的祠堂叫做司徒庙。

诗文赏读

百因社观柏

陈曾寿

身行邓尉心戒坛,非松非柏森屈蟠。西山今生恐不到,对此皮骨空汍澜。从来柏身尚劲直,故斗奇肆横栏杆。神物中断霹雳斧,两活不复资泉源。我疑柏空寿者相,忍辱节解降魔顽。一物精诚有不灭,奈何已死诬苍天。平生松风满怀抱,得兹魂梦双牵连。不须长短较南北,啜茗倚树钟声圆。

作者陈曾寿(1878—1949),晚清官员、诗人。邓尉,即邓尉山,位于苏州城西南30公里处,因东汉太尉邓禹曾隐居于此而得名。邓尉山一带是江南著名的探梅胜地,名为"香雪海"。"百因社",即司徒庙。

这是一首咏物的古风。这首诗中的"物",就是现在存活于司徒庙中的相传邓禹手植的清、奇、古、怪四棵柏树。作者曾写过《戒坛卧龙松歌》,首先引出北京西山的"戒坛寺",其意很显然,就是为了衬托司徒庙四棵柏树的不同凡响,即使是戒坛寺的卧龙松,面对如此奇怪的司徒柏也要"汍澜"——流泪不止。显然,作者的笔墨放在"奇""怪"两颗柏树上。"神物中断霹雳斧,两活不复资泉源"赞的是奇树,而"平生松风满怀抱,得兹魂梦双牵连"赞的是怪树。面对如此"奇怪"的生命力,作者只能倚树啜茗听寺院的钟声了。

寻古访胜

【司徒庙】司徒庙坐落于邓尉山麓，是祭祀东汉初大司徒邓禹将军的祠庙。邓禹功成名就后，急流勇退，在光福隐居，安度晚年。后人在这里建起苏州园林风格的司徒庙纪念他。司徒庙内的邓禹草堂梅林环抱，九曲桥、数鱼亭等分布在草堂之中。园中四株古柏传为东汉司徒邓禹手植，长得古拙别致，距今已有 1 900 余年。清乾隆南巡命名“清、奇、古、怪”。“清”者，主干笔直，体态稳健，树叶苍翠；“奇”者，苍老遒劲，枝干奇特犹如青峰，主干破裂而一空其腹，宛如剖开的瓠瓜，其空间之大，可容人立；“古”者，少皮秃顶，满身皱纹，仿佛百索绕躯；“怪”者，曾遭雷击而劈成两爿，一爿远离母本后落地生根，呈卧地三曲。另一爿是母体本身，则就地卧倒，呈蛟龙昂首、势欲腾飞的姿态。

提示：苏州市区最靠近的公交车站为“香雪海(司徒庙)”。

文化辞典

【云台二十八将】云台二十八将指的是汉光武帝刘秀麾下助其一统天下、重兴汉室的二十八员功劳最大、能力最强的大将。汉明帝命人绘二十八功臣像，挂于南宫云台，其中邓禹名列第一。后人还把这些将领与神话传说的天庭二十八星宿名称相对应，这就是“云台廿八宿”。

瑞光塔

孙策与孙权

东汉末年,割据江东的孙吴政权在苏州发迹,与魏、蜀成三足鼎立之势,苏州这块风水宝地又一次隆重亮相。

历史回放

孙策(175—200),东汉末吴地富春人,破虏将军孙坚长子、吴大帝孙权长兄,曾为继承父亲孙坚的遗业而屈事袁术。后来孙策征得袁术许可,东渡长江到曲阿(今丹阳),并以曲阿为据点,与扬州刺史刘繇进行决战,大败刘繇。孙策在苏州一带苦心经营，势力最大时占有吴郡、丹阳、会稽等6郡在内的江东之地。孙策有勇有谋，英姿勃发，其治军严整，军纪严明。但在征战中由于年轻气盛，难免存在处事不慎、好勇斗狠的弱点，这为他遇刺种下了祸根。孙策准备发兵北上之时，在丹徒狩猎中为刺客所伤，不久后身亡，年仅26岁。其弟孙权接掌孙策势力，孙权称帝后，追谥孙策为长沙桓王。

吴大帝孙权

孙权（182—252），孙策弟，继承父兄基业，并广大之。赤壁一战击败强敌曹操，从此，魏、蜀、吴三家鼎足天下。

孙权是一个治国有方的政治家，他继承父兄的基业。有周瑜、张昭等人相助，团结吴郡顾、张、朱、陆四姓为代表的土著大族，大胆任用北方南下的士大夫。以减免赋税吸引外来人口，兴水利，办屯田，大力发展手工业，开通与日本、高丽的贸易往来。这些强国富民的措施，使吴地百姓安居乐业，经济发展很快。

轶事趣闻

【无敌小霸王】孙策英勇无敌，打遍当时的江东地区找不到敌手。在与刘繇的交战中表现抢眼，生擒刘繇手下一员武将、吓死一员武将。当时人认为他是西楚霸王项羽再世，故有“小霸王”的称谓。

诗文赏读

南乡子·登京口北固亭有怀

辛弃疾

何处望神州？满眼风光北固楼。千古兴亡多少事？悠悠。不尽长江滚滚流。年少万兜鍪，坐断东南战未休。天下英雄谁敌手？曹刘。生子当如孙仲谋。

辛弃疾，南宋著名的豪放派词人。这首词中的三问三答，颇令人玩味。“何处望神州”，这是第一问，从空间维度入手，引起读者无穷的遐想。然而，由于金兵南下，镇江已成了前线，登北固楼，是豪情万丈，还是被迫无奈？“千古兴亡多少事”，第二问从纵向维度出发，纵观千古成败，意味深长。“悠悠，不尽长江滚滚流！”历史的车轮滚滚向前，大浪淘沙，留下的必然是精华。“天下英雄谁敌手？”这是第三问，答曰：“曹刘”。唯曹操与刘备耳！于是，三国的历史不请自来，问苍茫大地，谁主沉浮！

这首词通过三问三答，把孙权作为三国时代第一流叱咤风云的英雄来颂扬，互相呼应，感怆雄壮，意境高远。它与作者同时期所作另一首词《永遇乐·京口北固亭怀古》相互映衬，相得益彰。

寻古访胜

【瑞光塔】瑞光寺初名普济禅院，一般认为系三国吴赤乌四年(241)孙权为迎接西域康居国僧人性康而建。1978 年 4 月，两个顽童在第三层塔心的砖龛内发现了一批五代和北宋初期的珍贵文物，尤其是一座“真珠舍利宝幢”，堪称稀世珍宝，如今为苏州博物馆镇馆之宝。这些文物对研究宋代的社会发展情况和艺术成就有很高的价值，同时也证实了现存砖砌的塔身是北宋大中祥符二年(1009)的遗物。据吴文化学者谢勤国先生考证，三国时代不可能会有普济禅院，而“性康”其人更是子虚乌有，此塔实为北宋真宗景德元年(1004)始建。

提示：苏州市区最靠近的公交车站为“盘门”“盘门景区北”。

文化辞典

【碧眼儿】碧眼儿是对孙权的称呼。因为孙权的相貌为红胡子，蓝眼睛。长得有点像外国人，所谓的“紫髯碧眼”。

【生子当如孙仲谋】这是曹操对孙权的赞许。曹操与孙权战于濡须，相拒月余。曹操望见孙权军容齐肃，喟然叹曰：“生子当如孙仲谋！刘景升儿子若豚犬耳！”曹操和孙权父亲孙坚平辈，故有此说。刘景升即刘表，两个儿子都为无用之辈。后来，此句被辛弃疾在《南乡子·登京口北固亭有怀》中引用，影响就更大了。

小王山

顾　雍

“一人之下，万人之上”，指的是一个国家的丞相。对三国时的各位丞相，人们的注意力往往集中在蜀汉的诸葛亮身上，而忽略了吴、魏两国。这里，我们向大家介绍的是东吴任职最长的丞相——顾雍。

历史回放

顾雍(168—243)，原名不详，字元叹。苏州人，他的曾祖父顾奉为东汉颍川太守。

今天苏州的小王山一带为顾家的生活之处。小王山又称“琴台山”，相传东汉末年，才女蔡文姬的父亲蔡邕为避仇人隐居吴郡，把学问、琴艺传授给正值幼年的顾雍，顾雍拜师学艺的地方就是琴台山。

顾雍像

孙策临死向孙权交权时说："内事不决，问张昭；外事不决，问周瑜。"孙权虽然基本遵从哥哥遗愿，让周瑜总管军事和外交，对张昭也很尊重；但东吴两次讨论丞相人选，群臣都推举张昭，孙权两次都否决了他们的意见，先是任孙邵为相，孙邵死后，又任用顾雍为相。

顾雍似乎不显山不露水，没有任何惊人言行，那他究竟何德何能，使孙权如此重视、重用他呢？他的出类拔萃之处，恰恰是他的低调。

顾雍为相 19 年，他仿效汉初的治国方法，选择文臣武将时必选称职的，从不凭个人爱好任官。而一旦派任后，他便会全心全意地委托他们。他常常访问民间，收集建议，秘密上疏孙权。如果被采纳，就推功于孙权；如果不被采纳，就一直不说。孙权因此很看重他。

顾雍在朝廷上有所陈述或建议，虽然言辞表情恭顺，但颇能坚持原则。孙权曾咨询朝政得失，张昭趁机将自己收集到的意见陈述出来，颇以为法令太严，刑罚过重，应该有所减损。孙权听了不作声。他回头问顾雍："您认为怎样？"顾雍回答说："臣听到的，就是张昭所说的。"于是孙权才讨论讼狱减轻刑罚。当时驻守前线的各位将领纷纷献上讨敌之策，孙权为此询问顾雍，顾雍回答：臣认为他们都是为了自己的私利功名，因此不应该听从。

顾雍死后，吴帝孙权亲自登门吊唁。

轶事趣闻

【低调而不平庸】顾雍低调，但绝不平庸。他自持内倾，寡言少语，但只要话一出口，就能切中肯綮。他不喝酒，所以别人在酒后狂欢时，一见到顾雍，就不敢放肆了，连孙权都说："有顾先生在场，我也不敢纵情。"但顾雍与张昭有所不同：他并不像张昭那样直接出面干涉，使别人当众下不来台。当时的人都知道，孙权有事需要征求顾丞相意见时，总是让中书令先去探访。如果主上的意见合乎顾雍的意思，可以执行，顾雍就设宴招待来者，与之热烈讨论；若觉得不妥，就板起面孔沉默不语，也不张罗酒食，于是来人只好告退，这样君臣都不伤面子。

【尊重犯人权利】顾雍的中正持平，还用之于对手或罪犯。有位叫吕壹的官员，平时以权谋私，还诬陷无辜，诽谤大臣，甚至连顾雍也不放过。后来这吕壹被“打老虎”抓了起来，顾雍亲自审问。面对攻击过自己、现在成了阶下囚的吕壹，顾雍仍和颜悦色，平心静气地审问。临了，还问犯人需不需要作最后陈述。此时，一位名叫怀叙的官员冲上前，当众对犯人侮辱谩骂。顾雍马上予以制止，并批评说：“有国法在那，你何必这样呢！”可见，那时的顾丞相就有了现代的法律意识，懂得保护犯人的人格尊严和合法权益！

【神色自若】顾雍的长子顾劭在豫章太守任上去世。那天，顾雍正在下棋。外面禀报说豫章有送信人到，却没有他儿子的书信。顾雍虽然神态不变，可是心里已明白其中的缘故。他为掩饰悲痛，用指甲紧掐手掌，以致血流出来，沾湿了座褥。直到宾客散去以后，顾雍才叹气说：“已经不可能有延陵季子那么高尚，难道要哭瞎眼睛而受人责备吗！”于是就放开胸怀，驱散哀痛之情，神色自若。

【教子有方】孙权一个侄女嫁给顾氏的外甥，婚宴请了顾雍及孙子顾谭。当时君臣们非常欢洽，顾谭喝多而醉，醉而起舞不已，无法制止。第二日，顾雍召孙子当面训斥道：“君王以忍辱负重为德，臣下以恭敬谨慎为节。当年萧何立有大功，但见高祖皇帝时还是毕恭毕敬。你对国家有什么功劳？只不过是依靠了我们顾氏门第的资格而已！竟然如此得意忘形，看来败毁我们家族的人必是你了！”说毕，转身向壁而卧，不再理顾谭。顾谭悔立一旁，足足达一个时辰才被祖父遣走。

诗文赏读

顾　雍

孙元晏

赞国经纶更有谁，蔡公相叹亦相师。贵为丞相封侯了，归后家人总不知。

孙元晏，晚唐诗人。这是一首以叙事为主的诗歌。

东吴四大家族有顾厚、陆忠、张文、朱武之称，这首诗，写的就是顾雍忠厚低调的品格。顾雍自幼聪明好学，加上有名师指点，才学很早便为时人注目。他的这位名师，便是诗中的“蔡公”——汉末著名的文学家、音乐家、书法家蔡邕。蔡邕因为得罪宦官，远逃吴中避祸 12 年，就在这期间，顾雍拜蔡邕为师。

顾雍心思清静,用功专一,聪敏机智,很得老师喜欢。蔡邕甚至同意顾雍和他同名(音同,顾雍名“雍”,与“邕”同音)。又因为他为蔡邕所叹赏,顾雍又字“元叹”。跟随孙权以后,顾雍官位逐步上升,最终拜相封侯。但是顾雍回到家中绝口不提屡次升官之事,家人根本不知道,直到后来听别人说才大吃一惊。

寻古访胜

【苏州小王山】小王山一名琴台山,位于穹窿山东南延伸处,为穹窿山东南支脉。山上林木苍翠,植被良好。民国李根源在此隐居10年。小王山东坡有摩崖石刻,原有240多人所书的550多条,现存章太炎等民国名人所写的100多条,被誉为“现代名人书法艺术博览馆”。山东麓有李根源墓及纪念馆;南坡有三国吴丞相顾雍墓;西南坡设有名人墓园,内有吴梅等人墓葬。

提示:苏州市区最靠近的公交车站为“小王山景区”。

文化辞典

【顾、张、朱、陆】生活在苏州一带的东吴大族。以丞相顾雍、顾雍子豫章太守顾邵、顾雍孙太常顾谭为首的顾家,以辅义中郎将张温为首的张家,以前将军、青州牧朱桓为首的朱家,以丞相、大将军陆逊,陆逊子镇军大将、大司马、荆州牧陆抗为首的陆家。

廉石

陆绩与陆逊

上文说到东吴时期苏州有顾、张、朱、陆四大家族，四大家族中，陆家的陆绩与陆逊叔侄俩颇值得一提。

历史回放

陆绩(188—219)，字公纪，苏州人。父亲陆康，汉朝末年为庐江太守。

孙策在吴郡，召集张昭、秦松等讨论天下大事，认为应当用武力平定天下。陆绩年纪小坐在末席，远远地大声说："从前管夷吾为齐桓公的相国，九合诸侯,一统天下,不用兵卒战车。孔子有言:'远方之人不归服,则修文德以来之。'现在你们不讨论如何致力于用仁德来安取天下的方法,而只崇尚武力,陆绩我虽是年幼无知者,但心中也认为不适当。"张昭等人对他深感奇异。

陆绩成年后,博学多识,通晓天文、历算,孙权征其为奏曹掾,主管奏议事。后出为郁林太守,加偏将军。在军中不废著作,曾注《易经》,撰写《太玄经注》。

陆绩像

陆逊(183—245),字伯言,陆绩从侄,但却年长于陆绩。三国时期吴国政治家、军事家。

翻开《三国志》,可见到陈寿花笔墨最多的个人传记(除了帝王之外)就是陆逊。

陆逊是跟随孙权时间较久、功劳很大的大臣,孙权早时把孙策之女嫁给了陆逊。陆逊为东吴抗拒魏、蜀两国的主要支柱。陆逊对东吴最大的贡献,就是利用关羽骄傲自大的弱点,参与袭取荆州;另外是在夷陵火烧连营击败刘备,一战成名。但孙权对陆逊的重用,主要在军事方面,始终没有交给陆逊政治大权。虽然陆逊最后还是代顾雍担任丞相,但明眼人不难看出,孙权把大权交给陆逊时,陆逊已垂垂老矣。功高不能盖主,陆氏家族的位高权重,必然引起最高统治者的忧虑,孙权也不能例外,尽管孙权是古今少有的政治家。

轶事趣闻

【怀橘遗亲】陆绩的父亲陆康曾经担任庐州太守,与袁术往来密切。陆绩6岁时,父亲带他拜见袁术。袁术请他吃橘子,陆绩在怀里藏了3个橘子。临走时,陆绩弯腰告辞袁术,橘子掉落在地上。袁术笑着说:"你这个孩子,来别人家做客,怀里怎么还藏着橘子?"陆绩跪在地上,回答道:"橘子很甜,我留给母亲吃。"袁术说:"陆绩这么小就知道孝敬,长大后一定成才。"袁术感到陆绩与众不同，后来经常跟别人称赞他。陆绩回答袁术的话，体现了封建孝道，备受赞誉，他的事迹被归入“二十四孝”。后以“怀橘”表示孝敬父母。

【解衣共舞】夷陵之战后，陆逊回镇荆州。孙权对他恩宠万分，赠送自己的车盖给他，又命左右覆盖陆逊出入宫殿的大门。孙权甚至脱下裙帽和带金环的腰带赠送他，亲自给他戴上。孙权为群僚召开酒宴，喝醉时，命陆逊跳舞，并脱下所穿的白鼯子裘赠给他，又与陆逊对舞。等到陆逊外出任官时，公卿一起为他送行，孙权又赠给他彩色缯帛的御船。当时凡是赏赐给陆逊的，都是御用珍品，没有哪个人能与陆逊相比。

【严厉教导皇家公子】孙权令陆逊教导诸位皇家公子。当时建昌侯孙虑喜好斗鸭，陆逊严厉地说：“君侯应当勤读经典，增加自己的新知，玩弄这些东西有什么用？”孙虑当即就拆毁了斗鸭栏。孙权弟弟孙翊的儿子孙松不整军纪，陆逊当着他的面，罚他的手下剃光头发，又斥责他。孙松脸色看起来不服气，陆逊看到他脸色稍缓和后，问：“为什么你脸变色？”孙松笑答：“我只是也为自己的过失而生气，哪里敢有抱怨？”

诗 文 赏 读

送卢弘本浙东觐省

张　祜

东望故山高，秋归值小舠。怀中陆绩橘，江上伍员涛。
好去宁鸡口，加餐及蟹螯。知君思无倦，为我续离骚。

作者张祜(hù)(约785—849)，唐代诗人，早年曾寓居姑苏。从题目来看，这个“卢弘本”应该是作者的朋友，他将回浙东探望双亲，所以作者赠诗相送。

舠(dāo)，小船，可见卢弘本是乘船而去，也可能是作者用“小舠”借代其他交通工具。从“怀中陆绩橘，江上伍员涛”这两个与苏州关系紧密的典故来看，这首诗的主题是“孝”。陆绩怀橘尽孝的故事路人皆知，其对应的是“宁鸡口”，“鸡口”，常以喻低微而安宁之地位，意思就是说回家享受天伦之乐。侍奉双亲持螯饮酒，不亦乐乎！伍员，即伍子胥。据说，伍子胥因忠而被谤，一股怨气，他的遗体随流扬波，依潮来往，激荡崩岸。因为心中有了“孝”，所以任何波涛也无所畏惧。在尽孝的时候，别忘了我俩一起吟诗作赋的优雅岁月。从另一个维度理解，引伍子胥的故事，就是要求卢弘本在尽“孝”的时候不能懈怠，不要忘了“忠”，后文有“知君思无倦，为我续离骚”就是明证。《离骚》表现的就是屈原的一片忠心！

寻古访胜

【文庙廉石】廉石竖立在苏州文庙,高不到两米五,厚约六七十厘米,不足两米宽,是一块极为普通的花岗石。石上镌刻有两个斗大的字“廉石”,红色镶嵌。另有落款“弘治九年岁在丙辰夏六月吉旦赐进士第文林郎巡按直隶苏松常府监察使河南胙城樊祉立”。据记载:陆绩卸任离开郁林郡任所时,仅有简单的行装和几箱书籍。负责运送的船家说:“舟轻不胜风浪,难以入海航行。”为行船安全,陆绩让船工搬了一块大石头用来压舱,方得以平安返归故里。这块石头运回陆绩家乡后,陆绩的廉洁美名随之传开,这块巨石也因此被人们称为“廉石”。陆绩返乡不久就去世了,但这块镇船石的故事,一直为人们所传颂。到了明朝弘治九年(1496)监察御使樊祉来苏视察,觉得廉石很有教育意义,便下令移置城中察院场建亭保护,亲自题名“廉石”,以为纪念。康熙四十八年(1709)陈鹏年巡抚同样十分仰慕陆绩的清廉,又将“廉石”移至苏州府学(即苏州文庙),作为当官清廉的楷模,供时人和后人观瞻。

提示:苏州市区最靠近的公交车站和轨道交通车站为“三元坊”。

文化辞典

【忍辱负重】陆逊临危受命,被任命为大都督,在夷陵防御刘备。当时诸位将领或是孙策时期的旧将,或是宗室贵戚,都很自负,看不起陆逊,不听从他的管教约束。陆逊说:“我虽然是个书生,但也接受了主上的委命。国家之所以委屈各位来听从我的指挥,是因为认为我还有一些长处,能够忍受这样屈辱承担重任的缘故。”责令诸将不可再犯。等到刘备被打败,众将发现计谋大多出自陆逊本人,这才心悦诚服。这就是成语“忍辱负重”的来历。

周庄南湖

张　翰

宋·苏轼有诗曰:“浮世功名食与眠,季鹰真得水中仙。不须更说知几早,直为鲈鱼也自贤。”诗中的季鹰,就是西晋文学家张翰。

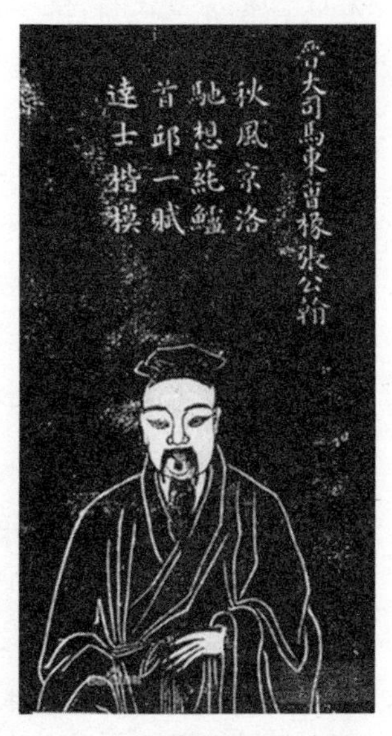

张翰

历史回放

张翰,字季鹰,生卒年不详,苏州人,西晋文学家。他的故乡大致在吴江和昆山交界处的周庄一带。

张翰性格放纵不拘,时人比之为阮籍,号“江东步兵”。齐王司马冏执政,召授为大司马东曹掾。当时王室争权,张翰托言见秋风起而思吴中莼羹、鲈鱼,弃官还乡。不久,齐王冏败,张翰因此逃过一劫。他的诗文被辑入《先秦汉魏晋南北朝诗》和《全上古三代秦汉三国六朝文》。

后人对张翰评价颇高,明·陆树声的《长水日抄》对张翰当世名和身后名的看法也颇表赞同。清·文廷式在《纯常子枝语》卷五对张翰、顾荣和陆机、陆云兄弟都有比较中肯的分析。

张翰世代受到家乡人的纪念,据乾隆《吴江县志》卷七载,宋元祐年间,吴江知县王辟筑三高祠,将张翰、范蠡、陆龟蒙并称"三高",入祀其中。后经历代兴修,规模大备,祠内有塑像等物,每逢春秋都有祭奠。

轶事趣闻

【随心所欲】有一次,张翰在苏州阊门附近听到清越的琴声,循声找去,原来是会稽名士贺循泊船于阊门下,在船中弹琴。张翰和他素不相识,但是一见如故,顿有相见恨晚的知音之感。两人依依不舍,当张翰得知贺循将去洛阳后,立即决定和贺循一起去洛阳。他登船就走,连家人也没有告诉一声。

【灵前抚琴】顾雍的孙子顾荣在吴亡后到洛阳任官,其间常常饮酒,更向同郡好友张翰说"惟酒可以忘忧"。顾荣向来喜好抚琴,亡故后,张翰前来大哭,既而上床鼓琴数曲,抚琴而感叹:"顾荣还能再欣赏这琴音吗?"曲罢人去,在场者无不动容。

诗文赏读

思吴江歌

张　翰

秋风起兮木叶飞,吴江水兮鲈正肥。三千里兮家未归,恨难禁兮仰天悲。

秋高气爽,一派亮丽景色。然而,在动人的佳景后面隐含着一个未曾道出的事实:身在千里之外的洛阳,异地风光引起了作者难以自禁的乡关之思。所以第二句就一下子写到了家乡吴淞江的水,尤其是那最有代表性的肥美的鲈鱼,于是,作者的思归之情油然而生。然而,作者仅仅是思乡吗?"恨难禁兮仰天悲","恨",遗憾,无奈,作者遗憾、无奈的是什么,为何"仰天悲"?这要从当时洛阳官场的黑暗说起,当时司马氏内斗频繁,朝廷大员随时可能遭杀身之祸,作者早已对政治失望了。浓情的家乡与黑暗的官场,这道选择题该如何做？所以说,这首诗明写家乡鲈鱼,实写对官场的无奈,作者最后辞官还乡,就是明智的选择。可见,这首诗后两句是因,前两句是果。

寻古访胜

【周庄南湖】《周庄镇志》记载,南湖是西晋文学家张翰的故乡。张翰辞官返乡,与动乱的世事隔绝,常年游钓于周庄南湖,过着悠闲宁静的日子。南湖位于周庄镇南面,俗称南白荡,其三分之一面积属昆山周庄,其余属吴江。利用南湖自然风光及历史胜迹而新建的南湖园,以全福寺为中心,有“水中佛国”之称。

提示：昆山最靠近的公交车站为“周庄卫生院”。

文化辞典

【莼鲈之思】张翰一日见秋风起,想到故乡吴郡的莼羹和鲈鱼脍,说:“人生最重要的是能够顺应自己的想法,怎么能够为了名利而跑到千里之外来当官呢?”于是,立即弃官还乡。张翰由着自己的性子来,不愿意为了名利去束缚自己。有人问他:“您可以一时生活很快乐,难道你没想过百年之后的名声怎样吗?”张翰回答说:“给我百年之后的名声还不如现在给我一杯酒。”这时,世人才认为他的旷达很难得。

吴趋坊

陆机与陆云

西晋著名的文学家张载与他的两个弟弟张协、张亢并称“三张”。但因为“二陆”到了洛阳，“三张”的名声降了下来。这个“二陆”，就是陆机、陆云兄弟。

历史回放

陆机

陆机(261—303)，字士衡，苏州人，西晋文学家，是东吴“火烧连营”打败蜀军的名将陆逊的孙子。他才冠当世，是吴地杰出的文学领军人物。他的赋体文艺理论著作《文赋》是论文名著，其形式前所未有。他的诗学观念是讲究“诗缘情而绮靡”，就是说写诗一要有真情实感，二要讲诗的修辞性和形式美。他对诗的抒情追求是自觉的，这从其诗中多写“挽歌”“怨妇”“伤时”一类题材、题旨可见。

陆云（262—303），字士龙，陆机之弟。陆云年少聪颖，6 岁即能文。吴亡后，陆云与其兄陆机隐退故里，闭门勤学十年。陆云学问极高，甚至有人说：“陆士龙当今之颜子（颜渊）也。”

陆云

晋武帝太康十年（289），陆机和陆云来到京城洛阳拜访太常张华。张华竭力赞颂，二陆名声大振。

晋武帝死后，司马氏家族爆发了争权夺利、互相攻杀的“八王之乱”，陆机亦受牵连，幸亏成都王司马颖出手相救，才幸免于难。为报相救之恩，陆机辗转成都辅佐司马颖，并于公元 303 年担任后将军、河北大都督，率军攻打洛阳。后因兵败而遭司马颖猜忌，最终被冤杀。与陆机一样，陆云亦官运亨通，相继担任郎中令、尚书郎、中书侍郎等职，并被司马颖封为清河内史。陆云因能谋善断、直言敢谏而深受百姓爱戴，但同时也得罪了不少小人。陆机被冤杀后，陆云也受到牵连终被杀害。

轶事趣闻

【松江称“云间”的来历】陆云到张华家造访时，洛阳名士荀鸣鹤也在张家。张华就叫荀、陆二人互相自我介绍，以便相互了解。荀自表姓名说：“日下荀鸣鹤。”接着是陆自我介绍：“云间陆士龙。”两人简介，意韵都极为深远。先看荀之言：“日下”既代指洛阳，又实指自我，“鸣鹤”，既是人名，又指仙鹤清越的叫声，此介绍暗寓着“我是洛阳名士”的意思，但又不失谦恭，恰到好处，十分得体。再看陆之介绍：陆云又叫陆士龙，民间传说有“龙从云”之说，意思是龙躲在云间，长隐偶现，“云间”两字，既扣陆云名字中的“云”字，又标明这块土地是龙的憩息之处。句中的“士龙”，阐述陆云是一位名士，他有士人的好风度，有龙一样的好精神，陆云这样自我简介，反映出他站得高、看得远，极有气魄。从此，松江（当时叫华亭，属吴郡）就称作“云间”。

诗文赏读

吴趋行

陆 机

楚妃且勿叹，齐娥且莫讴。四坐并清听，听我歌吴趋。

吴趋自有始，请从阊门起。阊门何峨峨，飞阁跨通波。重栾承游极，回轩启曲阿。蔼蔼庆云被，泠泠祥风过。山泽多藏育，土风清且嘉。泰伯导仁风，仲雍扬其波。穆穆延陵子，灼灼光诸华。王迹隤阳九，帝功兴四遐。大皇自富春，矫手顿世罗。邦彦应运兴，粲若春林葩。属城咸有士，吴邑最为多。八族未足侈，四姓实名家。文德熙淳懿，武功侔山河。

礼让何济济，流化自滂沱。淑美难穷纪，商榷为此歌。

这是一首乐府诗。“吴趋”是苏州诸多古称之一。苏州的一条古老街巷吴趋坊保留了这个名字。因此“吴趋行”就是“姑苏行”，意在歌颂吴文化。楚妃之叹、齐娥之讴、吴人之趋都是一种具有强烈地方色彩的音乐，开头四句中，诗人的目的是夸赞吴地之美，作为吴人，自然要选用“吴趋”，示意另两种可以停歇了。

诗人首先提到了“阊门”等地，接下来诗人继续赞扬，吴地山泽秀丽养育出了很多有才能的人，他们是泰伯、仲雍、季札等，其光辉业绩使四方百姓受益无穷。“大皇”亦作太皇，指的是三国吴主孙权，他着手整顿朝纲，以正风气。

诗人又描绘吴国人才辈出的盛况：“八族”“四姓”，吴国望族人才济济、文韬武略、才华横溢。诗的结尾说“商榷为此歌”，与谁商榷？或许是当时有人作诗贬低吴国。

诗人以赋起兴，从城楼轩阁、山泽土风、八族四姓等方面一一铺陈，以赞美吴地之美，这是明显的赋法。全诗对偶，但读起来并不觉得呆板，古朴之气洋溢其间，另外诗中多用叠词，以增强音韵感。整篇诗一气呵成，自然流畅，不失为一篇佳作。

寻古访胜

【吴趋坊】吴趋坊是苏州城区西部的一条街巷，位于阊门内，南出景德路，北至西中市皋桥西堍南侧。吴趋坊原为苏州古坊之一。因陆机《吴趋行》有

“楚妃且勿叹，齐娥且莫讴，四座并清听，听我歌吴趋”，“吴趋”就成了坊名。吴趋坊旧时为城内最喧闹处，元宵灯会、四月十四轧神仙、七月半、十月朝的迎神庙会等，吴趋坊皆为必经之地，苏州有“吴趋坊看会——老等”的谚语。

提示：苏州市区最靠近的公交车站为“儿童医院景德路院区”。

文化辞典

【《平复帖》】为晋代陆机书法作品，是传世年代最早的名家法帖，也是历史上第一件流传有序的法帖墨迹，有“法帖之祖”的美誉。陆机《平复帖》在中国书法史上占有重要地位，同时对研究文字和书法变迁方面都有参考价值。2011年4月15日，中国邮政发行《中国古代书法——草书》特种邮票1套4枚，其中之一为《平复帖》。

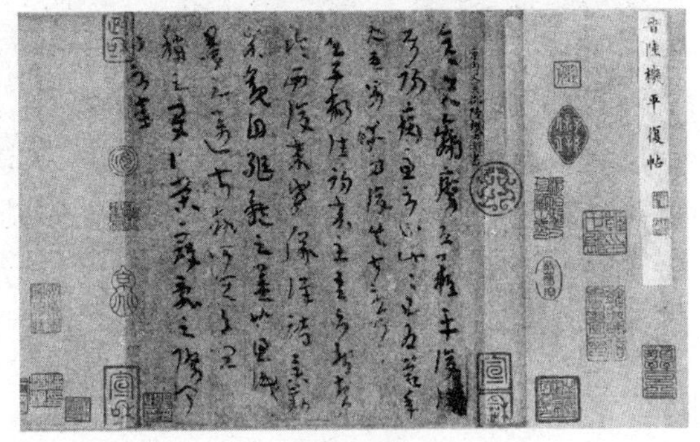

平复帖

顾野王祠

顾野王

到了南朝梁、陈之际，顾、张、朱、陆四大家族又有一位贤者独领风骚，他就是顾雍的12世孙顾野王。

顾野王

历史回放

顾野王(519—581)，字希冯，南朝苏州人。7岁能读《五经》，9岁能作文。12岁随父至建安(今福建建瓯)，撰就《建安地记》。遍读经史，对天文地理、鸟篆奇字无所不通。梁大同四年(538)，任太学博士等职。陈时，官至黄门侍郎，曾掌国史，主修《梁史》《陈书》，能画善文。

顾野王一生著作丰富，内容涉及广博，在民间的传闻也非常丰富。

轶事趣闻

【舍宅为寺】苏州光福寺就是铜观音寺。相传顾野王年轻时，想回光福世居地营造七进大宅园。忽然来了一位银髯飘飘的高僧，这位高僧与顾野王早年相识。顾野王留高僧在光福山下谈经论诗，其乐融融。高僧说顾宅花园，有山有水太美妙，分明是光天福地弘扬佛法的好地方。一语道破天机，顾野王毅然决定舍宅为寺以普度众生。从此，光福留下千年古刹和悠悠钟声。

【喝潮大王】传说顾野王早年在吴淞江上治理潮患，手持铁杵，面对汹涌而来的大潮大喝一声，潮水应声而止。从此吴淞江一带风平浪静，再也没有潮患发生。因此，人们把顾野王封为“喝潮大王”，当作百姓的守护神。

【画凤成真】一日，顾野王在纸上画了几只凤凰。不想，梧桐树上飞来几只真凤凰，在茅屋上飞来飞去，引得百鸟前来凑热闹。忽然，顾野王案几上刚绘成的几只凤凰也飞了起来，与梧桐树上的凤凰合为一群。顾野王惊呆了，赶紧追出门外，只见凤凰带着百鸟，飞向远方。

【鸡鸣退千军】侯景之乱时，顾野王率义军坚守东阳。城中粮断，危急之际，顾野王命士兵半夜学鸡叫。叛军在城外一听，立即判断城内既有鸡啼，短期内不会断粮，而自己的军粮不多了，就撤围而去。顾野王一计退千军，深得东阳军民爱戴，老百姓把顾野王当作守护神，纷纷用黄杨木雕刻顾野王的形象，供在家中。据说，这就是东阳城为著名的“木雕之乡”的来历。

【宁可赤脚奔，莫踏顾公坟】据说顾野王墓上有大石横卧，长两丈左右，前高后低，可列数十人。其余石如印信，如石几，又如列屏。屏下有金鸡，每逢阴雨天则呼之即出，游人追则隐于石中。墓上古松树取之可以疗疾。乡里人相互转告：“宁可赤脚奔，莫踏顾公坟。”可见对顾野王的尊重。

诗文赏读

罗敷行

顾野王

东隅丽春日，南陌采桑时。楼中结梳罢，提筐候早期。风轻莺韵缓，露重落花迟。五马光长陌，千骑络青丝。使君徒遣信，贱妾畏蚕饥。

古代民歌或仿民歌作品中,有关罗敷采桑拒绝使君者甚多。顾野王的这首叙事诗,前八句所写的内容与汉乐府中的《陌上桑》大致相同,但少了大量的夸张,这或许就是文人诗与民歌的不同。文人更注重的是字斟句酌,就如对偶句"东隅丽春日,南陌采桑时""风轻莺韵缓,露重落花迟""五马光长陌,千骑络青丝"就颇能显示文人遣词造句的功底。《陌上桑》中的罗敷用极度夸张的夸夫婿的手段,吓退了使君,体现了机智。而顾野王《罗敷行》中的这位采桑女子,却是用担心没人喂蚕,蚕儿饥饿的理由拒绝了使君;或可解释为你向我示爱,但是我却担心别人的"谗讥"(南朝诗歌常用双关),这又何尝不是机智?

寻古访胜

【顾野王墓】顾野王墓在苏州国际教育园区职业大学内致能大道东侧一片空地上。一块长方形立碑在夕阳下熠熠闪光,墓上有五块巨石,其中一块上刻有钱大昕所书"陈黄门侍郎希冯顾公讳野王之墓"几个篆体大字。据说顾野王墓上的这些巨石是陨石,所以当地人称此墓为"落星坟"。

提示:苏州市区最靠近的公交车站为"江苏省外国语学校"。

【顾野王祠】顾野王祠(顾公庙)在吴江北门外三里桥生态园内。宋、明、清各代屡有修建。"文革"开始后,顾公庙被夷为平地。上世纪 90 年代,当地乡民们在顾公庙原址附近搭建起了一座小型的顾公庙。让人庆幸的是,顾野王纪念馆于 2006 年正式恢复重建。经前后一年余时间,于 2007 年下半年竣工。重建的顾公庙由石牌坊、山门和大殿组成。石牌坊为四柱三门,南北两方向均镌刻着坊额,南向为"先贤顾公"和"秘书笃学""力辟道扃",北向为"侍郎故里"和"古吴绍韵""梁陈遗风",并镌刻着四副对联。门面甚为气派。

提示:苏州市区最靠近的公交车站为"海悦花园"。

文化辞典

【《玉篇》】顾野王的代表作,是我国一部影响巨大的按部首分门别类的汉字字典。体例仿《说文解字》,部首有增删。每字下先注反切,再引群书训诂,解说颇详。

醉尉亭

张　旭

盛唐有这么一位姓张的喜欢喝酒的书法家，因他常喝得大醉，就呼叫狂走，然后落笔成书，甚至以头发蘸墨书写，故又有“张颠”的雅称。他就是张旭。

历史回放

张旭(675—约750)，字伯高，一字季明，唐朝时苏州人，开元、天宝时在世，曾任常熟县尉。

张旭才华横溢，学识渊博。为人洒脱不羁，豁达大度，卓尔不群。善草书，

草圣张旭

性好酒。后怀素继承和发展了其笔法，也以草书得名，并称“颠张醉素”。张旭的草书与李白的诗歌、裴旻的剑舞，称为“三绝”。张旭的诗亦别具一格，以七绝见长，与李白、贺知章等人共列为“饮中八仙”。张旭又与贺知章、张若虚、包融并称“吴中四士”。书法与怀素齐名。

张旭认为日常生活中所接触到的事物，都能启发写字。相传他见公主与担夫争道，又闻鼓吹而得笔法之意；当时人们只要得到他的片纸只字，都视若珍宝，世袭珍藏。后人论及唐人书法，对欧、虞、褚、颜、柳、素等均有褒贬，唯对张旭无不赞叹不已，这是艺术史上绝无仅有的。

轶事趣闻

【舞剑得启发】一天，张旭突然看见公孙大娘表演剑舞。张旭在一旁凝神关注，把注意力都集中在公孙大娘的剑上，一进一退、一招一式都看得极其仔细，不多时，自己已完全融入公孙大娘的剑舞中。回到家后，张旭马上练习书法。只见他将自己手中的笔幻化成公孙大娘的剑，时旋时转，时而如猛虎下山，时而如蛟龙出水，变化莫测，字字写得龙飞凤舞，神采飞扬。

【判案遇骚扰】张旭就任苏州常熟尉十多天，一位老人来衙告状。张旭在状纸上批示了几句。过了几天，这位老人又来了。张旭大怒，责备老人说：“你竟敢用闲事来骚扰公堂！”老人说：“我是看到你批示状纸的字写得好，值得收藏才来的呀！”张旭听后感到惊异，问老人为什么这样喜爱书法。老人回答说：“先父受过文化教育，还有著作遗留在世。”张旭让他取来一看，方信老人的父亲确实是擅长书法的人。从此，张旭书法倍加长进，越发精妙，堪称一时之冠。

【书信助穷人】张旭有个邻居，家境贫困，听说张旭性情慷慨，就写信给张旭，希望得到他的资助。张旭便回信一封，说道，您到街头，只要说这信是张旭写的，要价可上百金。邻人照着他的话上街售卖，果然立即被别人购走。

诗文赏读

桃花溪

张　旭

隐隐飞桥隔野烟，石矶西畔问渔船。桃花尽日随流水，洞在清溪何处边。

显然，这首诗和陶渊明的《桃花源记》关系密切。通过描写桃花溪幽美的景色和作者对渔人的询问，抒写一种向往世外桃源、追求美好生活的情怀。

“野烟”，应是云雾，透过云雾望去，那横跨山溪之上的长桥，忽隐忽现，似有似无，恍若在虚空里飞腾，颇有几分神秘，这是写远景。写近景时，一个“问”字颇具动态之美，逼真地表现出这种心驰神往的情态。

后两句，或是渔人的回答。“桃花尽日随流水”，令人想起“忽逢桃花林，夹岸数百步，中无杂树，芳草鲜美，落英缤纷”，但这里是否有作者对逝去岁月和自身命运的询问呢？这个“洞”，应该就是进入桃花源的那个“仿佛若有光”的小口，作者渴望进入“世外桃源”的心情表露无遗。

寻古访胜

【常熟方塔公园】方塔公园系在宋代古迹旧址上新建的古典式园林，因园内有方塔而得名。方塔，为古城常熟标志性建筑之一，始建于南宋建炎四年(1130)，于 2006 年 5 月被列为全国重点文物保护单位。方塔与宋代古井、古银杏并称为“园中三宝”。在方塔公园一座小山坡上，建有一座四柱小亭，此亭就是为纪念唐代著名狂草书法家张旭而建的醉尉亭。

提示：常熟最靠近的公交车站为“庆福银楼”。

文化辞典

【饮中八仙】饮中八仙指唐朝嗜酒好仙的八位学者诗人，亦称“酒中八仙”。此八人为贺知章、汝阳王李琎、李适之、崔宗之、苏晋、李白、张旭、焦遂。杜甫有《饮中八仙歌》。

慧聚寺

杨惠之

杨惠之是我国古代著名的雕塑家，生卒年月不详，大约生活在盛唐开元和天宝年间，祖籍是如今的苏州香山。

历史回放

杨惠之所塑的菩萨像栩栩如生，他还独创了以连绵层叠的山石作背景，其间塑有可构成故事情节的众多人物雕塑的艺术模式——塑壁，使雕塑的艺术容量更为丰富。黄巢起义，将长安洛阳一带庙宇焚毁几尽，独对存有杨惠之手塑神像者“惜其神妙，率不残没”。由于历代战乱，加之泥塑质松，杨惠之名作已十不存一。后人只有从甪直保圣寺存有的半堂罗汉中才能领略杨惠之塑壁之风采。保圣寺内,历经千年风雨侵蚀的九尊罗汉布列于满壁山水烟云间。杨惠之以夸张的手法充分表现了不同性格、年龄、经历的佛门弟子皈依佛门勤加修炼的情景:伏虎罗汉、讲经尊者、听经尊者……或怒目圆睁、或托头沉思、或一半脸儿怒一半脸儿笑,个个灼灼有神。郭沫若参观了半堂罗汉后也称道,"一代名手,决非溢誉","尽管受宗教题材束缚,而现实感却以无限的魅力向人逼来,使人不能不感受到一种崇高的美"。

杨惠之

杨惠之是一位多产的雕塑巨匠。其作品有长安长乐乡北太华观玉皇尊像、陕西临潼骊山福严寺山水壁塑、凤翔天柱寺维摩像、汴州安业寺(后改大相国寺)净土院大殿佛像、洛阳广爱寺三门上五百罗汉像、洛阳北邙山老君像、湖南郴州通惠禅师院九子母像、昆山慧聚寺毗沙门天王及侍女像等。

此外,杨惠之还总结自己多年积累的雕塑技艺与经验,写成《塑诀》一书。这部一直流传至宋代的书是我国独一无二的雕塑理论著作,遗憾的是,此著作后来失传了。但由于杨惠之在雕塑史上有着与绘画史上"画圣"吴道子同等的地位,故后人誉他为"塑圣",当之无愧。

轶事趣闻

【由画入塑】杨惠之从小就对雕塑具有浓厚的兴趣,而且还颇有天赋。年幼时,他和小伙伴们玩耍,就可以随手抓起一把泥巴捏出一个"天神"小像,更令人啧啧称奇的是,他居然将自己的"艺术作品"放到了土地庙中充作菩萨,骗了不少前来烧香拜佛的善男信女。后来,他和吴道子同师张僧繇,一同学习绘画。由于吴道子技高一筹,名声渐重,杨惠之耻居其下,于是焚毁笔砚,专攻雕塑,当时有"道子画,惠之塑,夺得僧繇神笔路"之说。

【巧塑初恋情人】杨惠之壮年时结束在外周游,回到苏州,为昆山慧聚寺塑造佛像。据说杨惠之在塑造这堂神像时,曾根据回忆,把其中一尊侍候在天王神像边上的侍女,塑成了他少时一位女伴的模样。当年,他就是因为失恋于那位女伴才愤然离开家乡的。

诗文赏读

保圣寺楹联

赵孟頫

梵宫敕建梁朝，推甫里禅林第一；罗汉溯源惠之，为江南佛像无双。

赵孟頫，元代初期很有影响的书法家。这副楹联对杨惠之作了高度的赞赏。上联中，"梵宫"，清净的地方，指寺庙；南朝四百八十寺，"保圣寺"为其一；"敕建"，奉皇帝命令建造的；"甫里"，就是甪直；"禅林"，禅宗丛林。上联的意思是，保圣寺为甪直所有寺庙的第一。下联上半句，是说保圣寺的"罗汉"为杨惠之作品，下半句称杨惠之雕塑的罗汉是江南第一，实际上，称全国第一也不过分！有趣的是，这副对联上联中"梵宫"与"禅林"意思相近，下联中"罗汉"与"佛像"意思相近，且都在对应部位。

寻古访胜

【昆山慧聚寺】杨惠之壮年时结束在外周游，回到苏州，为昆山慧聚寺塑造佛像。昆山慧聚寺天王殿中的毗沙门天王诸神及众侍女的塑像，是杨惠之雕塑艺术登峰造极时的作品。所以数年后它们的出现，轰动了整个姑苏城。当时慕名而来的观赏者与善男信女们，围者如堵。唐人王洮《慧聚寺天王堂记》也有"塑状若耸，帆然柱空"的称誉。

提示：昆山最靠近的公交车站为"太湖路公交首末站"。

文化辞典

【罗汉】罗汉，阿罗汉的简称，梵名 Arhat。最早是从印度传入中国的。意译上有三层解释：一说可以帮人除去生活中一切烦恼；二说可以接受天地间天人供养；三说可以帮人不再受轮回之苦。罗汉，即自觉者，在大乘佛教中罗汉的地位低于佛与菩萨，为第三等，而在小乘佛教中罗汉则是修行所能达到的最高果位。佛教认为，获得罗汉这一果位即断尽一切烦恼，应受天人的供养，不再生死轮回。寺院都有罗汉塑像。

寒山寺前江村桥

张 继

他的诗爽朗激越，不事雕琢，比兴幽深，事理双切，对后世颇有影响。然而他留下的诗作却不多。他，就是写下《枫桥夜泊》的张继。

历史回放

张继，生卒年不详。字懿孙，湖北襄州（今湖北襄阳）人。唐代诗人，与刘长卿为同时代人。据诸家记录，仅知他是约天宝十二年（753）的进士。

张继博览有识，与当时同是进士出身的诗人皇甫冉交往甚密，情逾昆弟。登进士后铨选落第。大历末年（779）张继上任盐铁判官仅一年多即病逝于任上。

张继雕像

张继并无一般仕宦者的官僚习气，他不逢迎权贵。高仲武编《中兴间气集》，选录至德元年至大历暮年诗人26家的诗132首，其中有张继诗三首。高仲武评云："员外累代词伯，积习弓裘。其于为文，不自雕饰。及尔登第，秀发当时。诗体清迥，有道者风。如'女停襄邑杼，农废汶阳耕'，可谓事理双切。又'火燎原犹热，风摇海未平'，比兴深矣。"从评语来看，可知张继家世代是诗人，但我们已无法知道他是谁的子孙。张继的诗见于《全唐诗》者，只有四十余首，其中还混入了别人的诗。但宋人叶梦得曾说："张继诗三十余篇，余家有之。"(《石林诗话》)可知他的诗，在南宋时已仅存三十余首了。

轶事趣闻

【落第而写】据说，张继赶考落第，郁郁回乡，途经寒山寺，挥毫写下了那首《枫桥夜泊》。说者还道："一般人不会记得那科的状元是谁，但却永远记住了张继"。这个"说者"对诗的鉴赏很有见地，深得真髓；然而，他的这个说法颇值得推敲。《枫桥夜泊》这首诗作于作者至德元年(756)后漫游江浙之时，而张继却是天宝十二年(753)进士！况且，难道一定要赶考落第后才有愁绪吗？

【寒山寺钟声】到了宋代，欧阳修读《枫桥夜泊》，他以为三更半夜，不是打钟的时候，故诗句不符合现实。对于欧阳修提出的问题，许多人都不同意。唐代诗人的作品中多次写到各地的半夜钟声，如白居易诗曰："新秋松影下，半夜钟声后。"南宋时苏州佛寺还在夜半打钟，因此，欧阳修的质疑被认为是少见多怪。

【张继诗碑之谜】张继《枫桥夜泊》诗曾经刻在寒山寺东的一块碑上，素为寒山寺胜景，为世人所看重，可惜几度兴废。清末，文徵明所书碑已漫漶不清，于是经学家俞樾(曲园)又写刻了一块诗碑，如今还能在寒山寺见到的就是这块。1939年，汉奸梁鸿志欲把俞樾所写的寒山寺诗碑运去日本，经手人却请苏州著名石雕大师钱荣初依原样复刻了一块足以乱真的赝品；后不知何故未去日本，据说这块复制品留在了南京。

诗文赏读

枫桥夜泊

张　继

月落乌啼霜满天，江枫渔火对愁眠。姑苏城外寒山寺，夜半钟声到客船。

这首诗涉及的意象颇多。夜月、客船、江枫、渔火、乌啼、钟声，有明有暗，有静有动，有音有画。第一句说明了季候，“霜满天”系夸张，当作严寒理解，可见空气极冷。因为严寒，鸟都无法睡眠，所以还在啼唤。“愁眠”的是客船上的一个乘客，有羁旅之愁的客，当然，这“眠”仅仅是躺着而已，不可能睡着，因为有江村桥、枫桥和夜渔的火光与旅人相对。如此，造成一种意韵浓郁的审美情境。后两句表现了一种空灵旷远的意境：夜行难见物，唯渔火最醒目，而钟声阵阵，更添惆怅。船到了寒山寺，但离家还远着呢！

寻古访胜

【寒山寺】寒山寺始建于南朝萧梁天监年间(502—519)，初名“妙利普明塔院”。唐代的名僧寒山、希迁两位高僧先后前来添建，改名寒山寺。一千多年来寒山寺先后5次遭到火毁(一说是7次)，最后一次重建是清代咸丰十年(1860)。寺内古迹甚多，有张继诗作的石刻碑文，寒山、拾得的石刻像，文徵明、唐寅所书碑文残片等。

提示：苏州市区最靠近的公交车站为“寒山寺”。

文化辞典

【寒山寺钟】现今寒山寺里的古钟早已不是张继诗中所提及的那口唐钟了，至于明代嘉靖年间补铸的大钟，一说已流入日本，如康有为诗云：“钟声已渡海云东，冷尽寒山古寺风。”为此日本国内友好人士还曾大力搜寻，但徒劳无功，以后，虽又送回一钟，但已不是原物。现在悬于寒山寺钟楼的大钟，为清光绪三十二年(1906)江苏巡抚陈夔龙督造。巨钟有一人多高，外围需三人合抱，重达两吨，堪称巨制。钟声宏亮悠扬，余音袅袅，不绝于耳。

重元寺

韦应物

大唐贞元四年(788)某个秋日,地处东南的苏州城,迎来了一位风雅绝伦的刺史。一时间,全城的吏民,禁不住好奇,彼此间打听,充满了疑惑和期待。

历史回放

由京城而出守苏州的这位刺史大人,就是遐迩闻名的杰出诗人韦应物。

韦应物 (737—792),长安人,山水田园诗派诗人。唐朝是诗人辈出、群星灿烂的时代,韦应物之前,诗坛巨擘李白、杜甫先后登上了浪漫主义和现实主义诗作的巅峰,后来者似乎难以为继。然而中唐晚唐诗歌创作依然取得了显赫的成绩,诗人们汲取前贤的艺术营养,独辟蹊径,各擅胜场。韦应物诗歌以山水田园类成就最高，后世将他和王维、孟浩然、柳宗元并提。“春潮带雨晚来急，野渡无人舟自横”，就是他主政滁州时创作的脍炙人口的诗句。韦应物各体兼善，尤擅五言古体诗。风格冲淡闲远，语言简洁朴素，难怪苏东坡声称“乐天长短三千首，却爱韦郎五字诗”。

韦应物

韦应物没有让苏州人失望。下车伊始，韦应物就十分关心民生疾苦，他训诫下属，必须“矜老疾，活艰困”，凡贫民拖欠的赋税，命令“乡计之而白于县，县审之而上于郡”，然后由刺史根据实情予以蠲免。

韦应物从政的热情很高，在岁末冬宴时看到“戎士气益振”的场面，他由衷高兴。他自己也是勤奋地处理政务，“大藩本多事，日与文章疏”，自己钟爱的诗歌创作都暂时搁下了。韦应物的勤勉付出，换来了州民小康的局面，他为此倍感愉悦，“宴集观农暇，笙歌听讼余”。

待政通人和后，韦应物重拾诗文，跟当时的著名诗人刘太真、顾况、孟郊、秦系、皎然、丘丹频频交往，切磋诗艺，乐在其中。

韦应物是个清心寡欲的清廉官员。公务之暇，他爱的是逍遥山水、锄药赏竹、饮酒养真、参禅悟道，厌恶官场应酬、聚敛钱财。这样的官员，自然两袖清风。公元 791 年秋，韦应物清苦但又毫不后悔地走完了他人生的最后岁月。他的作品今传有 10 卷本《韦江州集》、两卷本《韦苏州诗集》、10 卷本《韦苏州集》，散文仅存一篇。

轶 事 趣 闻

【浪子回头】早年的韦应物几乎就是一个桀骜不驯、周围人避之不及的浪荡公子。这也难怪，他的家族太显赫了，韦家是京城长安的大家世族，权要辈出，长盛不衰，当时传言“城南韦杜，去天尺五”，天指朝廷，是说韦家的人在朝廷中任官掌权太容易了。这样一个不更事的官 N 代难免骄纵。韦应物十五六岁时就以三卫郎的身份担任唐玄宗的侍卫，天子出入，随从护驾，更是威风。他甚至横行邻里、隐匿逃犯、赌博放荡、无所不为。让韦应物人生轨迹发生巨变的是那场著名的安史之乱。唐玄宗仓皇逃离长安，韦应物不及追随，从此落职无依,少年轻狂的岁月到此画上休止符。时代的急剧动荡让韦应物反省自我,重塑自我,他开始折节读书、学习写诗,最终成为严于律己、醇厚仁爱的儒者。

诗文赏读

登重元寺阁

韦应物

时暇陟云构,晨霁澄景光。始见吴郡大,十里郁苍苍。山川表明丽,湖海吞大荒。合沓臻水陆,骈阗会四方。俗繁节又喧,雨顺物亦康。禽鱼各翔泳,草木遍姢见。于兹省甿俗,一用劝耕桑。

这首诗中,作者借登重元寺阁的机会,赞颂了苏州,并表达了志向。全诗分为三个层次。开头两句,交代了登阁的缘由和时间。有了闲暇,在一个雨后初晴的早上登上了重元寺阁。“云构”,高大的建筑物,即重元寺阁。当中部分从“始见”到“四方”,重点写眼前之景和心中的联想。“始见吴郡大,十里郁苍苍”,既是宏观写吴郡之大,又写出了吴郡之宏大的内涵;接着两句依次写了山川、湖海的壮丽。于是,作者联想到纷至沓来的水陆交通和四方汇聚的人才。“俗繁节又喧,雨顺物亦康”写的苏州丰富多彩的民俗和风调雨顺、人民安康的现实。然后又是写实,禽、鱼、草、木无不活灵活现。最后两句中,“甿俗”,指民俗;风尚;“省(xǐng)”,检查,“一用”,全用来。在这种地方视察民情,就可以定心地劝农桑了。

寻古访胜

【重元寺】当年引发苏州刺史韦应物诗兴的重元寺,如今在苏州古城东北郊、唯亭镇北的阳澄湖畔重建。重元寺正门前,就是阳澄湖,阁谓“观音大士阁”,供奉着观音菩萨三十余米高的塑像。登楼眺望,视野开阔。山门上首“重元寺”三字为中国佛教协会主席赵朴初所题,楹联为“肇始萧梁卫尉,布金归佛地;规模唐宋禅师,著录属宗门”。天王殿左右塑四大天王法像,迎门则是笑口常开的弥勒佛,有联语两则最是可亲,一则为“笑容可掬,结成无量欢喜缘;大肚能涵,断却许多烦恼障”,一则为“眉开眼笑,欢颜劝世,无非不自寻烦恼;肚大怀宽,坦荡修缘,只为能超脱俗尘”。大雄宝殿的规模称中国之最,居中为佛祖尊像，左右两侧十八罗汉塑像，姿态神情各异。其中第十八尊者为玄奘，手捧经卷，正专注阅读。佛祖背后，观世音菩萨于苦海中脚踩鳌鱼，为求天下太平、解救世间受苦受难者。大雄宝殿前面的广场左侧为“妙智广大”文殊殿，右侧为“行愿无穷”普贤殿。

提示：苏州市区最靠近的公交车站为“唯亭阳澄圣境”。

文化辞典

【韦苏州】以前，人在哪里当官，声名较好，颇得百姓爱戴者，人们往往拿他当官的地方地名来称呼他。比如刘备当过豫州牧，大家也叫他“刘豫州”。韦应物因出任过苏州刺史，世称“韦苏州”。史家称颂：“韦公以清德为唐人所重，天下号曰‘韦苏州’，当贞元时为郡于此，人赖以安。”刺史的仁政赢得了苏州的民心。

【山水田园诗派】中国唐代诗歌流派，以山水等自然景观为主要描写对象，歌咏田园生活，大多以农村的景物和农民、牧人、渔父等为题材。诗人们把细腻的笔触投向静谧的山林、悠闲的田野，创造出一种田园牧歌式的生活，借以表达对现实的不满、对宁静平和生活的向往。代表人物有盛唐的王维、孟浩然、储光羲、常建等，中唐的韦应物、柳宗元等。他们继承和发展了陶渊明田园诗和谢灵运、谢朓等山水诗的传统，在发掘自然美方面，既能概括地描写雄奇壮阔的景物，又能细致入微地刻画自然事物的动态；在自然景物的观察上别有会心，能够巧妙地捕捉适于表现其生活情趣的种种形象，构成独到的意境，把六朝以后的山水诗向前推进了一步。山水田园诗属于写景诗的范畴，这类诗歌的主要特点就是“一切景语皆情语”，亦即作者笔下的山水自然景物都融入了作者的主观情愫，诗作或借景抒情，或情景交融。

阊门水城门

刘禹锡

“苏州刺史例能诗”，继韦应物、白居易之后，被誉为“诗豪”的刘禹锡于唐文宗大(太)和六年(832)二月抵达苏州。

历史回放

刘禹锡(772—842)，字梦得，河南洛阳人。唐朝文学家、哲学家。贞元九年(793)进士及第。

进入唐代，苏州已是东南雄州，较为富庶。公元831年发生了一场特大水灾，给苏州百姓带来严重的灾难。刘禹锡到任后，随即察视灾情，了解民瘼，为民请命，赈恤灾民。

朝廷得悉灾情后，积极采取措施。据《旧唐书》记载：大(太)和六年(832)二月“戊寅，苏、湖二州水，赈米二十二万石，以本州常平义仓斛斗给”。刘禹锡《苏州谢赈赐表》云：“伏奉去年二月十五日敕，苏州宜赐米一十二万石(与《旧唐书》记载不同)，委刺史据户均给者。”他积极努力，想方设法地实施朝廷敕令，从本州常平义仓中调拨了十二万石米，逐户分发，并宣布减免赋役。由于刘禹锡“昼夜苦心，寝食忘味”的治理，“遂使人心获安”，户口增长，苏州地区人民生活再现生机活力。至大(太)和七年(833)十一月，因刘禹锡一年多的悉心抚绥，苏州消除了灾情，恢复和发展了生产，刘禹锡因此在考课时列为“政最”，即九种等级中的最高等级。刘禹锡自谦“才术虽短，忧劳则深”，但他忧百姓所忧、急百姓所急，夜以继日，救灾赈民，重兴民生，苏州人民是不会忘记他的。苏州人民把他与曾经做过苏州刺史的韦应物、白居易一起称为“三贤”，特为兴建“思贤堂”，岁时致祭。

刘禹锡

公元 834 年 7 月，刘禹锡奉调离开苏州刺史之任。苏州百姓恋恋不舍，十里相送。而刘禹锡本人也颇为感伤，他那时离开苏州走水路出阊门，秋风阵阵，柳条依依，诗人深切感受到的是离别之际的黯然销魂，因为他对斯土斯民饱含深厚的感情。

刘禹锡在苏州三年，公务之暇，游览了本地名山胜迹，并留下了题咏诗作。他到过灵岩山，写了这样一首诗：“宫馆贮娇娃，当时意大夸。艳倾吴国尽，笑入楚王家。”他对灵岩山色未多着墨，而是说起了夫差为美人修造宫馆、吴国兴亡的事。显然是借题发挥、咏史抒情了。他也多次到过虎丘，那时白居易已经修筑了山塘街，往来方便。他的《发苏州后登武丘寺望海楼》有佳句：“碧池涵剑彩，宝刹摇星影。”

心中装着人民、为人民办过好事的人，人民永远不会忘记他。刘禹锡为官清正，刚直不阿，爱护百姓，直到今天仍然受到人们的敬重。

轶事趣闻

【两咏玄都观】刘禹锡被贬官遇赦回京后,听说这几年郊区玄都观里来了个老道会种桃花,偌大一个庭院尽是桃花,等到开放时,壮观得很。于是刘禹锡就和朋友相约去看桃花。回来就写了一首《游玄都观》:"紫陌红尘拂面来,无人不道看花回。玄都观里桃千树,尽是刘郎去后栽。"有人因此诗向皇上进谗言,说这首诗明是写桃花,其实是讽刺朝廷新提拔权贵。皇上当然不高兴,于是就把刘禹锡又遣发到外地去了。差不多十年后,刘禹锡又被调回京城,恰好是春天,于是想起玄都观的桃花。但种花的道士已经去世,庭院也就破败,再也没有往日的繁盛了。刘禹锡难免感慨,于是又写了一首《游玄都观》:"百亩庭中尽是苔,桃花净尽菜花开。种花道士归何处?前度刘郎今又来。"

【和州三搬家】刘禹锡因参加王叔文的政治改革,被贬到安徽的和州当通判。按规定,通判可以在衙门里住三间大房子。可是,和州知县是个势利小人,他见刘禹锡失势贬官,就假说衙门里的房子破,不好住,安排他住到南门外。刘禹锡的住处正对着一条大江,他写了两句话:"面对大江观白帆,身在和州思争辩。"知县心想:你这个刘禹锡,还想再搞什么改革,我就给你一双小鞋穿。于是,他把刘禹锡从南门搬到北门,住房也由原来的三间减少到一间半。刘禹锡北门住的这一间半房子正好也在河边,刘禹锡就又写了两句话:"杨柳青青江水平,人在历阳心在京。"这里的历阳指的也是和州。知县一听,大骂刘禹锡贼心不死,再把刘禹锡搬到一间最小的房子里,这就是所谓的"陋室",著名的《陋室铭》写的就是它。

诗文赏读

哭刘尚书梦得二首(其一)

白居易

四海齐名白与刘,百年交分两绸缪。同贫同病退闲日,一死一生临老头。
杯酒英雄君与操,文章微婉我知丘。贤豪虽殁精灵在,应共微之地下游。

大唐武宗会昌二年,即公元842年,刘禹锡去世。获知噩耗,白居易十分悲痛,写下《哭刘尚书梦得二首》,此选其一。

首联交代自己与刘禹锡的关系和情谊。当时诗坛刘、白并称,落笔就写

“四海齐名”；自古文人相轻，同享盛名的刘、白二人却情意相投，晚年交谊超过元、白，《白氏长庆集》有“刘白唱和集解”，“绸缪”言感情深厚，“百年”言彼此是一辈子的交情。

颔联突出两人经历遭际的惊人相似，并感叹如今死生永隔，而自己也已是耄耋老者，感伤之情自然流露。刘、白二人均是有志之士，都曾想改变中唐时弊，重振盛唐雄风。然而命运弄人，宦海浮沉，均遭贬谪（刘禹锡永贞改革失败后长期遭贬，白居易也有江州之贬），有志难展，困顿不堪。“同贫同病退闲日”，意味深长，满腹辛酸，而相似的抱负、遭遇促使他们成为志同道合的不渝之交，这又是让人欣慰的。

颈联用典故二则。其一是煮酒论英雄的故事。曹操所言“君”指刘备，此句中指刘禹锡，刘、白二人在政治上均有抱负，彼此以英雄期许，用此典十分贴切。其二是孔子修《春秋》之叹。孔子当年修完微言大义的《春秋》，曾慨叹说：“知我者其唯《春秋》乎？罪我者其唯《春秋》乎？”刘禹锡作诗婉而多讽，白居易自信是他的知音，故用孔子之典。颔联揭示了政治理想的相投和诗文趣味的默契是二人交情深厚的根本基础。

尾联称道刘禹锡为世间贤豪，死后也会交往元稹（元微之）这样的非凡人物。明写两位挚友先后辞世地下交往，暗中表现白居易在人间的孤独凄凉，读者可以体会到其无限的忧伤和怀念之情。

寻古访胜

【阊门】苏州阊门始建于春秋时期，是苏州城的八门之一。《吴越春秋》记载：“立阊门者，以象天门，通阊阖风也。”故又名阊阖门。阖闾率大军由此门出城远征楚国，表示一定要打败楚国的决心，故把阊门称为“破楚门”。战国时，吴属楚，复名阊门。古时阊门楼阁，十分壮丽，诗多咏及。据《姑苏繁华图》所绘，阊门筑有瓮城（即月城），陆门西临吊桥，东接阊门内大街（今西中市）；水门西临聚龙桥，东接水关桥。刘禹锡《别苏州二首》，其二写道：“流水阊门外，秋风吹柳条。从来送客处，今日自销魂。”

提示：苏州市区最靠近的公交车站为“阊门横街”。

文化辞典

【竹枝词】竹枝词是一种诗体，本是古代四川东部（今重庆一带）的民歌。唐代刘禹锡根据民歌改作新词，歌咏三峡一带风光和男女恋情，同时曲折流露出自己受贬谪后的一些情感，影响很大。竹枝词在漫长的历史发展中，由于社会历史变迁及作者个人思想情调的影响，其作品大体可分为三种类型：一类是由文人搜集整理保存下来的民间歌谣；二类是由文人吸收、融会竹枝词歌谣的精华而创作出有浓郁民歌色彩的诗歌；三类是借竹枝词格调而写出的七言绝句，这一类文人气较浓，仍冠以“竹枝词”。

【刘白】唐中期诗人刘禹锡、白居易的并称。两人友谊深厚，写有大量酬唱诗，编写《刘白唱和集》三卷。白居易曾以“四海齐名白与刘”自夸。两人所作之诗通俗明白，流畅上口。白诗于平浅中有铺张放纵之势，而刘诗善于吸取民歌精华，而具有优美圆熟的艺术技巧。

【司空见惯】刘禹锡任苏州刺史时，当地有一个曾任过司空官职的人，名叫李绅，因仰慕刘禹锡的大名，邀请他饮酒，并请了几个歌妓作陪。在饮酒间，刘禹锡一时诗兴大发，便做了这样的一首诗：“高髻云鬟新样妆，春风一曲杜韦娘。司空见惯浑闲事，断尽苏州刺史肠。”“司空见惯”这句成语，就是从刘禹锡这首诗中得来的。这首诗中所用的“司空”，是唐代一种官职的名称，相当于清代的尚书。从刘禹锡的诗来看，整句成语的意思，就是指李司空对这样的事情，已经见惯，不觉得奇怪了。后来，“司空见惯”就成了成语，指某事常见，不足为奇。

山塘街

白居易

大唐宝历二年(826)的某个冬日,担任苏州刺史才一年半的白居易因眼疾去职西行。江南的冬日,寒风吹面,然而不能吹灭苏州人心头的热烈情感,于是出现了全城送别长官的动人情景。白居易是从水路乘船离开苏州的,苏州的官民就簇拥到岸边,向父母官临水而拜,人群中有人感伤哭泣,不少人跟着白居易的船只在陆路相随,直到宽阔的河面挡住了他们的脚步,还有不少人雇船伴行、十里随舟……

历史回放

白居易(772—846),字乐天,号香山居士,又号醉吟先生,祖籍太原,是唐

白居易

代伟大的现实主义诗人,唐代三大诗人之一。

宝历元年(825)五月,白居易受命担任苏州刺史。下车伊始,他就在《呈吴中诸客》这首诗中表示:“版图十万户,兵籍五千人。自顾才能少,何堪宠命频。冒荣惭印绶,虚奖负丝纶。候病须通脉,防流要塞津。救烦无若静,补拙莫如勤。削使科条简,摊令赋役均。以兹为报效,安敢不躬亲。”这实际上是用诗歌的形式发表就职宣言了。白居易言行一致,一诺千金,为了公务,全身心投入到为民造福的事业中,以致“清旦方堆案,黄昏始退公”,“逾月未闻歌”。勤政爱民,使得他在短短的一年半中政绩显著,有口皆碑。

白居易在治苏期间,给后世留下了一笔宝贵的文化遗产:一条沟通东(实际上是东南)西(实际上是西北)的山塘河及由此而出现的一条山塘街。山塘河东起苏州阊门外山塘桥,西至虎丘望山桥,长约七里,故又称“七里山塘”。河旁筑路,即山塘街。虎丘山本在平田之中,白居易命在其四周开掘河道,引水环绕,不仅为山景增色,也为游人乘船直抵虎丘提供了便利。同时,使得“七里山塘”成为了商贾云集的繁华之地。

白居易离任后,苏州人民把山塘街称为“白公堤”。一千多年来,白居易一直活在苏州人民的心中,只因为他造福吴中、诗化苏州、恩泽千秋。

轶事趣闻

【“苏杭天堂”的首唱者】白居易所称道的“杭土丽且康,苏民富而庶”早已深入人心。他在苏州刺史任上或离任后所写的吟诵苏州的一百多首诗歌,从多种角度反复描写、赞美苏州的风土人情,使得“上有天堂,下有苏杭”流传千古,远播世界,成了苏州吸引世界各地投资客、旅游者的最佳名片。“十万夫家供课税,五千子弟守封疆”;“怪石千僧坐,灵池一剑沉”;“粽香筒竹嫩,炙脆子鹅鲜。水国多台榭,吴风尚管弦。每家皆有酒,无处不过船”;“吴酒一杯春竹叶，吴娃双舞醉芙蓉”等诗句，至今仍脍炙人口，让苏州这座历史文化名城，长期以来享受白“市长”的恩泽。

【九日疲劳，一日酒醉】白居易在苏州当刺史时，因公务繁忙，常以一天酒醉来解除九天辛劳。他说：如果没有九天的疲劳，怎么能治好州里的人民？如果没有一天的酒醉，怎么能娱乐自己的身心？白居易喝酒时，有时是独酌，有时乘兴到野外游玩，车中放一琴一枕，车两边的竹竿悬两只酒壶，抱琴引酌，兴尽而返。更多的时候，白居易爱同朋友合饮。或良辰美景，或雪朝月夕，他邀客来家，先拂酒坛，次开诗箧，后捧丝竹。一面喝酒，一面吟诗，一面操琴。旁边有家僮奏《霓裳羽衣》，小妓歌《杨柳枝》，真是不亦乐乎。直到大家酩酊大醉后才停止。白居易家有池塘，且能泛舟。有时就在船上宴请宾客，他命人在船旁吊百余只皮囊，里面装有美酒佳肴，随船而行，要吃喝时，就拉起，吃喝完一只再拉起另一只，直至吃完喝完为止。

【卖马放妓】蓄妓（这里的妓，相当于中国历史上的妾或家庭歌舞伎），在唐代比较普遍。白居易也未能免俗。从他的诗中知姓名之妓便有十几个，最出名的是小蛮和樊素。后来白居易老了，体弱多病，决定卖马和放妓，他不希望她们跟着自己吃苦。但是他心爱的马居然反顾而鸣，不忍离去；小蛮和樊素等都不忍离去。樊素感伤落泪说：“主人乘此马五年，我侍奉主人十年。如今马力犹壮，又无疾病，尚可以代主一步；我的歌声，亦可以让主人开怀。一旦双去，有去无回。故素将去，其辞也苦；马将去，其鸣也哀。此人之情也，马之情也，岂主君独无情哉？”

诗文赏读

寄苏州白二十二使君

张　籍

三朝出入紫微臣，头白金章未在身。登第早年同座主，题诗今日是州人。
阊门柳色烟中远，茂苑莺声雨后新。此处吟诗向山寺，知君忘却曲江春。

张籍，唐代诗人，韩愈弟子，郡望苏州。这首诗是写给白居易的，因白居易在家族兄弟中排行二十二，时在苏州任刺史，故有诗题所云。

起笔两句叙白居易多次担任朝中要职，“紫微臣”指中书省官员，因唐代称中书省为紫微省，白居易曾任中书舍人。隋唐时中书舍人在中书省掌制诰，皇帝的诏令皆出其手笔，不仅名誉清贵，而且接近皇帝的机会很多，有心营谋者完全可以讨皇帝欢心求飞黄腾达，那么名满天下的白居易有没有抓住这难得的机遇在仕途上更进一步呢？次句给出的答案是否定的，“金章”系宰相的印章，而殚精竭虑、鬓发斑白的白居易竟然没有顺理成章掌握相权，作者暗暗鸣不平。白居易在《初罢中书舍人》中给出的解释是：“性疏岂合承恩久，命薄元知济事难。分寸宠光酬未得，不休更拟觅何官。”表面说自己个性落落寡合，官运一向不好，被罢免是因为辜负了君王的恩宠信赖，其实说的是自己不喜欢吹牛拍马、曲意迎合那一套，性格决定了命运。由此可见白居易清高正直的性格。

颔联两句陈述自己和白使君的缘分。早年我们考中进士，主考官是同一个，这足以让彼此倍感亲切，张籍是安徽人，此处道自己是苏州人，三国两晋时张姓就是苏州四大姓之一，更是借此表达对白居易在苏州德政的推崇。

颈联两句写景，柳色莺啼、一派清新迷人的江南春景，人民的安居乐业自不待言，这是对白居易担任苏州刺史政绩的艺术表现。

尾联两句是推想，苏州刺史例能诗，大诗人白居易公务之暇，兴之所至，吟诗属文，更能展现其儒雅。有意提及京城长安南郊胜景“曲江春”，并断言白使君已不留恋人人向往的曲江，既是称道苏州风光不输京城，又表现使君对苏州充满感情，同时表明为民造福的白居易，已经把个人沉浮置之度外了。结句意味深长，非知己莫能言。

山塘街白公祠

寻古访胜

【山塘街白公祠】从山塘街东南入口处移步数十，街道右侧就是唐少傅白公祠，亦即白居易纪念馆。院子正中，是大诗人白居易的全身塑像，清癯的面容、单薄的身材、拈须凝思的神情，似在因地制宜筹划民生，又似公务之暇构思佳作。进入正厅堂，汉白玉雕塑的大诗人半身像正安详地接受游人的瞻拜。半身像背后为彩绘《白居易为民修山塘》图。图右侧，刺史白居易立马桥上，似与群僚、百姓一起谋划修筑山塘、开河筑堤、除弊利民的大计，图的中部则是挑担挖土、卖力劳作的青壮年,图的左侧,远处的虎丘古塔若隐若现。室内墙上绘有白居易生平及与苏州渊源的连环画,同样值得观赏玩味。

提示:苏州市区最靠近的公交车站为“上塘街”,轨道交通车站为“山塘街”。

文化辞典

【长安米贵】当年,十六岁的白居易来到京都长安,带着自己的诗稿去拜会名士顾况。顾况看到诗稿上“白居易”的名字,便开玩笑说:“长安米贵,居大不易。”显然,顾况拿白居易的名字开玩笑,意思是你这个小孩子能在长安站稳脚跟是不容易的。但等到翻看诗稿,读到“离离原上草,一岁一枯荣。野火烧不尽,春风吹又生”的句子时,马上连声叫好,并说:“有句如此,居易也!”后来,顾况经常向别人谈起白居易的诗才,盛加夸赞,白居易的诗名就传开了。再后来,“长安米贵”用以指居大都市生活费用昂贵。

【新乐府运动】西汉设置乐府,掌宫廷和朝会音乐。由乐府采集和创作的诗歌遂被称作“乐府”。乐府诗相当一部分采自民间,具有通俗易懂、反映现实等特点。唐代把南北朝以前的乐府诗统称作古乐府。所谓新乐府,是相对古乐府而言的。新乐府运动是一场诗歌革新运动,由唐代诗人白居易、元稹等倡导,主张恢复古代的采诗制度,发扬《诗经》和汉魏乐府讽喻时事的传统,使诗歌起到“补察时政”“泄导人情”的作用,强调以自创的新的乐府题目咏写时事,所以称为“新乐府”。其主要口号是“文章合为时而著,歌诗合为事而作”。著名的新乐府诗有《杜陵叟》《卖炭翁》等等。

【元白诗派】元白诗派是指中唐稍后于韩孟诗派的,以元稹、白居易为代表的诗歌流派,他们重写实,尚通俗,走了一条与韩孟诗派完全不同的创作道路。他们发起新乐府运动,强调诗歌的惩恶扬善、补察时政的功能,语言方面则力求通俗易解。

甪直

陆龟蒙

晚唐是一个一塌糊涂的时代，陆龟蒙散文中有些忧时愤世的小品，显示了他们虽称隐士而“并没有忘记天下”，“正是一塌糊涂的泥塘里的光彩和锋芒”。

历史回放

陆龟蒙(? —881)，字鲁望，别号天随子、江湖散人、甫里先生，苏州人。我国著名农学家、晚唐诗人、文学家。陆龟蒙出身官僚世家，曾任湖州、苏州刺史幕僚，晚年隐居吴淞江甫里(今吴中区甪直镇)。

陆龟蒙的一生主要经历大致可以分为三个时期。

第一个时期：20 岁左右到 30 岁左右，以求科举谋仕途为主，在外奔波时间多于在家乡。这一时期的诗文作品留下来的很少,大部分已遗失了。

第二个时期:30 至 40 岁左右,以半隐居生活为主,一方面在家乡躬耕田亩,并读书、交游、垂钓等,与皮日休的唱和、出游、交往也在此时。同时,他还继续拜谒官吏,并曾入幕府为阁僚,仍有入仕之心。

第三个时期:40 岁左右直至病卒,这一时期时间最短,仅两三年。陆龟蒙此时已绝意仕途,病体孱弱,过着隐居的生活,至死再也没有离开过苏州。

陆龟蒙

陆龟蒙在甫里过起了隐居生活,后人因此称他为“甫里先生”。由于甫里地势低洼,经常遭受洪涝之害,陆龟蒙因此常面临着饥馑之苦。在这种情况下,陆龟蒙亲自身扛畚箕,手执铁锸,带领帮工,抗洪救灾,保护庄稼免遭水害。他还亲自参加大田劳动,中耕锄草从不间断。平日稍有闲暇,便带着书籍、茶壶、文具、钓具等往来于江湖之上,当时人又称他为“江湖散人”“天随子”。他也把自己比作古代隐士涪翁、渔父、江上丈人。在躬耕、垂钓的生活之余,他写下了许多诗、赋、杂著,并于唐乾符六年(879)卧病期间自编《笠泽丛书》,其中便有许多反映农事活动和农民生活的田家诗,如《放牛歌》《刈麦歌》《获稻歌》《蚕赋》《渔具》《茶具》等。而他在农学上的贡献,则主要体现在其小品、杂著之中。

轶事趣闻

【与鸭相伴】晚年的陆龟蒙隐居甪直,他拥有朝夕相随的良伴,这良伴竟然是一群看似不起眼的鸭子! 在中国古代,不仅斗鸡,还斗鸭。此风从汉代一直传到宋代,在诗词歌赋里面记载不少,吴下一带,尤其盛产斗鸭,史书记载,魏文帝曹丕曾特地派使节去东吴向孙权讨取斗鸭。对这些鸭子,陆龟蒙相之,饲之,训之,斗之,亦烹之。他有着自己的养鸭心得,深谙相鸭训鸭之道,还专门为鸭子设立了训练科目,包括登高放鸭、逗鸭立杆、空场赶鸭、敲打鸭嘴等。在经过重重严格训练后,脱颖而出的鸭子是绿头鸭。这绿头鸭对阵十五公斤重的大灰鸭，在最后一刻竟反败为胜。名声传开，自此凡师从陆龟蒙驯养之法的鸭子都被冠名为“龟蒙鸭”。

【智斗太监】一天，朝中来了一个太监，见陆龟蒙池塘里鸭群戏水争斗追逐，尤其是那只五彩头毛的雄鸭，羽毛闪闪发光，漂亮得像只雄鸳鸯。太监听说这是陆龟蒙最心爱的一只鸭子，就故意用弹弓打死了它。陆龟蒙不动声色地对太监说：“你闯大祸啦！——这不是只平平常常的鸭子，而是我准备进贡给皇帝的‘贡鸭’。这只鸭叫起来哈哈哈，跟人笑差不多；不但会笑，还和八哥一样会讲话，大家叫它‘能言鸭’，这可是稀世珍宝。如今我只好上书皇帝，说鸭子是你打死的！”太监大惊，苦苦哀求：“大人，我有眼不识泰山，请多多包涵，你给皇上上书，只说鸭子生病死了，切莫提我，我赔，我愿赔。”陆龟蒙趁势教训道：“今后遇事要谨慎，切不可胡作非为！”

诗文赏读

和泰伯庙

陆龟蒙

故国城荒德未荒，年年椒奠湿中堂。迩来父子争天下，不信人间有让王。

《和泰伯庙》是陆龟蒙与皮日休诸多酬唱诗中的一首。皮日休先有写泰伯庙的诗歌数首。

开头两句中，“椒奠”，洒椒酒在地上祭奠的一种仪式；“湿”，沾湿；“中堂”，此处指家中的会客室。“故国城荒德未荒，年年椒奠湿中堂”，意为尽管因战争造成了巨大的破坏，但民间祭奠泰伯从未间断。

第三、四句诗人由写景转而对现实的思考议论：自古以来父子、兄弟之间都竞相争夺皇位，不信这世间还有让位的贤人啊！此句中充满着诗人的悲愤之情。这里面“让王”指的就是泰伯三让天下。诗人由此将批判的矛头指向现实，暗指当朝唐僖宗李儇继位前，由宦官刘行深、韩文约等杀戮李儇长兄诸人，将李儇立为皇太子。这种行为与泰伯让王形成鲜明对比，表达了诗人对现实的强烈批判精神。

陆龟蒙对时代的批判毫不容情，他认为这个一塌糊涂的时代已经不可救药，道德的沦丧难以挽救。诗中表现出来的愤怒毫不掩饰，诗人为那个乱世唱出了挽歌。与皮日休的无奈感喟相比，陆龟蒙的抨击更直率尖锐。这或许就是官场中人和林泉中人的心态差别。

寻古访胜

【甪直古镇】甪直又称甫里，隶属苏州市吴中区，是一座与苏州古城同龄，具有2500多年历史的中国水乡文化古镇，为国家4A级旅游风景区。该镇位于苏州城东南25公里处，是吴中区的东大门，北靠吴淞江，南临澄湖，西接苏州工业园区，东连昆山南港镇。镇上保圣寺(见本单元《杨惠之》章)是江南一座千年古刹。江南文化园位于甪直古镇东南，与古镇紧密相连，是一个集休闲、娱乐、观光于一体的具有江南水乡特色的古典式园林。园内建有甪直水乡妇女服饰博物馆、甪直历史文物馆、盛唐甫里街、甫里书院、休闲水街、演艺工场、中心园林区、古戏台等景观。沈宅，是甪直古镇保存完好的豪华宅第，系同盟会会员、甪直教育家沈柏寒先生的故居，地处甫里八景之一的“西汇晓市”之间。原建筑面积为3 500余平方米，现修复开放的为其西部，面积约1 000平方米。

提示：苏州市区最靠近的公交车站为“甪直邮电局”。

【陆龟蒙墓】陆龟蒙祠与墓在甪直保圣寺西侧，又称陆鲁望祠、甫里先生祠。现祠宇已不存，遗迹仅有陆龟蒙衣冠冢和刚修复的清风亭，还有大石槽两个，相传是陆龟蒙用来养鸭子的。

陆龟蒙墓

提示：苏州市区最靠近的公交车站为“甪直邮电局”。

文化辞典

【皮陆】晚唐作家皮日休、陆龟蒙的并称。皮日休为苏州从事，陆龟蒙是苏州人，他们时相唱和，诗作数量很多，合编为《松陵集》，这是皮、陆并称的一个由来。皮日休曾有《正乐府十篇》等诗，受中唐新乐府运动的影响，陆龟蒙也有少量关心民生之作如《杂讽九首》《村夜二篇》等，他们思想倾向略同。

天平山

范仲淹

大宋景祐元年(1034)八月,范仲淹到苏州担任知州。他在苏州主政一年多,却做了不少造福百姓、有益社会的实事善举,苏州百姓永远忘不了他。

历史回放

范仲淹(989—1052),字希文,苏州人。北宋杰出的思想家、政治家、文学家。范仲淹幼年丧父,母亲改嫁长山朱氏,遂更名朱说(yuè)。大中祥符八年(1015),范仲淹苦读及第,授广德军司理参军,迎母归养,改回本名。后历任兴化县令、秘阁校理、陈州通判、苏州知州等职。康定元年(1040),与韩琦共任陕西经略安抚招讨副使,采取"屯田久守"方针,巩固西北边防。庆历三年

(1043),出任参知政事,发起“庆历新政”。不久后,新政受挫,范仲淹被贬出京,历任邠州、邓州、杭州、青州等地方官。皇祐四年(1052),改知颍州,范仲淹抱疾上任,于途中逝世,年六十四。追赠兵部尚书、楚国公,谥号“文正”。于是,“范文正公”的称号传遍官场、民间。

范仲淹

范仲淹到苏州上任时,正逢久雨霖潦,江湖泛滥,积水不退,良田委弃,黎民饥馑困苦,范仲淹根据水性与地理环境,提出开浚昆山、常熟间的“五河”以泄流,范仲淹以“修围、浚河、置闸”为主的治水经画,不但获得舆论的赞扬,还泽被后世,自南宋以来的地方官,都依照这个模式去整治水患。

范仲淹还创办了苏州府学。他希望通过兴办学校,有更多的寒门学子能够脱颖而出,光宗耀祖,造福社会。

苏州城东南有个夫子庙,规模很小,空间狭窄,设施简陋,范仲淹下车伊始,即决定择址重新建设一所学校。他奏请仁宗皇帝,得到恩准。

苏州府学从宋景祐元年开始动工,历经几度春秋,才大功告成。府学设大成殿供奉孔子,“广殿在左,公堂在右;前有泮池,旁有斋堂”,还建了校试厅、庖厨、澡堂等配套设施,为苏州的学子建成了一处规模大、设施全的专门学习场所,后来还建了收藏儒家及诸子百家著作的六经阁等,学校里还有大量的碑刻与祭器,资源丰富。学校建成之后,通过聘请当时的名儒来校讲学,一时盛况空前,有力地促进了尊师重教的风尚和学术文化的传播。

范仲淹兴办府学的同时,建议朝廷“劝天下之学,育天下之才”,宋仁宗采纳了这个建议。苏州府学作为地方公立学校,有着示范引领意义。于是全国各州各县都以苏州府学为样板,开始大办学校,人才随即涌现。仅苏州一地,两宋三百多年间,就出了七百多名进士。明清两代,苏州更是文风蔚然,所出的状元、进士数量全国第一。饮水思源,范仲淹兴办府学开了风气之先,苏州得其遗泽千年。晚清思想家、苏州籍榜眼冯桂芬评价说:“天下各县有学,自吴学始,迤逦至宋末二百年而学遍天下,吴学实得其先。”

轶事趣闻

【断齑划粥】少年时代的范仲淹住在苏州城西天平山下，专心攻读，每天烧一锅粥，拌上咸菜末，让它冻成绿豆糕一般，然后划成四块，早晚各吃两块充饥。有时连咸菜也买不起，只好用粗盐当菜。这就是流传很广的范仲淹“断齑划粥”的故事。

【一家兴旺与一郡兴旺】苏州城中有条南北向的主干道，现名人民路，这条路十分古老，过去一直叫做卧龙街。范仲淹选中了苏州城南卧龙街西侧的一块地，准备建孔庙，办府学。当时有个名气很响的风水先生跑来见范大人，力劝范大人用这块地建造住宅。原来卧龙街是龙身，北寺塔是龙尾，而预备造府学的位置恰好是龙头，在此建宅，可保家族兴旺昌盛，子孙科甲不断、公卿辈出。范仲淹礼待了这位热心的算命先生，却不愿用此地建私宅，而坚持在此风水宝地建孔庙与办府学。他说，这样的好地方建学校，让天下之士都来这里接受教育，那样，人才将会更多。

【宰相儿子勤俭办婚事】一天，有人到范府为范仲淹的大儿子提亲，想把女儿嫁给范家。范家的大儿子纯佑准备成亲了，女方心想，范家兄弟多，家底厚实，结婚时应要点像样的衣物家具。而范仲淹呢，他再三向儿子交代，一定要勤俭办婚事。不久，范仲淹听说准儿媳不要什么昂贵家具、华美衣服了，但还是要一顶绫罗做的蚊帐，范仲淹坚决不同意。后来女方提出，我们家自己做一顶带来。范仲淹仍然不依。一次，范仲淹派遣大儿子纯佑去买麦子。装运麦子的船只到了丹阳，纯佑遇到父亲的好友石曼卿贫困得连饭也吃不饱。纯佑随即把全部麦子连同船只救助了石曼卿，空手回家。范仲淹得知原委，连声赞扬：“做得对！做得对！”儿媳妇得知此事，深深敬佩这父子两人。不久，她轻车简从，欣然来到了范家……

诗文赏读

严先生祠堂记

范仲淹

先生，汉光武之故人也。相尚以道。及帝握《赤符》，乘六龙，得圣人之时，臣妾亿兆，天下孰加焉？惟先生以节高之。既而动星象，归江湖，得圣人之清。泥涂轩冕，天下孰加焉？惟光武以礼下之。

在《蛊》之上九，众方有为，而独“不事王侯，高尚其事”，先生以之。在《屯》之初九，阳德方亨，而能“以贵下贱，大得民也”，光武以之。盖先生之心，出乎日月之上；光武之量，包乎天地之外。微先生，不能成光武之大；微光武，岂能遂先生之高哉？而使贪夫廉，懦夫立，是大有功于名教也。

仲淹来守是邦，始构堂而奠焉，乃复为其后者四家，以奉祠事。又从而歌曰：“云山苍苍，江水泱泱，先生之风，山高水长！”

严先生即两汉之际名士、光武帝刘秀的同窗严子陵，浙江余姚人。

本文约写于范仲淹出任睦州太守时期。文章短小精悍，虽不似《岳阳楼记》那样浩瀚雄浑，却具诚挚质朴的感人情愫。

首段概述刘秀、严子陵各自的身份及为人。“臣妾亿兆”句指刘秀坐了江山统治亿万臣民，唯先生能凭节操尊崇之而非阿附之。“泥涂轩冕”句指先生视官爵如泥土，天下无人像他一样潇洒出尘，唯光武帝以开国之君的宽宏胸怀礼遇之而非摧折之。

范仲淹深通易经，次段即引述《周易》爻辞，评说二人品格气度。用众人的趋附王侯，与先生的高尚其事对照；用刘秀的君临天下之势位突出其礼贤下士：进而称颂先生有日月般的品质、光武有天地般的气量。

文章以歌颂严子陵人品的歌辞作结，作者把读者的视线，从祠堂引向无限广大的天地之间。开阔的意境，深远的旨趣，隽智的文字，使读者在怀念先生之风的同时，产生无尽的联想。

寻古访胜

【天平山】天平山在苏州城西十多公里。让天平山分量足具、获誉吴中的，实是山麓上纪念范仲淹的一组建筑群落。进山麓正门，便见乾隆帝御赐“高义园”汉白玉牌坊。“高义园”古建筑群共四进，依山构建，次第抬升。有范文正公忠烈庙，即范公祠，也即范仲淹纪念馆。庙前“先忧后乐”石坊，镌有范仲淹名句“先天下之忧而忧，后天下之乐而乐”。忠烈庙仪门上悬“第一流人物”匾，殿内范仲淹彩塑坐像居中，两壁分列其四子之石刻像，殿内悬“济时良相”“学醇业广”匾额，系康熙、乾隆帝所题。楹联为“甲兵富于胸中，一代功名高宋室；忧乐关乎天下，千秋俎豆重苏台”。享殿后三太师祠内，有范仲淹曾祖、祖父、父亲的塑像及生平简介。

提示：苏州市区最靠近的公交车站为“天平山”。

苏州文庙

【苏州文庙】苏州文庙位于苏州市人民路，为范仲淹创建，迄今已有千年历史。范仲淹出任苏州知州的次年，在南园遗址上，设学立庙，庙学合一(即文庙府学合一)。范仲淹聘请当时著名教育家胡瑗为教授，因为府学办学有方，一时名闻天下，成为各地州、县学效仿的楷模。此后历经拓建，到明清两代府学的规模很大，占地面积近二百亩，有江南学府之冠的赞誉。现有面积仅为当时的六分之一，目前保留下来的重要建筑有棂星门、戟门、大成殿、崇圣祠、七星池、明伦堂，现为全国重点文物保护单位。

提示：苏州市区最靠近的公交车站和轨道交通车站为“三元坊”。

文化辞典

【小范老子】这是宋时西夏人对范仲淹的尊称。宋陆游《老学庵笔记》卷一记载:“予在南郑，见西陲俚俗，谓父曰老子，虽年十八岁，有子，亦称老子。乃悟西人所谓大范老子、小范老子，盖尊之以为父也。”宋孔平仲《孔氏谈苑·军中有范西贼破胆》曰:“贼闻之曰:‘无以延州为意，今小范老子腹中有数万甲兵，不比大范老子可欺也。’戎人呼知州为老子，大范谓雍也。”

【义庄】旧时大家族难免贫富不均，族人中的热心贤德人士设法筹措资产来办义庄，以救助贫弱，振兴家族。义庄始于北宋，范仲淹在苏州用俸禄置田产，收地租，用以赡族人，固宗族，系取租佃制方式经营。范氏义庄历经八九百年的漫长历史而兴盛不衰，在中国历史上独一无二。范仲淹父子通过义庄给族人所规划的经济生活有如下方面：领口粮，领衣料，领婚姻费，领丧葬费，领科举费，借住义庄房屋，借贷。如此一来，范氏义庄中人们衣食基本无忧，需要自己创收的主要是零用钱。凡是范家的族人，只要住在本乡，就有权利向义庄领取上述物资。不分贫富，一视同仁。

沧浪亭

苏舜钦

庆历四年(1044),宰相杜衍、参知政事范仲淹、枢密副使富弼等人力图改革弊政之举遭保守派反对;而苏舜钦得范仲淹荐举,且其又是杜衍之婿,因而也被弹劾。苏舜钦激愤不已,他带着心灵上的创痛,流寓苏州。

历 史 回 放

苏舜钦(1008—1048),北宋诗人,字子美,河南开封人。

初到苏州,苏舜钦赁屋居住,住处颇为狭窄,并且市声喧腾,夏日暑热,更觉烦闷不畅。有一天,他独自来到府学附近一带散心,见其东南方向有块四五亩大小的荒地,三面环水,杂植各种花树,还有一些残败的池台亭阁散落其间,分明是一处废园。此处景色清幽,人迹罕至,宜于放松身心、偃仰啸歌。

他向河边柳荫下垂钓的渔翁打听,原来这是五代时吴越王钱镠的近戚孙承祐镇守苏州时建造的别墅。苏舜钦想起官场中的钩心斗角、尔虞我诈,想起自己有心报国、难防小人,于是,断绝了混迹官场的念头,决心优游林泉,享受

苏舜钦

自由不羁的人生。苏舜钦随后买下了这片废园。雇工重修时,在东边水池底下发现了不少太湖石,正是孙家花园的遗物,石头玲珑剔透,正好砌了两座幽静别致的假山。同时建堂造屋,堆山筑亭,浚池理水。此处原有许多古树乔木,不必四方寻觅,故而不久名园的气象就恢复了。

四海游荡的苏舜钦有了栖隐之地,可以体会无官一身轻的乐趣,不禁心旷神怡。他用“沧浪之水清兮,可以濯吾缨;沧浪之水浊兮,可以濯吾足”句意,将园中最高处的石亭取名为“沧浪亭”。

随后苏舜钦向正在滁州做官的好友欧阳修写信,请他为沧浪亭撰写一副对联。欧阳修立即挥笔写好,上联是“清风明月本无价”,堪称好句,但欧的下联却较为平常。这难不住苏舜钦,他想起了自己此前所写的一首诗:“东出盘门刮眼明,萧萧疏雨更阴晴。绿杨白鹭俱自得,近水远山皆有情。”这首诗的最后一句不正好可以作下联吗?他立即写了一封长信给欧阳修,请求他把下联补写寄来。欧阳修欣然从命,并且亲自从滁州赶来苏州,向苏舜钦道贺。这副对联镌刻在沧浪亭的石柱上,流传至今。

在中国文学史上,苏舜钦与梅尧臣齐名,人称“梅苏”。

轶事趣闻

【汉书下酒】苏舜钦为人豪放,善饮酒。住在岳父杜衍家里的时候,几乎每晚都要喝下一斗酒。苏舜钦之所以每晚斗酒以饮,是因为有非常好的下酒物,那就是书。原来苏舜钦每晚读书的时候,都会边读书边喝酒。杜衍派人去看他的时候,他正读《汉书·张良传》,当他读到张良与刺客行刺秦始皇抛出的大铁锥只砸在秦始皇的随从车上时,不禁拍案叹息道:“真可惜呀!没有打中。”喝了好大一碗酒。转头又读到张良言:“自从我在下邳起义后,与皇上在陈留相遇,这是天意让我遇见陛下呀。”苏舜钦叹道:“这君臣相遇实在艰难,果是天意!”于是又喝了一大杯酒。杜衍听到回报之后,疑惑全解,大笑道:“有这样的下酒物,一斗不算多啊。”

诗文赏读

沧浪亭记

苏舜钦

予以罪废，无所归。扁舟南游，旅于吴中，始僦舍以处。时盛夏蒸燠，土居皆褊狭，不能出气，思得高爽虚辟之地，以舒所怀，不可得也。

一日过郡学，东顾草树郁然，崇阜广水，不类乎城中。并水得微径于杂花修竹之间。东趋数百步，有弃地，纵广合五六十寻，三向皆水也。杠之南，其地益阔，旁无民居，左右皆林木相亏蔽。访诸旧老，云："钱氏有国，近戚孙承祐之池馆也"。坳隆胜势，遗意尚存。予爱而徘徊，遂以钱四万得之，构亭北碕，号"沧浪"焉。前竹后水，水之阳又竹，无穷极。澄川翠榦，光影会合于轩户之间，尤与风月为相宜。

予时榜小舟，幅巾以往，至则洒然忘其归。觞而浩歌，踞而仰啸，野老不至，鱼鸟共乐。形骸既适，则神不烦；观听无邪，则道以明；返思向之汩汩荣辱之场，日与锱铢利害相磨戛，隔此真趣，不亦鄙哉！

噫！人固动物耳。情横于内而性伏，必外寓于物而后遣。寓久则溺，以为当然；非胜是而易之，则悲而不开。惟仕宦溺人为至深。古之才哲君子，有一失而至于死者多矣，是未知所以自胜之道。予既废而获斯境，安于冲旷，不与众驱；因之复能乎内外失得之原，沃然有得，笑闵万古。尚未能忘其所寓目，用是以为胜焉。

该文虽为记亭而作，但苏舜钦借此抒发胸臆，全篇文字真实地记录了一个横遭迫害的文人的心灵历程。

文章叙议相生。首先叙述了对高爽虚辟之地由"思得"而终于"得之"的过程。与其说这是感官上的需要，不如说更是心理上的需要。愤懑和抑郁长久沉重地压在作者的心头，他力图从这一精神状态中解脱出来。于是很自然地从自己熟悉却又厌恶的官场转向大自然，从山水草木中获取感情的补偿。

作者笔墨重点之一是抒写自己从这块佳地获得的情趣，决非一般的赏心悦目。他一方面写内心的舒坦自在，强调了他与大自然的息息相通；另一方面，再次强调了连野老也不至的宁静。这种要摆脱一切人间往来唯与"鱼鸟共乐"的极端追求，是他心理上对黑暗现实所作出的逆向反应。

以上所写表明作者从对景色的沉迷转为清醒的反思和冷静的自责。字里行间让我们体味到，作者现时的感情状态固然是受大自然的感染而成，更是主观追求和自觉体验的结果，是有意识的心理调整。文章的最后部分，从对往事的反省再上升到理性的思考，这是由个人的遭遇而引出的在普遍意义上对人生处世问题的探讨。作者的这一自我剖析是很客观，也是很深刻的。这段文字反复出现一个“胜”字，显现出不同精神力量的较量，这正是作者自我感受在文字上的反映。

寻古访胜

【沧浪亭】沧浪亭为当年苏舜钦所建，在苏州古城区的东南角，占地十五六亩。有限的空间，却被造园者精心利用。门厅之南，东西延展的是高不过丈余的土阜，周围依地势修筑假山，洞窟幽深，别出蹊径。园中各处建筑用回廊连接，而回廊上随处开辟图案各异的漏窗，不仅使园内的建筑浑然一体，而且虚实相映、饶有情趣。园的东北隅，临水建亭，古名“自胜轩”，现名“静韵”。酷暑燠热，于此赏莲观水，心身俱畅。借景是沧浪亭的显著特色，沧浪亭占地较小，但其北面有一湾池水由西向东，所以，在园北部沿河处建一条长廊，园外之水就成了沧浪亭的一道风景。

提示：苏州市区最靠近的公交车站为“工人文化宫”，轨道交通车站为“三元坊”。

文化辞典

【一网打尽】一年秋天，恰逢赛神会。苏舜钦为了在赛神会这天让大家玩乐得更痛快些，照例把进奏院里拆下的旧公文封套纸卖了，而且自己也拿出了十千钱来资助，作为玩乐的花费。其他接受聚宴邀请的人，也分别拿出钱来凑份子。御史刘元瑜、宰相吕夷简一见有机可乘，在皇帝面前称苏舜钦卖掉旧纸为“监守自盗罪”，使皇帝免去了苏舜钦的官职。那天参加宴会的其他人，有的免职，有的降职，有的被调到边远地方去任职，致使革新派受到沉重的打击。这就是成语“一网打尽”的来源，比喻一个不漏地全部抓住或彻底肃清。

定慧寺

苏　轼

他不是苏州人,也没在苏州做过官,然而他与苏州的渊源颇深,因为苏州有“二丘”。他,就是著名的苏轼。

历史回放

苏轼(1037—1101),字子瞻,号东坡居士,世称苏东坡。眉州眉山(今属四川省眉山市)人,北宋文学家、书法家、画家。

嘉祐二年(1057),苏轼进士及第。宋神宗时曾在凤翔、杭州、密州、徐州、湖州等地任职。元丰三年(1080),因“乌台诗案”被贬为黄州团练副使。宋哲宗即位后,曾任翰林学士、侍读学士、礼部尚书等职,并出知杭州、颍州、扬州、定州等地,晚年因新党执政被贬惠州、儋州。宋徽宗时获大赦北还,途中于常州病逝。宋高宗时追赠太师,谥号“文忠”。

苏轼是北宋中期的文坛领袖，在诗、词、散文、书、画等方面取得了很高的成就。其诗题材广阔，清新豪健，善用夸张比喻，独具风格；其词开豪放一派；其散文著述宏富，豪放自如，与欧阳修并称“欧苏”，为“唐宋八大家”之一。苏轼亦善书，为“宋四家”之一；工于画，尤擅墨竹、怪石、枯木等。有《东坡七集》《东坡易传》《东坡乐府》等传世。

苏东坡

苏轼与苏州渊源颇深，多次来到苏州，留下了不少故事。

苏轼来到苏州，有两个地方是必去的，一是拜访闾丘孝终，会会老朋友，叙叙旧情；一是去游览虎丘，欣赏名胜古迹，畅舒胸怀。他说过：“过姑苏，不游虎丘，不谒闾丘，为二欠事。”

先说闾丘孝终，字公显，苏州人，曾在黄州任太守。苏轼被贬到黄州以后，在闾丘孝终手下任职。闾丘孝终为官清廉，为人正直，他知道苏轼才高八斗，很敬重他，凡有宴会，总要请苏轼一起出席。由此，苏轼与闾丘孝终交往甚密，友谊深厚。苏轼写过一首《浣溪沙》，注明“赠闾丘朝议，时还徐州”。词曰：“一别姑苏已四年，秋风南浦送归船，画帘重见水中仙。霜鬓不须催我老，杏花依旧驻君颜，夜阑相对梦魂间。”体现了两人之间的情谊。后来，闾丘孝终辞官回苏，居住在一条东西向的小巷里，小巷之名即用他的姓氏命名，称“闾丘坊”。此巷名至今仍用，位于人民路因果巷北。

虎丘

再说虎丘，虎丘有“吴中第一名胜”的美誉。苏轼喜欢游历名山大川，借以激发诗兴。他到苏州游过虎丘以后，被虎丘优美的风景所吸引、陶醉。他写过一首《虎丘寺》，长达二十八行，有句云：“入门无平地，石路穿细岭。阴风生涧壑，古木翳潭井。湛卢谁复见，秋水光耿耿……”极力赞美虎丘之幽美。

轶事趣闻

【并吞六国】苏轼年轻时到京师去应考。有六个自负的文人看不起他，备下酒菜请苏轼赴宴，打算戏弄他。入席尚未动筷子，一人提议行酒令，酒令内容必须要引用历史人物和事件，这样就能独吃一盘菜。年纪较长的说："姜子牙渭滨钓鱼"，说完捧走了一盘鱼；"秦叔宝长安卖马"，第二位神气地端走了马肉；"苏子卿北海牧羊"，第三位毫不示弱地拿走了羊肉；"张翼德涿县卖肉"，第四个急吼吼地伸手把肉扒了过来；"关云长荆州刮骨"，第五个迫不及待地抢走了排骨；"诸葛亮隆中种菜"，第六个傲慢地端起了最后的一样青菜。菜全部分完了，六人兴高采烈，苏轼却不慌不忙地吟道："秦始皇并吞六国！"说完……

【尸与骨】一天傍晚，东坡与好友佛印和尚泛舟江上。时值深秋，金风飒飒，水波粼粼，大江两岸，景色迷人。饮酒间，佛印向东坡索句。苏东坡向岸上看了看，用手一指，笑而不说。佛印望去，只见岸上有条大黄狗正狼吞虎咽地啃吃骨头。佛印知道苏东坡在开玩笑，就呵呵一笑，把手中题有苏东坡诗句的折扇抛入水中。两人心照不宣，抚掌大笑。原来他们是作了一副双关哑联。东坡的上联是"狗啃河上(和尚)骨"，佛印的下联是"水流东坡诗(尸)"。

诗文赏读

定风波·莫听穿林打叶声

苏　轼

三月七日沙湖道中遇雨。雨具先去，同行皆狼狈，余独不觉。已而遂晴，故作此词。

莫听穿林打叶声，何妨吟啸且徐行，竹杖芒鞋轻胜马，谁怕？一蓑烟雨任平生。料峭春风吹酒醒，微冷。山头斜照却相迎。回首向来萧瑟处，归去，也无风雨也无晴。

此词作于苏轼被贬黄州之后，表现出旷达超脱的胸襟，寄寓着超凡脱俗的人生理想。双关是这首词的显著特点。

上阕中，首句"莫听穿林打叶声"，既渲染出雨骤风狂的自然环境，又暗示政治风雨，"莫听"两字表明作者宽广的胸怀。紧接着以一句"何妨吟啸且徐行"承前，同时引出下文"谁怕"。"竹杖芒鞋轻胜马"，写词人从容前行，表达出那种搏击风雨、笑傲人生的轻松、喜悦和豪迈之情。“一蓑烟雨任平生”，此句更进一步，由眼前风雨推及整个人生，有力地强化了作者面对人生的风风雨雨而我行我素、不畏坎坷的超然情怀。

下阕中，“料峭春风吹酒醒，微冷”，似乎表现了作者心中的矛盾，然而“山头斜照却相迎”又激发了雄赳赳的激情。结尾“回首向来萧瑟处，归去，也无风雨也无晴”中，对“归去”，历来解释颇多，我们认为这里多少有点表现作者对政治风雨的无奈吧。

寻古访胜

【定慧寺】定慧寺位于苏州市凤凰街定慧寺巷34号，初建于唐咸通年间，后几毁几建。现存清代山门、天王殿、大殿等建筑，坐北朝南。1982年被列为苏州市文物保护单位。在苏州，与苏轼有关的古迹不少，但是与之关系最为密切的则首推定慧寺了。苏轼在杭州、湖州任职期间，曾数次来苏州游历，每次来苏，都要借住城内定慧寺或其附近，并称其居所为“啸轩”，以寄托啸傲林泉之志；另外现今定慧寺巷边还有一条苏公弄，便是纪念东坡而命名的。而他与定慧寺僧人卓契顺的结交，更引出一段历史佳话，为苏东坡在苏城的游踪添上点睛之笔。

提示：苏州市区最靠近的公交车站为“双塔”，轨道交通车站为“临顿路”。

文化辞典

【唐宋八大家】唐宋八大家，又称唐宋古文八大家，是唐代韩愈、柳宗元和宋代欧阳修、王安石、苏洵、苏轼、苏辙、曾巩八位散文家的合称。韩愈是“古文运动”的倡导者。他们先后掀起的古文革新浪潮，使诗文发展的陈旧面貌焕然一新。明初朱右选韩、柳等人之文为《八先生文集》，遂起用八家之名，实始于此。明中叶唐顺之所纂《文编》中，唐宋文也仅取八家。明末茅坤承二人之说，选辑了《唐宋八大家文钞》共164卷，“唐宋八大家”之名也随之流行。

【乌台诗案】元丰二年(1079)，御史何正臣上表弹劾苏轼，奏苏轼移知湖州到任后谢恩的上表中，用语暗藏讥刺朝政，御史李定曾也指出苏轼四大可废之罪。这案件先由监察御史告发，后在御史台审讯。所谓“乌台”，即御史台，因官署内遍植柏树，又称“柏台”，柏树上常有乌鸦栖息筑巢，乃称乌台。所以此案称为“乌台诗案”。

【苏黄】中国北宋诗人苏轼和黄庭坚的并称。苏轼和黄庭坚都是宋诗风格的体现者，影响都很大，因而自北宋末以后，不论是赞扬还是批评，常常以“苏黄”并称。苏诗气象阔大，如长江大河，风起涛涌；黄诗气象森严，如危峰千尺，拔地而起。苏黄两人在艺术上各自创造了不同的境界。

【苏辛】苏辛是苏轼与辛弃疾的并称。两人同为豪放词派的代表。自晚唐“花间派”以来，词以婉约为正宗，诗庄词媚，几成定格。苏轼以豪健纵放之笔，创豪放一派，扩大了词的题材范围，开拓了词的表现领域，使词体获得了解放，代表作为《念奴娇·赤壁怀古》。辛弃疾继承了苏轼的豪放风格，并把它推向了一个新的发展阶段。辛词热情洋溢，慷慨壮烈，创造出瑰丽雄奇的艺术境界。辛词有时不受音律束缚，发口中语，写胸中事，不少作品有散文化之嫌。

【苏黄米蔡】苏黄米蔡，指最能代表宋代书法成就的书法家苏轼、黄庭坚、米芾、蔡京(也有学者认为“蔡”应指蔡襄)。因为蔡京的名声太臭，导致徽宗亡国，故蔡京的书法地位无法与前几位相提并论。但就古人十分看重的“年齿”排辈而言，“蔡”若为蔡襄，则“蔡”应当排在“苏”之前。“苏、黄、米”皆按年齿排列。

【东坡肉】苏轼被贬谪到黄州，亲自烹调猪肉。有一次他食得兴起，即兴作了一首打油诗名曰《食猪肉诗》，诗中写道：“黄州好猪肉，价贱如粪土。富者不肯吃，贫者不解煮。慢着火，少着水，火候足时它自美。每日早来打一碗，饱得自家君莫管。”此诗一传十、十传百，人们把这道菜戏称为“东坡肉”。

【苏堤】1089年，时任杭州知府的苏轼疏浚西湖，以淤泥和葑草筑成联系西湖南北的长堤，后人遂以其姓命名该堤为苏堤。苏堤位于西湖西部，南起南屏山下花港观鱼，北抵栖霞岭下曲院风荷和岳庙，全长约2.8公里，将里西湖同外西湖分割开来。与白堤、杨公堤并称为西湖三堤。南宋时期，由于苏堤连接了南北山，是杭州市郊的重要交通要道，所以逐渐发展成为集市，成为杭州市民郊外踏青的必到之处。再加上苏堤两侧遍植柳树、桃树，又杂有玉兰、樱花、芙蓉、木樨等多种观赏花木，风景优美。“苏堤春晓”就成为了西湖十景之一。

寿栎堂

范成大

公元 1191 年冬，岁在辛亥，江南平江府境内大雪纷飞，天寒地冻。而地处古城西南郊石湖边，年轻的词作者姜夔受到了致仕闲居的前参知政事范成大的热情招待和精心点拨。

历史回放

范成大(1126—1193)，字至能，一字幼元，晚号石湖居士。苏州人。南宋名臣、文学家、诗人。宋高宗绍兴二十四年(1154)，范成大登进士第，累官礼部员外郎兼崇政殿说书。

乾道六年(1170)范成大出使金国，不畏强暴，不辱使命，保全气节而归。

范成大

文学上，范成大一度深受江西派的影响，现存的一些早期作品中，可以看到一些语言涩滞、堆垛典故的现象。然而，范成大曾长年在各地任地方官，深知四方风土人情，他描写民生疾苦的诗，继承了唐代杜甫及元、白新乐府的传统，且以写法新颖生动而别具一格，像《后催租行》中借老农之口所说的“去年衣尽到家口，大女临歧两分手。今年次女已行媒，亦复驱将换千斗。室中更有第三女，明年不怕催租苦！”语气冷峻，但批判现实的力度并不亚于白居易诗的大声疾呼。

范成大诗中价值最高的是田园诗。晚年，范成大退隐后，写了许多田园诗，其中以《四时田园杂兴》最为著名。这组诗共 60 首七言绝句，每 12 首为一组，分咏春日、晚春、夏日、秋日和冬日的田园生活，全面、真切地描写了农村生活的各种细节。他成功地实现了对传统题材的改造，使田园诗成为名副其实反映农村生活之诗。钱钟书在《宋诗选注》中称他“也算得中国古代田园诗的集大成者”。

苏州百姓对范成大颇存好感，直至当代，在规划石湖科技园时，特地设置了一条致能大道。遗憾的是，不是“至能大道”(范成大字“至能”)。

轶 事 趣 闻

【小红低唱我吹箫】公元 1191 年冬，姜夔冒雪到石湖拜访范成大，主客两人吟诗填词，不亦乐乎。范成大安排手下歌女小红演唱。听着清新婉约如黄莺出谷的小红的歌声，姜夔不禁大为倾慕。妙的是，小红对才华横溢的姜夔也颇有好感。范成大觉察出他们两人的默契，索性成人之美，把漂亮的小红转赠给了大才子姜夔。寒冷的除夕之夜，姜夔乘舟带着小红，穿州过县，兴冲冲地回家。由于有了爱情的滋润，姜夔诗兴勃发，文思泉涌，一路上接连作了十首七绝，尤以过吴江时写的那首《过垂虹》最为著名：“自琢新词韵最娇，小红低唱我吹箫；曲终过尽松陵路，回首烟波十四桥。”

【“种瓜”与“卖瓜”】范成大的《夏日田园杂兴之一》，一般的文学作品集甚至语文教科书上的文字为“昼出耘田夜绩麻，村庄儿女各当家。童孙未解供耕织，也傍桑阴学种瓜”。这里有个疑问，桑树成阴是盛夏之景，此时“童孙”所见，只能是卖瓜人而非种瓜者，这些“童孙”在桑阴下现学现玩的游戏，当然应是“卖瓜”了。《四时田园杂兴》的诗碑至今犹在苏州上方山麓范公祠内，上面赫然是“也傍桑阴学卖瓜”。这是编者的问题，他从谬误较多的《千家诗》中选取，而囿于见识未曾认真核实。实际上，明弘治铜活印本《范石湖集》中也作“也傍桑阴学卖瓜”。

诗文赏读

四时田园杂兴（选一）

范成大

中秋全景属潜夫，棹入空明看太湖。身外水天银一色，城中有此月明无？

此诗为范成大退居石湖闲居时所作组诗《四时田园杂兴》中的一首，写中秋夜的见闻感触。

“潜夫”，指隐士。起句概写“潜夫”的“富有”，中秋全景尽收眼底，整个身心沉浸于宁静美好的月色之中，自比隐士的作者不由得兴致盎然。此句中的“全”让人玩味。与“全”相对的是“缺”，四季流转、大自然的面貌绝不重复，然而在永远新鲜的外在世界面前，世人往往鲜有关注、难以欣赏。视而不见、熟视无睹是常态，为何？心中有更关切处、牵挂处、难以割舍处。中秋全景，唯放下得失、情怀冲淡者可以尽情享有，笔底之欢跃然纸上。

承句叙游赏太湖之事。范成大钟爱的石湖在苏州古城西南五公里处，为太湖支流，由石湖而入太湖堪称便捷。领略水上风光自然凭舟击棹。“空明”一词概写湖上风景的特征，“空”即空旷，“明”即明净。日间湖上有渔民驾船往来，并不寂寞，此刻于月光下人声帆影俱无，便觉空旷无碍。湖水澄澈，在皎洁月光的映照下更显明净。苏东坡有“击空明兮溯流光”句，情境趣味与此相似。

转句摹写眼前景象。八百里太湖，天上月色，水上湖光，溶溶漾漾，纯然一银色世界，不染纤尘。虽是身外，却又能沁人心脾，心中俗虑一扫而空，灵魂顿时轻盈欲飞、飘飘欲仙。此句写景，却又景中融情，颇具感染力。

结句发问。是自言自语，亦可能是与同行者不无默契的交流，表达的是对田园生活的入骨的爱。湖上月与城头月自然是同一轮月，然而野人洒脱自在而得真趣，市人沉溺名利而失自由，难怪诗人不无得意地发出千古一问了！

寻古访胜

【范文穆公祠】范文穆公祠位于石湖居士范成大终老处的石湖风景区北入口附近。树木掩映处,便是范文穆公祠。因为年久失修,日渐倾圮。从 1984 年起,开始全面整修,1986 年竣工开放,成为石湖风景区的主要景点之一。修复一新的范文穆公祠东向,背靠上方山,面向石湖,有祠门、享堂两进,左右以廊相连,中为庭院。祠门额"范文穆公祠"。享堂面阔三间 16 米长,进深 8 米,硬山顶。堂内悬"寿栎堂"匾,有范成大塑像,不着官服,一袭布衣,安闲随意,手中一握书卷,目视远处,似在欣赏石湖烟霞。那一副怡然自得,足传卸任后隐居石湖的范成大洒脱神韵。左右壁间嵌明代石刻田园诗碑七方,诗、书、刻俱佳,堪称珍品。

提示：苏州市区最靠近的公交车站为"石湖行春桥"。

文化辞典

【《吴郡志》】《吴郡志》由范成大晚年精心结撰,他汇辑旧籍,广采史志,补充新事,"征引浩博,而叙述简赅",大约成书于绍熙三年(1192)。未及刊行而作者范成大已去世。作为宋代方志体例定型化的代表作,该志对后世修志有很大影响。如明代卢熊《苏州府志》,王鏊《姑苏志》等均受此书影响,体例均沿袭之。《吴郡志》共五十卷,分沿革、分野、户口税租、土贡、风俗、城郭、学校、坊市、古迹、牧守、官吏、祠庙、园亭、山、桥梁、川、人物、进士题名、土物等三十九门。较为全面地写了苏州的历史、山水、风土人物等方面,可谓集大成之作。其中的人物部分更有《世说新语》的风骨,耐读有味。

张士诚纪功碑

张士诚

元至正二十七年(1367)九月,一代枭雄张士诚成为翻过去的一页历史。

历史回放

张士诚(1321—1367),原名张九四,泰州兴化白驹场(今属江苏盐城大丰区)人,元末江浙一带的义军领袖与地方割据势力之一。至正十三年(1353)与弟士德、士信率盐丁起兵,攻下泰州、兴化、高邮等地。次年,在高邮称王,国号周。元至正十六年(1356),定都平江(今苏州)。次年,降元。后继续扩占土地,割据范围南到浙江绍兴,北到山东济宁,西到安徽北部,东到海边。二十三年(1363),攻安丰,杀红巾军领袖刘福通,自称吴王。

张士诚进城后逐渐变得奢侈、骄纵起来，不想过问政务。他手下的将帅们也耽于享乐，打了败仗，失去了地盘，张士诚也一概不去过问。从上到下都是这样嘻嘻哈哈，贪图享乐，直至最后灭亡。

张士诚

公元1366年，朱元璋派大军进攻据守平江的张士诚。平江城终于被攻破，张士诚纠集剩下的将士，与明军在万寿寺东街激战。部下四散奔逃，剩下张士诚孤家寡人，心慌意乱地跑回自己的府第。大将军徐达多次派李伯升、潘元绍等劝谕他，张士诚闭上眼睛不肯讲话。众人把他抬出葑门，送到船上，他就不再进食，到了金陵，到底还是上吊死了。那一年，张士诚47岁。

轶事趣闻

【酒酿饼与救娘饼】据说当年张士诚身负重伤，又有官府通缉，他带着老母亲逃到苏州。一路上盘缠用光，他与母亲又饿又累，母亲已经奄奄一息。幸亏一位老人将家中仅剩的酒糟做成饼，救回张母一命。张士诚感念这份恩情，等到后来他割据一方，在苏州称王之后，就下令每到清明之时，各家都要吃“酒酿饼”。因此，“酒酿饼”在民间还有另一种称呼——“救娘饼”。

【积谷甏的故事】朱元璋命十万大军把苏州城围得水泄不通，只等城内粮草断绝，张士诚不战自降。张士诚欲在城内空地种粮食却没有种子，他从一个小丫头烧火时从稻草上捋下来的稻谷喂鸡得到启示，让人贴出布告晓谕全城：“每户人家灶下放一只甏，专门积贮烧火时从稻草上揎下来的稻谷，满一个月把谷子缴库。”很快，家家户户甏里的谷子都满了，集中起来竟有几百担之多，足够做种子用了。张士诚组织军民，在南园、北园开垦荒地。靠着这个“积谷甏”，张士诚守了苏州多日，居然没有饿死一个人。从那时起，苏州人就把“积谷甏”当做宝贝，家家灶下都放置一只，一代代传了下来。

诗文赏读

咏张士诚

王也六

盐民起义亦豪雄，据郡称王立战功。德仰苏州能固守，义输友谅叹途穷。

贩盐遇捕官如虎，逼上梁山匪作龙。若是陈张真璧合，岂教南面牧牛童。

王也六，清朝人。这首诗评论张士诚成败得失，语言平实，见解中肯。

前四句陈述一代枭雄的兴亡过程，寥寥28字，极富概括力。张士诚早年为泰州府兴化白驹场(今属大丰)盐民，因不满官吏压迫、富家欺诈，凭借18根扁担起义，很快席卷附近区域。进而渡江南下，先常熟而后苏州，在苏州称吴王，成为元末农民起义中的一支生力军。其振臂一呼，应者云集，攻城略地，势如破竹，的确是豪雄的气象作为。称王苏州十多年间，张士诚对吴中士民多有仁德恩惠，后期虽有沉湎享乐、不思进取的表现，然而对百姓、商贾、文人绝无盘剥欺压之事，深得民心。苏州城被朱元璋的部队围困攻击期间，上下协力、官民同心，这才有了长期固守的可能和结果。

张士诚在乱局之中，为求自保有奶便是娘，开始揭竿而起反元，后来却又公开臣服元朝，反复无常，有违道义，这正是其最终走投无路、城池陷落、政权覆灭的重要原因。

后四句评说一代枭雄的成败因由。在一定程度上，张士诚的18根扁担能成大气候，实在是官逼民反的结果，这是耐人寻味的。国人普遍有坚忍顽强的抗压力，除非走投无路，谁愿与官家作对？元末农民起义的风起云涌，实在是时势使然。客观形势之外，起义首领的运筹谋划也是在激烈的角逐中能否笑到最后的关键因素。史书记载，朱元璋视陈友谅为心腹之患，而张士诚最为富有，朱元璋最怕两人联手与自己抗衡。在作者看来，张士诚如果能和陈友谅结盟携手，互补长短，就是真正的珠联璧合了。这是诗人的一家之言，但的确为后人探讨元末的群雄纷争史提供了一个有益的视角。

寻古访胜

【张士诚纪功碑】张士诚纪功碑位于北寺塔报恩寺内东北隅。传为元末明初江南富豪沈万三出资制作，献给在苏州称王的张士诚。该碑刻表现的是吴王张士诚接待元使者伯颜的情景，具有较高的历史价值，1957 年被列为江苏省文物保护单位。纪功碑亭呈四方形，面向北，粉墙尖顶。巨大的纪功碑安置于亭内，碑刻图像仍清晰可辨。此碑采用深浮雕手法，琢工精细，构图严谨，人物面目清晰，姿态各异，衣褶流畅，是一件有历史价值的元代石雕艺术上品。因为与东汉武梁祠画像风格接近，所以亭上额为“武梁仪轨”。

提示：苏州市区最靠近的公交车站和轨道交通车站为“北寺塔”。

【张士诚墓】张士诚墓位于苏州工业园区南施街南施公园，原斜塘镇北面。是一座 2 米来高的土墩，当地人称为“张王坟”。1960 年被列为吴县文物保护单位，1995 年因行政区划调整，改为苏州市文物保护单位。墓前原有民国时期吴中保墓会所立“张吴王墓”碑，墓西原有张王庙，现均已不存。

提示：苏州市区最靠近的公交站名为“园区二实小”。

文化辞典

【讲张】“讲张”，苏州方言中是“闲聊”的意思，类似别处“侃大山”“摆龙门阵”。至于“讲张”之“张”，苏州民间都说指的是元末在苏州自称吴王的张士诚。朱元璋当皇帝后，百姓总把朱元璋的法令与张士诚的相对比，觉得吴王比洪武皇帝好。大家聚在一起就是讲张士诚的恩德。朱元璋曾问过地方官，苏州人平时在议论什么？地方官只敢说百姓在闲聊，于是，“讲张”就成了闲聊的代名词。

【狗屎香】苏州当地百姓一直怀念昔日张士诚轻徭薄赋的仁德，每年阴历七月三十日托名为地藏菩萨烧香，实际上为张士诚烧香。因张士诚的乳名为“九四”，所以又叫“烧九四香”，[illegible]因为“九四”与“狗屎”为谐音，天长日久，“烧九四香”就喊成了“烧狗屎香[illegible]

【洪武赶散】洪武赶散，指明朝初年将江南人口迁徙到苏北的历史事件。朱元璋统一全国之后，效法汉高祖刘邦徙天下富豪于关中的做法。洪武赶散中的江南富户以苏州一带居多，这是因为他们在元末群雄逐鹿的形势下大都依附张士诚。根据现存的地方志及族谱资料和苏北地区一带的民间传说，我们可以知道从苏州迁徙苏北者，主要分布在扬州、淮阴、盐城三个地区。

灵应观

姚广孝

有这样一个和尚，成了明朝著名的政治家、佛学家、文学家，靖难之役的主要策划者，他就是中国历史上最著名的“黑衣宰相”姚广孝。

历史回放

姚广孝(1335—1418)，幼名天僖，法名道衍，字斯道，号独庵老人、逃虚子。苏州人。

姚广孝年轻时在苏州妙智庵出家为僧，精通三教，与明初儒、释、道各家学术领袖都有不错的关系。洪武十五年(1382)，被明太祖挑选，成为朱棣的主要谋士。朱棣靖难第三年(1401)，姚广孝留守北平，建议朱棣轻骑挺进，径取南京。朱棣顺利夺取南京，登基称帝。

成祖继位后,姚广孝任太子少师(太子的师傅),被称为“黑衣宰相”。负责迁都事宜,一手规划今日北京城布局。而后又担任了《永乐大典》和《明太祖实录》的最高编撰官,尤其是负责编撰《永乐大典》,这是他在中国文化历史上的最大贡献。晚年,在明初期佛教渐成颓势之际,又担起护教(佛教)之责,整理了反排佛的《道余录》,此为佛教史上一件大事。

永乐十六年(1418),姚广孝病逝庆寿寺,追赠荣国公,谥号恭靖。皇帝亲自撰写神道碑铭,并以文臣身份入祀明祖庙,是明代第一人,也是唯一一人。

姚广孝像

轶事趣闻

【拜师席应真】席应真,元时道士,曾任湘城镇灵应观主持。因为他学富五车,满腹经纶,所以,让住在湘城镇北妙智庵里的一个法名道衍的小和尚钦羡不已。于是,小和尚一有空就往观桥边跑,拜师学艺,跟席应真成了忘年交。此期间,天下战乱不息,烽火连天。在灵应观里,席应真授小和尚各类方术及兵家之学,教导小和尚深刻理解和分析社会现实,了解人性的丑恶,掌握世间斗争的手段。多年后,小和尚从观桥走出去,被朱元璋派遣到燕王朱棣(即后来的明成祖)那里,后来他相助燕王登上皇帝的宝座,并主持了《永乐大典》的纂修。这个和尚就是出生在湘城的姚广孝。

【送朱棣白帽】洪武年间,朱元璋选高僧侍奉诸王,一大群高僧跃跃欲试,等待着各位藩王的面试,可是姚广孝却不吭声。当燕王朱棣从姚广孝的身旁走过,姚广孝突然对朱棣说要效忠朱棣,还说自己要送朱棣一个大礼。朱棣停下脚步,他身为藩王什么东西没有见过,他要看姚广孝送自己什么样的“大礼”。姚广孝说:“要送一顶白帽子给大王。”这“王”上的“白”帽子,不就是“皇”吗?姚广孝的一句话成功地吸引了他的注意力,从此,姚广孝成为了朱棣的得力助手。

【无端挨打】一日,姚广孝来到苏州,苏州是他父母之邦,他有心要上岸观看风俗,故独自一人做游方和尚打扮,在街上行走。因为未曾回避一个坐在轿上的官老爷,被打了 20 大板。才打完,府里一个差役跑来说出姚广孝的少师身份,众人大惊失色,一哄而散,只剩下那个官老爷。原来这官老爷姓曹,是吴县县丞。到了县衙,各官多跪下待罪,请当面治曹县丞之罪。曹县丞也自知性命难保,膝行到庭下,叩头请死。姚广孝笑对各官道:"少年官人不晓事。即如一个野僧在街上行走,与你何涉,定要打他?"接着笑嘻嘻地从袖中取出一个柬帖,上面写着"敕使南来坐画船,袈裟犹带御炉烟。无端撞着曹公相,二十皮鞭了宿缘"。然后哈哈大笑,把曹县丞放了。

【为方孝孺说情】当初,朱棣率军从北平出发时,姚广孝把方孝孺托付给朱棣,说:"南京城攻下之日,他一定不投降,希望不要杀他。杀了方孝孺,天下的读书种子就灭绝了。"朱棣点头应承。但方孝孺坚决不同意为朱棣起草即位诏书,最终还是被朱棣灭了十族。

【和尚误矣】办完公事后,姚广孝回到老家,想看望一下自己的同胞姐姐,叙叙姐弟之情,结果"姊不纳",连门也没让进。吃了闭门羹,姚广孝想到了好友王宾,亲人不理解,朋友总该能理解吧,结果"宾亦不见,但遥语曰:'和尚误矣,和尚误矣'"。没办法,姚广孝又跑到老家找姐姐,"姊詈之",隔着门狠狠地臭骂了他一顿,"广孝惘然",不知该何去何从。众叛亲离,让姚广孝迷失了自我。因为在民间,还是认为建文帝是正宗,朱棣是叛逆,而姚广孝就是助纣为虐了。

诗文赏读

题画

姚广孝

小小板桥斜路,深深茅屋人家。竹坞夕阴似雨,桃源春暖多花。

这是一首六言诗,表现了山里人家的恬淡与真淳。虽文字浅显易懂,但也颇具趣味。"小小"与"深深",叠字连用;"竹坞"与"桃源"对仗精巧,情景交融;因"夕阴"而"似雨",因"春暖"而"多花",好一派田园风光。言为心声,从这一点,可以理解到作者助朱棣登上皇帝宝座后不愿当大官的举动。

寻古访胜

【阳澄湖镇灵应观】灵应观,宋咸淳二年(1266)开山始祖赵志清奉敕所建,初名“灵应道院”;道院前原有“通仙宝坊”,宝坊前方就是建于同时的观桥的前身——通仙桥。元朝初道院遭兵火焚毁,延祐年间(1314—1320),主持苏斗南重修道院,“灵应道院”改名叫“灵应观”。清光绪十六年(1890),当地人张毓庆再度重修观桥。姚广孝早年的师傅、道士席应真,明初时主持灵应观。

提示:苏州市区最靠近的公交车站为“湘城”。

文化辞典

【靖难之役】明太祖朱元璋在位时把儿孙分封到各地做藩王,藩王势力日益膨胀。因太子朱标早逝,洪武三十一年(1398),皇太孙朱允炆继位,是为建文帝。为巩固帝位,建文帝与亲信大臣齐泰、黄子澄等采取一系列削藩措施。燕王朱棣于建文元年(1399)起兵反抗,随后挥师南下,史称“靖难之役”。建文帝起用老将耿炳文统兵北伐,又派李景隆继续讨伐,但因为缺乏谋略,主力不断被歼。朱棣适时出击,灵活运用策略,经几次大战消灭南军主力,最后乘胜进军,于建文四年(1402)攻下南京。战争历时四年,战乱中建文帝下落不明,或说于宫中自焚死,或说出逃。同年,朱棣即位,是为明成祖。

【黑衣宰相】“黑衣”,指僧人所穿的一种黑色僧衣。所以,“黑衣宰相”就是指参与政事并且影响较大的僧人。姚广孝白天上朝议政,晚上依旧穿僧服住在寺庙,并把自己得到的赏银全都分给了家乡父老,所以被称为“黑衣宰相”。

【《永乐大典》】《永乐大典》编撰于明朝永乐年间,是由姚广孝以及内阁首辅解缙总编的一部中国古代集大成的旷世大典,初名《文献大成》,是中国百科全书式的文献集。全书 22 937 卷(目录占 60 卷),11 095 册,约 3.7 亿字,汇集了古今图书七八千种,显示了中国古代科学文化的光辉成就。但《永乐大典》除了正本尚未确定是否存在长陵外,副本惨遭浩劫,大多亡于战火,今仅存 800 余卷且散落于世界各地。《大不列颠百科全书》称《永乐大典》为“世界有史以来最大的百科全书”。

苏州公园

高 启

大明洪武七年(1374)的一天,秋风萧瑟,京城内,戒备森严。秋决之期,又一批死囚将要结束他们的人生。其中,就有天才诗人高启。

历史回放

高启(1336—1374),元末明初著名诗人,文学家。字季迪,号槎轩,苏州人。元末隐居青丘浦,自号青丘子。高启才华高逸,学问渊博,能文,尤精于诗,与刘基、宋濂并称"明初诗文三大家",又与杨基、张羽、徐贲被誉为"吴中四杰",当时论者把他们比作"初唐四杰",又与王行等号"北郭十友"。

大明洪武元年,高启应召入朝,授翰林院编修,其才学颇受朱元璋赏识,命他教授诸王,纂修《元史》。高启厌倦官场应酬,不羡功名利禄。洪武三年秋,朱元璋拟委任他为户部右侍郎，他固辞不受。当时天下初定，有一批知识分子怀念张士诚的宽厚德政，以种种理由推辞了朱元璋的任命，这种不合作的态度让朱元璋十分恼怒。多疑的朱元璋也怀疑高启不愿为自己效力，虽同意他回乡，却已恼恨在心。

高启像

苏州知府魏观，奉朝廷之命治苏，革除前任陈宁"陈烙铁"的诸多弊政，仁厚爱民，得到苏州人民拥戴。知府衙门本来狭窄陈旧，魏观在张士诚宫殿废基上修建新衙门。上大梁之时，魏观请出隐居乡间的高启挥墨展才，写了一篇文采斐然的上梁文。这本是一件很平常的事情，却让朱元璋抓住了把柄。因为魏观修建的知府治所选在了张士诚宫殿遗址，这便触动了朱元璋那根敏感的神经，他把魏观拘捕处斩，并把高启处以腰斩，以吐当年不肯从命的恶气。

高启遇害时，年仅 39 岁。

轶事趣闻

【激发伟人灵感】1961 年 11 月 6 日上午，毛泽东三次留纸条给秘书田家英，请他查找一首咏梅诗。这首诗就是高启《梅花九首》中的第一首，全诗如下："琼枝只合在瑶台，谁向江南处处栽。雪满山中高士卧，月明林下美人来。寒依疏影萧萧竹，春掩残香漠漠苔。自去何郎无好咏，东风愁寂几回开。"毛泽东获悉这首咏梅诗是高启所作后，非常高兴，他用毛笔重新书录了这首诗，并在诗前加注："高启，字季迪，明朝最伟大的诗人。梅花九首之一。"后又在"伟大"的下面，重重划了一道横线，以示强调。受启发，写下了著名的《卜算子・咏梅》："风雨送春归，飞雪迎春到。已是悬崖百丈冰，犹有花枝俏。俏也不争春，只把春来报。待到山花烂漫时，她在丛中笑。"

【蘸血写"惨"】据说，高启被腰斩后，并没有立即死去，他伏在地上用半截身子的力量，用手蘸着自己的鲜血，一连写了三个鲜红而又刺眼的"惨"字。

诗文赏读

馆娃阁

高　启

馆娃宫中馆娃阁，画栋侵云峰顶开。犹恨当年高未极，不能望见越兵来。

馆娃宫，见本书第一单元"西施"章。这首七言绝句的首句，将馆娃阁放到馆娃宫整体建筑中呈现，由点而及面，让人联想起吴王夫差和越王勾践较量第一回合的胜利者夫差得意非凡、大兴土木、金屋藏娇的情景。次句不仅凸显馆娃阁的富丽，更极言其在高耸入云处矗立，吴王在馆阁中俯瞰大地、不可一世的情状也可以想见。最后两句，讥嘲吴王夫差沉溺酒色，不纳忠谏，导致亡国杀身。诗人没有明写，却从反面说来，寓意警策，构思佳妙。

寻古访胜

【王府基·苏州公园】王府基也叫皇废基。此王即张士诚。张士诚战败后，王宫化为灰烬，所以称为"王府基"。王府基一带现已修建成为苏州公园，俗称大公园。园内尚有较高的土阜，传说是古时宫殿地基。此处已成为苏州市民休闲、娱乐的场所，每到周末，这里欢歌笑语、游人如织，从前为少数人享乐的空间成为人民大众共享的天地。

提示：苏州市区最靠近的公交车站为"市一中""苏大附一院十梓街院区西"，轨道交通车站为"临顿路"。

文化辞典

【《高青丘集》】高启号青丘子，是有明三百年诗坛巨擘。他短暂的39年人生，留下二千余首诗。高启作品收录比较全的有商务印书馆的"四部丛刊本"《高太史大全集》，中华书局"四部备要本"《高青丘诗集注》，以及中华书局1985年出版的徐澄宇、沈北宗校点的《高青丘集》。

况公祠

况　钟

一肩行李，试问封建官场有几；两袖清风，且看苏州知府如何？宣德五年(1430)，况钟出任苏州知府，任职长达十三年。

历史回放

况钟(1383—1442)，明代官员，字伯律，号龙岗，又号如愚，江西靖安县龙冈洲(今江西省靖安县高湖镇崖口村)人。

况钟是明代一位受百姓尊敬的清官，苏州人民称他“况青天”，和包拯“包青天”、海瑞“海青天”并称中国民间的三大青天。其功绩《明史 · 况钟传》有较详细记述，著述有《况太守集》《况靖安集》等。

在“仁宣之治”前后，未经科举，由出身低贱的书吏做到知府，并且政绩斐然的官员中，况钟是其中最著名的一个。

在文化教育方面，况钟十分重视培养人才。注重开办地方学校，招收学

况仲像

生,以儒教培养学生。还重视招收贫困学生,并给他们一定的救济,使很多寒士得以成就学业。有一个叫邹亮的曾经向况钟献诗,请他指点。他看后很高兴,觉得邹亮很有才华,便推荐他当官。有的人为此写匿名信诬陷邹亮,况钟看信后风趣地说:“这不过是想要我更快地提拔邹亮而已。”不久,邹亮果然被提任为吏、刑二部司务,后又升为御史,并成为明代“景泰十才子”之一。

正统七年(1442)十二月,况钟病死苏州任所,终年60岁。况钟灵柩运回江西时,“民多垂泣送其柩归”。运载况钟灵柩的船中,“惟书籍,服用器物而已,别无所有”。苏州府所属诸县都为他立了祠堂,作为纪念。

轶事趣闻

【平反“十五贯”冤狱】有一对姓熊的兄弟,家境贫寒,兄友兰为船工,弟友蕙在家读书。因鼠患,弟弟在饼中投药灭鼠,老鼠却将饼衔到邻居家,又将邻居家的金环衔来熊家。友蕙正愁无米下锅,即用金环去换米,邻居却因吃饼中毒而死。衙门以金环为证,认定熊友蕙与邻居童养媳侯三姑有奸情,故合谋杀其夫,要将两人问斩。熊友兰闻讯,立刻借十五贯钱前去营救。有一屠户尤葫芦也借钱十五贯回家,对养女苏成娟戏说是她的卖身钱。苏成娟惊惧之余,逃出家门,偶遇熊友兰,结伴而行。窃贼娄阿鼠潜入尤家,杀了尤葫芦,偷走十五贯钱。案发后,问官以友兰所带的十五贯钱为证,断定是熊、苏二人杀人盗钱而私奔,也问死罪。苏州府知府况钟奉命监斩觉得有疑窦,临时决定停斩。后况钟亲自勘察现场,在鼠穴中发现面饼。又微服查访,抓住真凶娄阿鼠。四人的冤情得以大白,均告无罪,最后还成全了两对好姻缘。

【拦轿阻行】况钟在苏州府三次离任都被挽留。第一次,是因其母亲去世,他一走,苏州府又故弊重生,于是,就有三万多人上书朝廷召回况钟。第二次,是在他任期三年后,回京朝见皇帝,苏州人民怀念他,担心他朝见后不回。等到来年春天,他返回苏州后,苏州人民才放下心来,有歌谣唱道“太守不回,我民不宁。太守归来,我民忻哉”。第三次,是任满九年,照例应该升一等,当时又有一万八千人挽留他，皇帝只好升他为三品官，继续留任苏州府。

诗文赏读

拒礼诗

况　钟

清风两袖朝天去，不带江南一寸绵。惭愧士民相饯送，马前洒泪注如泉。

况钟为苏州知府时，人称“况青天”。明正统五年(1440)，况钟赴京述职，苏州大小官员和百姓纷纷赠礼送行。可况钟全部拒收，并作下此诗，倾吐心声。苏州人民编了首歌谣：“况太守，民父母，众怀思，因去后。愿复来，养田叟。”并把这首歌谣抄在纸上，传遍了苏州的大街小巷。因为那个时代流行这样的歌谣：“知县是扫帚，太守是畚斗，布政是驻袋口，都将去京里抖。”由此可见，“况青天”在老百姓心中的形象是何等的高大。

寻古访胜

【况公祠】况公祠位于苏州道前街西美巷，为市级文物保护单位。况公祠大门东向，砖雕门楼上有“况公祠”横额。入内，硬山式享堂扁作梁架，有前翻轩，面阔三间 13 米，进深 11 米。有戏台相对，前台 5 米见方，高出地面约 0.8 米，三面敞开，顶作歇山式，前后台总平面作凸字形。享堂西有院落两重，内有楼两进和船厅一座；南部尚有东向房屋三进。

提示：苏州市区最靠近的公交车站为“市立医院本部”。

文化辞典

【包青天】北宋大臣包拯(999—1062)，庐州合肥(今安徽合肥)人。他出身于一个中小地主家庭，自幼受到良好教育，仰慕古代圣贤，有“竭忠死义”之志。此人性格严峻刚直，与人交往不随声附和，不以虚伪的言辞取悦于人。包拯立朝刚毅，执法公正，为民作主，不畏权贵。人称“包青天”。

【海青天】海瑞(1514—1587)，字汝贤、国开，自号刚峰。海南人。海瑞以“直言敢谏”著称于世，是中国历史上著名的清官和政治实干家。《明史》记海瑞“秉刚劲之性，憨直自遂，盖可希风汉汲黯、宋包拯，苦节自励，诚为人所难能”。海瑞一生刚直不阿，被人称为“南包公”“海青天”。

蒯祥墓

蒯　祥

这是一个苏州人耳熟能详的名字，名垂青史的“大国工匠”。因有功于朝廷，从一名工匠逐步晋升，直至被封为工部左侍郎，授三品官，享受一品俸禄。

历史回放

蒯祥(1397—1481)，字廷瑞，苏州人。洪武年间，苏州地区商业经济发达，外出务工者日众，香山一带形成了专门从事营造业的有名的“香山帮”。蒯祥出身木工，其父蒯福为有名的大工匠。洪武初年，明太祖朱元璋征召天下工匠20余万至京师应天府，兴建都城。少年蒯祥随父参与其事，在工程实践中积累了经验，为其后来设计修建北京承天门打下了基础。

永乐十五年(1417),明成祖朱棣迁都北京,蒯祥被征召入京,参加大规模兴建皇宫城墙等工程。为标榜正统合法性,明成祖要求所建宫阙循南京城规制。经过三年的紧张施工,皇宫宫殿和承天门(也就是今天的天安门)竣工,恢弘豪华胜过南京皇宫,成祖龙心大悦。蒯祥因技艺精湛、身手超群被提升为工部营缮所丞。代宗景泰年间他又因功擢升为工部左侍郎。宪宗成化元年,重修承天门,也是由他设计和主持施工的。宪宗召见他时,昵称他为“蒯鲁班”,可见对他的倚重。

蒯祥

蒯祥在京40多年,先后兴建的工程除承天门外,还有故宫的太和、中和、保和三大殿,以及两宫、五府、六衙署等,晚年还亲自主持明十三陵中裕陵的建造。

蒯祥过世后,葬于他的故乡太湖之滨,墓碑右侧立有明代天顺二年钦赐的“奉天诰命”碑。上世纪60年代初,重修了蒯祥墓,此墓被列为江苏省文物保护单位,而“蒯鲁班”留下的天安门建筑却是华夏之宝、民族之光。

轶事趣闻

故宫太和殿

【巧造“金刚腿”】蒯祥造宫殿遭到了工部右侍郎的妒恨。他趁雷雨交加之夜,偷偷把尚未完工的门槛截断了一段。这一招十分毒辣,门槛装不起来,蒯祥就有坐牢、杀头的危险。第二天蒯祥见了断门槛吃惊非小。经过一番冥思苦想,蒯祥干脆把金门槛的另一头也截短一段,再在门槛两边各做一个槽子,这样形成了一个活络门槛。后来的建筑者把这个活络门槛叫“金刚腿”。竣工之日,皇帝带着文武百官亲自来验收。皇帝看到装了“金刚腿”的门槛可装可拆,车马轿子可直进直出,十分方便,大为赞赏,蒯祥名声从此大噪。

诗文赏读

七绝·木匠蒯祥与天安门

徐祖农

殿榭亭台神匠工,鲁班转世造皇宫。天安楼宇雄千古,三品侍郎一品荣。

这首七言绝句表达了对一代宗师蒯祥的赞美。第一句“殿榭亭台神匠工”交代了作为“神匠”蒯祥的巨大贡献;第二句“鲁班转世造皇宫”的“鲁班转世”赞扬了蒯祥的技艺精湛;第三句“天安楼宇雄千古”的“雄千古”赞誉蒯祥伟大作品流传千古而不朽;第四句“三品侍郎一品荣”的“一品荣”表明朝廷给“神匠”蒯祥无与伦比的荣耀。明朝官职设置按品级,官分九品,共分 18 个等级。蒯祥因为修缮北京皇宫功绩卓著,被授予三品侍郎,但享受的是一品官职的荣耀。

寻古访胜

【蒯祥纪念园】蒯祥纪念园(蒯祥墓),在苏州太湖国家旅游度假区环太湖大道。园内现有牌坊、飨堂、石羊、石马、翁仲、石亭、仰贤桥、蒯祥石像、明代石碑等景观,墓碑上刻有“明工部侍郎蒯祥之墓”八字,保存完好。

提示:苏州市区最靠近的公交车站为“蒯祥园”。

文化辞典

【香山帮】苏州香山位于太湖之滨,自古出建筑工匠,擅长复杂精细的中国传统建筑技术,史书曾有“江南木工巧匠皆出于香山”。主要传承人有:“塑圣”杨惠之、“蒯鲁班”蒯祥。

沈周墓

沈周、唐寅、文徵明、仇英

沈周

“吴门四家”(又称“明四家”)指中国画史上沈周、文徵明、唐寅、仇英四位明代画家,他们都是苏州人,并在苏州从事绘画活动。“吴门四家”只是明代四位成就很高,不同风格的绘画大家,并非一个画派之称。

历史回放

沈周(1427—1509),字启南,号石田、白石翁、玉田生、有竹居主人等,明朝画家,“吴门画派”的创始人,苏州人。沈周不应科举,专事诗文、书画,是明代中期文人画

“吴派”的开创者，与唐寅、文徵明、仇英并称“明四家”。沈周的作品，构图平稳，平中求奇，笔墨朴质雄浑，“寓巧于拙”，“熟中求生”，设色“妍而不甜”，反对浓重华丽。这些都反映出他的美学思想。笔乃心声，正由于他心地淡泊坦荡，笔端流露的作品风格则是平易近人，这种亲切、平易近人的笔致，是沈周毕生所求。画如其人，沈周的为人也是这样。

唐寅

唐寅(1470—1524)，字伯虎，后改字子畏，号六如居士、桃花庵主等，苏州人，明代画家、书法家、诗人。30岁时进京会试，涉会试泄题案而被革黜，妻子改嫁。唐寅一生坎坷。后游历名山大川，以卖文鬻画闻名天下。早年随沈周学画，宗法李唐、刘松年，融会南北画派，笔墨细秀，布局疏朗，风格秀逸清俊。人物画师承唐代传统，色彩艳丽清雅，体态优美，造型准确；亦工写意人物，笔简意赅，饶有意趣。其花鸟画长于水墨写意，洒脱秀逸。书法奇峭俊秀，取法赵孟頫。他是“明四家”之一，在诗文上，又与祝允明、文徵明、徐祯卿并称“吴中四才子”。唐寅的《骑驴思归图》《山路松声图》《事茗图》《王蜀宫妓图》《李端端落籍图》《秋风纨扇图》《枯槎鸲鹆图》等绘画作品，藏于世界各大博物馆。

文徵明(1470—1559)，初名壁，字徵明，苏州人。祖籍衡山，故号衡山居士，人称文衡山，斋名停云馆。官至翰林待诏，私谥贞献先生。“吴门画派”创始人之一，“明四家”之一，大书法家。54岁时以岁贡生诣吏部试，授翰林院待诏，故称文待诏。

文徵明

文徵明早期通过科举走仕途不太顺利。他考秀才，一直考到嘉靖元年(1522)，时年53岁，一直未能考取，且白了少年头。54岁那年，受人推荐到了京城，经过吏部考核，被授职低俸的翰林院待诏的职位。这时他的书画已负盛名，求书画的人很多，由此受到翰林院同僚的嫉妒和排挤，文徵明怏怏不乐，自到京第二年起就上书请求辞职回家，三年中打了三次辞职报告才获批准，57岁辞归出京，放舟南下，回苏州定居，自此致力于诗文书画，不再求仕进，以戏墨弄翰自遣。晚年声誉卓著，号称"文笔遍天下"，购求他的书画者踏破门槛，说他"海宇钦慕，缣素山积"。文徵明享年90岁，是"吴门四才子"中最长寿的一位。他年近90时，还孜孜不倦，为人书墓志铭，未待写完，"便置笔端坐而逝"。

仇英

仇英（约1498—1552），字实父，号十洲，中国明代画家，"明四家"之一，原籍太仓，后移居苏州。

仇英功力精湛，常临仿唐宋名家稿本，如《临宋人画册》和《临萧照高宗中兴瑞应图》，临作若与原作对照，几乎难辨真假。他的画融入了文人画所崇尚的主题和笔墨情趣。

仇英擅人物画，尤工仕女，重视对历史题材的刻画和描绘，吸收南宋及元人技法，笔力刚健，特擅临摹，粉图黄纸，落笔乱真。至于发翠豪金，综丹缕素，精丽绝逸，无愧古人，尤善于用粗细不同的笔法表现不同的对象，或圆转流畅，或顿挫劲利，既长设色，又善白描。人物造型准确，概括力强，形象秀美，线条流畅，有别于流行的刻板习气，对后来的清宫仕女画有很大影响。后人评其工笔仕女，刻画细腻，神采飞动，精丽艳逸，为明代画坛之杰出者。传世作品有《竹林品古》《汉宫春晓图》《供职图》等。

仇英的山水画发展了南宋李唐、刘松年、马远、夏圭的"院体画"传统，综合融会前代各家之长，既保持工整精艳的古典传统，又融入了文雅清新的趣味，形成工而不板、研而不甜的新典范。张丑在《清河书画舫》中对其评价说，仇英画"山石师王维，林木师李成，人物师吴元瑜，设色师赵伯驹，资诸家之长而浑合之，种种臻妙"。

苏州是仇英的故里，但遗憾的是苏州博物馆至今没有他的藏品。他生在何时？何地？卒在何时？没有详细的记载。一个没有"故居"的大家，但同时又是一个拥有众多追捧者的绘画高手,这种矛盾的存在正是仇英留给大家的问题。

轶事趣闻

【沈周善待别人】沈周由于在画界名气颇大,粉丝众多,常常陷入求画者的包围中。一次,沈周到杭州游玩,一大帮讨画者跟在后面。他的一位朋友为此写了一首打油诗:"送纸敲门索画频,僧楼无处避红尘。东归要了南游债,须化金仙百亿身。"曾有一位贫穷的无名画家为了让自己的画多卖几个钱,便临摹了沈周的画,并把这些画拿来请沈周题字。沈周欣然为之润色补笔,使得这些作品看上去真的是沈周所画。不仅如此,沈周还在画后题款盖印,成全了那位无名画家。名画家为赝品题字,这种事在一般画家那里是不可想象的,说明沈周是豁达大度、热心肠的人。

【唐寅碰壁】据说一向自负的唐寅到沈周家学画,吃饭时,老师让唐寅打开窗户,唐寅推窗竟然碰壁,大吃一惊,他发现自己手下的窗户竟是老师的一幅画!

【科场舞弊案】唐寅29岁那年参加应天府乡试,得中第一名"解元"。30岁时与江阴富商徐经(徐霞客的高祖)赴京会试。事后,京都谣传徐经行贿主考官程敏政,得了试题。经反复审查,查出徐经拜见程敏政时,确实送了些见面礼;而唐寅受人请托求程敏政写篇文章,也曾送了一点"润笔"。所以结论是"事出有因,查无实据"。但朝廷为平息社会舆论,将徐经及唐寅削除仕籍,程敏政则被革职。也有说徐经行贿程敏政家童得到题目者,然而此事与唐寅没有关系。为此,唐寅一度被逮诏狱,受大刑伺候……晚年的唐寅,一直穷困潦倒。

【唐伯虎点秋香】"唐伯虎点秋香"的故事众人皆知,大意是说:一次,唐寅和朋友游览虎丘,与华太师家的丫鬟秋香不期而遇,秋香无意中对他笑了三次,令他神魂颠倒。于是,唐寅乔装打扮,到华太师家里做了公子的伴读书童,最后抱得美人归。这实在是捕风捉影。据说历史上有秋香其人,为金陵名妓,但其年龄比唐伯虎至少要大20岁,两人之间又怎会有那种风流韵事呢。

【文徵明赠银】一老儒将50两银子存放到文徵明家中,并希望按照市面利率逐月取息以作家用,说:"我不相信任何一家钱铺,只信任您一人。"文徵明收下这50两银子,从此每月付给老儒"月息"。几年后,老儒因家有急需取回了那50两银子,不久就去世了。但是老儒未曾及时告知儿子此事,其儿子又来文家取息,文徵明并不说什么,还照旧付出了月息。当晚老儒的儿子梦见父亲责骂他说:“我已取还50金了,你立即将多领之息银奉还。”第二天一早,他就来到文府叩头致歉,并奉还“月息”。谁知文徵明非但没收纳那息银,反而又拿出了50两纹银对他说道:“今日得悉令尊已仙逝,这50两银子算作我敬令翁的丧礼”。

【油漆工终成大器】仇英出生在江苏太仓一个普通家庭里,父亲是漆匠,仇英从小就跟着父亲干漆工活,但他特别喜欢画画。十七八岁的时候,他独自到苏州城,一边当漆匠,一边学画。仇英自己琢磨出来的扎实的笔头工夫与他出身之间的落差,让文徵明佩服。结识文徵明是仇英人生里的一个转折。文徵明十分照顾这位后生,赴京时将仇英托付给了周臣,仇英就这样开始向周臣学画。周臣给了仇英扎实的基本功,让他在技巧上获得了绝对的精巧,就像习武者在江湖上站稳了脚跟。而从文徵明处学来的那种含蓄而优雅的风格,如同大侠有了剑,让仇英有了成为大师的可能。

诗文赏读

过延陵道

沈　周

晓出延陵道,苍崖带夕曛。春归吴地暖,雪霁越山分。
有鸟啼红树,无人问白云。遥瞻季子祠,父老祭纷纷。

这是沈周所写的一首咏季札高风亮节的五言律诗。题目中的“过”,可理解为拜访。延陵,常州、江阴一带,当年吴王寿梦少子季札的封地。

首联中,“夕曛”指落日的余晖。沈周的家在如今的苏州相城区阳澄湖镇,如果车船去延陵,早上出门傍晚到达。颔联与颈联描绘的是作者的沿路所见。颔联中,吴越大地瑞雪初霁,山明水秀,告诉人们春天来了,写的是静景。颈联写的是动景,白云悠悠,鸟鸣山幽,而红白相间,显示出画的意境。一路之景美不胜言,然而,写沿路的景物是为主角的登场作烘托铺垫。经过层层烘托,尾联中,主角终于登场了,但还是“犹抱琵琶半遮面”——“遥瞻”一词境界尽出,而“父老祭纷纷”,则是从侧面表现季札的人品高尚。

沈周毕竟是画家,他的诗作如同一幅画,颇有“深山藏古寺”的韵味。

寻古访胜

【沈周故里公园】相城区阳澄湖镇，为一代画师沈周的故乡。阳澄湖畔处处有“沈周”。村庄有“沈周村”，湖泊有“画师湖”，河道有“思贤泾”，道路、住宅、建筑物有“沈周路”“石田路”“思贤小区”“石田楼”等等。沈周墓也完好地保留了下来，封土高约3米。但墓碑书写的是“明处士沈公启南之墓”，这种写法不合规矩。称“明处士”没有错，错在称字“启南”而不称名“周”，笔者孤陋寡闻，未尝闻这种写法。整个墓园环境清雅，与石田先生的高远清淡是相称的。2004年阳澄湖镇以沈周墓为轴心，把前后池塘和周边闲地串连成景，建成了沈周故里公园。

提示：苏州市区最靠近的公交车站为“阳澄湖首末站”。

【唐寅故居】资料记载，明弘治十八年(1505)唐寅置别业桃花庵，内有梦墨亭、蛱蝶斋、学圃亭等建筑。唐寅曾自称为“桃花仙人”。唐寅去世后，故居逐渐荒芜。上世纪90年代，唐寅故居遗址住有5户人家，本世纪以来，最多时增加到20余户，成了一个大杂院。如今，作为“桃花坞历史文化片区”恢复建设工程的一个重要部分，姑苏区正在重修唐寅故居。遗憾的是，不知什么原因，这个恢复工程成了半拉子工程。

提示：苏州市区最靠近的公交车站为“平四路首末站”。

【唐寅墓园】唐寅晚年生活凄苦，死后，也草草安葬。嘉靖二十二年(1543)，嗣子兆民将其迁葬到横塘镇王家村，即如今苏州市南环路与西环路的交界处。后经数次荒废，数次维修。1985年起，苏州市文物管理委员会再次整修，利用城内拆迁古建筑的材料，在墓南先后筑六如堂、梦墨堂、闲来草堂、禅仙居等，并建门厅桃花仙馆，植树绿化，面目一新，辟为唐寅纪念陈列室。唐寅墓现有清水磨砖贴面双阙式大门，刻有“唐寅墓园”四字，向北过东西门厅、石驳方池和花岗石二柱冲天式牌坊，即为桃花仙馆、梦墨堂、六如堂等组成的唐寅纪念陈列室。最后为墓区。整个墓园环境优美，园内庭院规整，建筑朴实，景物清幽，是一处参观游览的好去处。

提示：苏州市区最靠近的公交车站为“唐寅园”。

【文徵明墓】文徵明墓位于苏州相城区孙武纪念园的西北部。墓区掩隐在一片郁郁葱葱的香樟、柏树林中。坐东朝西的墓地前有一个呈半月形的照池，据考证系当年旧制，照池边建有一座10余米高的两柱青石牌坊。从牌坊下的花岗石墓道前行约40米，就是墓冢所在，墓道边分列着四尊石兽。墓前石坪居中处竖立着一块高大的墓碑。

提示：苏州市区最靠近的公交车站为“御苑家园东”，轨道交通车站为“孙武纪念园”。

文化辞典

【《盆菊幽赏图》】此画被认为是沈周中年“细沈”画风的佳作。画家在作品左下角的题诗如下：“盆菊几时开，须凭造化催。调元人在座，对景酒盈杯。渗水劳僮灌，含英遣客猜。西风肃霜信，先觉有香来。长洲沈周次韵并图。”比较煞风景的是在沈周题诗右侧、留白之处的乾隆御题，影响了作品的构图效果。值得一提的是沈周在此画中对三位文人和一个书童的处理。三位文人显然是赏菊的主人公,与画家精心描绘的茅亭、树木、盆菊相比而言,画中人物用笔不多,但却以概括的形体点出了文人活动的主题。这也算是较少作人物画的沈周的一次能力展示。

【《孟蜀宫妓图》】此画藏于故宫博物院。图上,唐寅以工笔重彩画宫妓四人,衣着华贵,云髻高耸,青丝如墨,头饰花冠。人物衣饰线条流畅,设色浓艳,服饰上的花纹,都刻画得十分精细;从人物穿戴来看,正面两位地位高贵,而背向两位疑是宫婢,正奉酒捧食。图中写宫妓正劝酒作乐,青衣女子似手拿酒盏,正让绿衣女子斟酒,而红衣女子已不胜酒力,正摆手欲止,却被青衣女子挡住。劝、止之间的神态举止被刻画得生动传神。背后无衬景。人物面部用传统的"三白法"表现,晕染细腻,生动传神。作者借此图披露孟蜀后主的糜烂生活,有讽喻之意。

【文徵明手植紫藤】这株文徵明所种植的紫藤,至今已有 500 来年的历史,在现在的苏州博物馆的忠王府内古典大戏台的南面小院里。紫藤院与拙政园相连。如今,这株古紫藤依旧生机勃勃,苍翠欲滴。躯干盘曲蜿蜒,沿着铁架棚爬满围墙屋面,似走地伏蛟,如昂首巨龙,漫游其上,盘根错节。紫藤主干胸径达 22 厘米,夭矫蟠曲,鹤形龙势,开花时璎珞流苏下垂如串串紫玉,极有观赏价值。紫藤也见证了几百年来拙政园的沧桑变迁。

王鏊故居

王　鏊

“每临大事有静气，不信今时无古贤。”王鏊是苏州人的骄傲，此言一点都不为过。

历史回放

王鏊(1450—1524)，字济之，苏州人，别号守溪，学者称震泽先生。成化十年(1474)，王鏊在乡试中取得第一名“解元”。成化十一年(1475)，在礼部会试又取得第一名“会元”，参加殿试得中第三名“探花”。正德元年(1506)十月入内阁，任吏部侍郎兼翰林学士，进户部尚书，文渊阁大学士加少傅，谥文恪。

王鏊博学善于识别人才，文章雅正，言谈议论明晰流畅。晚年著《性善论》一篇，王守仁看后说，王公的文章达到精深的境界，世上的人很难达到。

王鏊的文学观点是复古的，但他显得比较开通一些。一是在复古范围上，他不专于唐，亦不专以宋，而是比较辩证地看待前代诗歌；二是在复古方法上，他主张“师其意，不师其词”，“为文必师古，使人读之不知所师，善师古者也……所谓师其意，不师其词，此最为文之妙诀。”

王鏊居官清廉，全无积蓄，被人称为“天下穷阁老”。唐寅深知其为人，赠他一副楹联。上联为“海内文章第一”，下联是“山中宰相无双”。

王鏊

轶事趣闻

【不附显贵】寿宁侯张峦曾与王鏊有姻亲关系，等到张峦显贵后，王鏊便与他断绝来往。有人认为王鏊不对，他说：“当初万安攀附万贵妃，我曾以之为耻，难道现在能去依从寿宁侯（张峦）吗？”

【“点秋香”佳话来源】相传，江南四大才子唐寅（唐伯虎）、祝允明、文徵明、徐祯卿经常出入王家。其中，祝允明特别爱好做媒，就极力撮合唐伯虎与王鏊女儿的婚姻。他们第一次相亲即在惠和堂的这处后院中，以后他们也见过几次面，但最终没有成功。后来有好事者想借此传一段佳话，只因王鏊与唐伯虎两家门当户对，结成亲家不会引起人们的关注，于是，聪明的作者把点秋香的地址从王鏊家改成了华太师家，把千金大小姐改成了丫鬟，这样一来，“唐伯虎点秋香”的故事果然后世流传。

【急流勇退】当时刘瑾权倾内外，王鏊起初开诚布公地劝谏刘瑾，刘瑾有时接纳。但到了后来，刘瑾越来越专横，士大夫深受其害。王鏊无法挽救，就力辞官返乡。正德四年（1509）五月，他三次上疏请辞，才被批准。武宗赐他玺书、马车,有关部门按旧例供应粮食、奴仆。王鏊家居16年,廷臣交相荐举,终不肯复出。

诗文赏读

送杨侍读维立之南京

王　鏊

二月南宫看柳条,知君已上秣陵桡。杨家制作多传后,苏子文章合在朝。
梦草池边歌郢雪,雨花台上望江潮。谁知东上门前路,此后行来分外遥。

"莫愁前路无知己,天下谁人不识君。"重视友情的王鏊给朋友杨维立写的送别诗感人肺腑,情真意切。首联"柳条""秣陵"等交代了时间、地点、事件,表明朋友已经到达南京了。而"桡",船桨,借代友人的行路工具。颔联中,"杨家",应该就是"杨维立"家,"多传后"指他们家族的文化渊源;而"苏子",应该是苏轼,"合在朝"表明了对朋友的认可与期待,情意厚重。颈联中的"梦草池",用典,谢灵运有"池塘生春草,园柳变鸣禽"之句,但"梦草池"究竟在何处众说纷纭;"郢雪"指高雅的乐曲或诗文,即阳春白雪的典故;"雨花台"在南京,"望江潮"形象写出对朋友突出才能的颂扬与赞美,感情真挚感人。尾联的"分外遥"流露的是割舍不断的牵挂与担心,字里行间洋溢出无尽的问候。

寻古访胜

【陆巷古村】吴中区东山镇西部有一个陆巷村,它依山傍湖,景色秀丽,是明代宰相王鏊的故里。主街花岗石铺面,道旁镌刻轿马上下之游记,两侧山街青砖侧砌为人字纹。古村落形成始于南宋,因王鏊之故而名闻遐迩。明清两代,古村名人辈出,土木大兴,现尚存明建筑二十余处,老宅故居鳞次栉比,王鏊故居惠和堂尤为明代官宦宅第之典型。惠和堂有172间房,其女眷所住后院,是一幅典型的江南园林风景图,山水花木、亭台楼榭、粉墙黛瓦、栗柱灰砖这些园林要素一应俱全。

提示:苏州市区最靠近的公交站为"陆巷古村"。

王鏊故居

【学士街】学士街因明代大学士王鏊居此而得名。学士街还有一条横巷天官坊，据说也是因王鏊位至天官而得名。王鏊子在此造园，供王鏊退归隐娱，名“怡老园”。王鏊逝世后，居地为其子孙所居，清康熙元年(1662)改建为江苏布政使署。

提示：苏州市区最靠近的公交站为“姑胥桥”。

文化辞典

【东山“四宝”】宰相粽、状元糕、陆家腌菜以及太湖三白为东山“四宝”。宰相粽起源于王鏊，王鏊最喜欢吃的就是家乡的粽子，因此，此粽被时人称为宰相粽。至于状元糕，有个故事，王鏊第八代孙王世琛于清康熙年间高中殿试第一，状元及第，据说，王世琛那年进京赶考，外婆亲手做了好多糕让外孙路上吃，果不其然，王世琛高中状元。陆家腌菜是东山陆巷古村中流传几百年的农家腌菜总称，有腌萝卜干、腌水菜、腌制雪菜、腌制野菜，其色鲜艳，其味鲜纯，食之充满乡土气息，回味无穷。太湖三白即白鱼、白虾和银鱼，当地盛传：不吃“三白”等于没到太湖。

玉龙桥

顾鼎臣

有一个人,他是苏州评弹《一餐饭》(又称《双玉玦》)中的主角,这个人就是顾鼎臣。

历史回放

顾鼎臣(1473—1540),初名仝,字九和,号未斋,昆山人。顾鼎臣于弘治十八年(1505)状元及第,授修撰,累迁礼部右侍郎。顾鼎臣的主要贡献有:

减免税赋。东南一带历来比较富庶,因此税赋较多,这似乎合理。但超出了承受能力,就有"鞭打快牛"的不公之处。昆山当然属于高额奉献的地区,百姓怨声载道,都盼望皇室能高抬贵手,减轻负担。顾鼎臣熟悉家乡的民情,及

顾鼎臣

时仗义谏言，提议重新丈量全部田亩，以此为切入改革赋役制度。如果小田交了重税，自然入不敷出，难有公理。通过量田纠错，既可以免去许多不该交的“冤枉税”；又可以发现较多被权贵强占的民田，归还原主，让“耕者有其田”。这样，种多收多，自然有能力交税了。另外，顾鼎臣经常深入察访，发现江南常有水患虫灾的歉收荒年，顾鼎臣如实上疏，并提出免税减税的建议。昆山人民得到了实惠，自然对顾鼎臣感恩不尽。

筑城抗倭。昆山县城最早是“列竹为栅”，至宋代还是因陋就简地筑围土城。如此怎能抵挡外敌入侵？明嘉靖年间，昆山由于物产丰富，又濒临东海，屡遭倭寇抢夺，城里百姓常处在水深火热之中。当时的顾鼎臣已入阁为相，利用进谏的机会，勇敢地为家乡人说话。他亲自撰写“昆山修筑砖石城墙”的奏折，经过他据理力争，昆山城终于获准建造。为了表达对故土的拳拳爱心，他带头捐出了皇帝赐金，以此作为倡导，动员百姓出钱出力。昆山官民共同努力，经两年时间，终于在元朝土城的基础上，扩充、加固成具有“六城门”之巨的砖石城墙。当时的宾曦门、迎薰门、朝阳门、丽泽门、留晖门、拱辰门，就是现称的东门、东南门、南门、小西门、大西门、北门。此后，昆山人民凭据这坚固的城墙，多次击退倭寇的侵犯，昆山城得以“固若金汤”，老百姓从心中感谢顾鼎臣的筑城壮举。

轶事趣闻

【玉龙桥打桩】玉龙桥是昆山市体量最大的一座古石拱桥，也是故事最多、被赋予神秘色彩的一座桥梁。传说造桥打桩时，无论民工如何努力，就是打不下去。这时走来一个大户人家的丫鬟，出于好玩，只轻轻一下，桥桩就乖乖地钻了下去。这时有人预言，这户人家定要出大人物。原来这丫鬟不是别人，就是顾鼎臣的母亲，当时怀有身孕。

【曲折生存】顾鼎臣之父顾恂是个小商人，年过半百仍无子嗣，家里只有一个婢女。顾恂与婢女偷情，不久婢女竟怀孕生下顾鼎臣。顾妻大怒，杀子不成，又暗中将他投掷磨道，幸得磨坊主人发现，救出收养。长大后，顾鼎臣十分聪慧好学，但顾氏夫妻始终不认，始终将顾鼎臣的生母当奴婢一样对待，使其受尽凌辱。直到顾鼎臣中状元，养父才讲出真情，他才到顾家与亲娘相认。但顾妻仍不准顾鼎臣认母，顾鼎臣遂在亲友的帮助之下进到房内，长立庭下，坚持要见生母。顾妻更加愤怒，但顾鼎臣主意不改，说："即一见，死不恨。"亲朋好友也从旁规劝。顾妻无奈只得令其生母从灶间出来见自己的亲生儿子，顾鼎臣看到自己的生母衣衫褴褛，蓬头垢面，母子两人忍不住抱头痛哭，亲友们也纷纷泣下如雨。

【退休后平反冤狱】顾鼎臣"告老还乡"后，一日郊游，路过林子文家，遂自称顾府西席，向林妻陆素贞乞茶，得到陆素贞的热情接待。顾鼎臣发现陆素珍很像自己的亡女，就答应收为义女。当地兵部尚书之子见陆姿色，顿生霸占恶念，授意家奴杀死老账房，并移尸林子文家门口，欲嫁祸于林子文。百姓不服，大闹公堂。陆素贞当即求援于义父顾鼎臣秉公申冤。但此时顾已无官在身，只得具文向皇帝申冤。当林子文即将被行刑时，顾鼎臣亲赴法场营救，高呼刀下留人。千钧一发之际，皇命宣告林子文无罪，当即获释，夫妻团圆。

诗文赏读

观潮诗

顾鼎臣

海若鞭潮出海门，霆奔雪卷带灵氛。六鳌驾撼三山动，万马声传百谷闻。
应谶更期人似玉，往观谁使女如云。傅岩舟楫真时用，康济功成日未曛。

旧时昆山有风俗，以八月十八日为潮生日，男女老幼都要往东门观潮。这首诗，顾鼎臣写于东门观潮之后。首联写了潮水的气势，一个"鞭"字颇有动态，潮水需要海之"鞭"，人求上进难道不要鞭策吗？颔联用了比喻，"六鳌""万马"，形象生动，而"三山动""百谷闻"又是高度的夸张，进一步增添气势，这就是所谓的"承"。颔联中的"应谶"，指将要应验的预言、预兆，那么，奔腾的潮水预言什么呢？预示着"人似玉"，也就是说人必须像模像样！"女"，实际上指的就是人，为了和上句的"人"不重复而故意为之。观潮者人山人海，但"人似玉"之后又会怎样？颈联由"潮"到"人"，转得巧！尾联直接写人，写自己。傅岩，古地名，位于今山西平陆县东，古时傅说因在此从事版筑，被武丁起用，故以傅为姓。那么，如今的傅说又是谁呢？现代的傅说成功就在眼前，就在"日未曛"之时！果然，第二年顾鼎臣考取了状元，回昆山认母时声势也是人山人海。

寻古访胜

崇功祠

【顾文康公崇功祠】顾文康公崇功祠位于昆山亭林公园东大门北。明嘉靖三十八年(1559)始建，御赐额“崇功”。清雍正十二年(1734)和乾隆十八年(1753)，顾鼎臣八世孙顾登出资修葺。咸丰末年(1861)，毁于太平天国祸乱。光绪三十四年(1908)，顾鼎臣裔孙重建硬山式砖木结构平房，坐北朝南，两进各三间。民国初期，邑人重修。1997年，正厅倒塌。1998年，按原式重建。2014年，再次重修。顾文康公崇功祠占地面积155平方米，正厅中央供奉顾鼎臣塑像，天井西侧立“太子太保文康顾公崇功祠碑”，东西分别栽玉兰、桂树各一株，寓意“金玉满堂”。1991年，顾文康公崇功祠列为昆山市文物保护单位。

提示：昆山最靠近的公交车站为“亭林公园”。

文化辞典

【长篇弹词顾鼎臣】20世纪30年代，著名评弹艺术家张鉴庭据唱本《一餐饭》(又称《双玉玦》)改编而成。20世纪30代起张鉴庭、张鉴邦、张鉴国演出，传人有周剑萍、张剑琳、陈剑青等。

【状元】殿试“三甲”中，一甲第一名称“状元”，第二名称“榜眼”，第三名称“探花”。在乡试、会试、殿试均取得第一名，也就是连续考取“解元”“会元”“状元”，被称为“三元及第”或“连中三元”。一介书生，考取“状元”实在不易。全国无数读书人，其间竞争之激烈可想而知。“状元”是中国的特产，是中国科举制度诸多名词中最为耀眼的一个。

中国昆曲博物馆

魏良辅与梁辰鱼

说到被称为“百戏之祖，百戏之师”，有“中国戏曲之母”雅称的昆曲，有两个人不得不提到，他们就是魏良辅与梁辰鱼。

历史回放

魏良辅(1489—1566)，字师召，晚年号尚泉、上泉，又号玉峰，新建(今江西南昌)人，嘉靖五年(1526)进士，历官工部、户部主事、刑部员外郎、广西按察司副使。后擢山东左布政使，三年后致仕，流寓于江苏太仓。

魏良辅为嘉靖年间杰出的戏曲音乐家、戏曲革新家，昆曲(南曲)始祖。对昆山腔的艺术发展有突出贡献，被后人奉为“昆曲之祖”“曲圣”。

梁辰鱼

梁辰鱼(约 1521—1594),明代戏剧家。字伯龙,号少白,一号仇池外史。昆山人,其父梁介为平阳训导,“以文行显”。辰鱼身长八尺余,面有虬髯,好任侠。不屑科举考试。家有华屋,专门接纳四方奇士英杰。嘉靖年间以李攀龙、王世贞为首的后七子,都与梁辰鱼往来,戏剧家张凤翼也是他的好友。梁辰鱼是利用昆腔来写作戏曲的创始者,因其作品的脍炙人口,无形中给予昆腔传播很大的助力。从元末到魏良辅时期,昆腔还只停留在清唱阶段,到了梁辰鱼,昆腔才焕发出舞台的生命力,这是梁辰鱼在中国戏剧史上的重大贡献。被誉为“昆曲全才”的梁辰鱼,所创制的《浣纱记》成为有史以来第一部用昆山腔演唱的传奇,流传至今。

轶事趣闻

【十年不下楼】魏良辅原来是学北曲的,因敌不过当时另一位北曲名家王友山而改学南曲。当时,昆腔还属于清曲小唱,比较单调,韵味不浓。于是,魏良辅发奋更新南曲,他在认真收集、研究南曲的基础上,积极采取北曲的艺术成就,吸收弋阳、海盐、余姚等声腔的长处,对昆腔进行了改革。史载,他“退而缕心南曲”,“足迹不下楼十年”。

【梁辰鱼的酒量】酒与昆曲,从来有着千丝万缕的关系。历来的传奇作家、艺人、曲友中,多有嗜酒者;无数因酒演绎的经典故事,被搬上昆曲舞台;昆曲也常常用于侑酒,在宴席上演出。梁辰鱼直至生命的最后岁月,仍然不改初衷。一喝酒,他就忘了自己已是古稀之年。跟他孙子梁雪士交往密切的文学家张大复在《昆山人物传》卷八中,就记述了别人饮酒八斗,已经醉了;而梁辰鱼喝光了一石,仍然谈笑风生。

【风筝引凤】昆山民间传说,梁辰鱼心灵手巧,很善于做风筝。他在风筝上彩绘了一只凤凰，放上天空后，有许多鸟儿纷纷前来追逐，而且每一只鸟儿都发出悦耳的声音，犹如在唱曲。梁辰鱼不由感慨："声音之道，原来是与天相通的呀！"

【喝泔脚水】《浣纱记》成名后不久，梁辰鱼去青浦游玩，县令屠隆设宴款待他。屠隆为人放荡不羁，常常与许多名士纵酒吟诗。席间，屠隆特意让优伶演出《浣纱记》。不过有约在先，听到伶人演唱佳句，所有人都必须畅饮一杯。梁辰鱼爽快地答应了。他本来颇有酒量，心情又很舒畅，佳句连连，豪饮不辍，激起了阵阵喝彩声。谁知道，在演到《出猎》一则时，屠隆忽然说："不行，这几句'摆开摆开'写得很恶俗，你应该受罚！"随即让人把预先准备好的泔脚水灌了三大杯，逼着梁辰鱼喝下去。梁辰鱼无奈，硬着头皮将泔脚水喝进肚子，顿时哇哇呕吐。屠隆把梁辰鱼捉弄了一番，显得非常得意。

诗文赏读

屈　原　庙

梁辰鱼

寒云掩映庙堂门，旅客秋来荐水蘩。山鬼暗吹青殿火，灵儿昼舞白霓旛。
龙舆已逐峰头梦，鱼腹空埋水底魂。斑竹丛丛杂芳杜，鹧鸪飞处欲黄昏。

作为戏剧家的梁辰鱼生活在君庸臣昏、阉党当政的明末。诗中首联中"水蘩"就是白蒿，可以食用，在古代用为祭品；颔联中"灵儿"与"山鬼"皆为屈原作品中民间传说的山神、仙灵的形象；颈联中"峰头梦"指楚襄王梦与巫山神女在阳台幽会之事；尾联描绘了屈原庙周围萧索凄凉的景色：那泪痕点点的丛丛斑竹仿佛对着香草杜蘅低泣；那哀怨声声的深山鹧鸪好像对着黄昏落日悲啼。既是与首联相呼应，进一步渲染和烘托了旅客纷纷前来瞻仰拜谒屈原庙的情感氛围；也是以景结情，情寓景中，给人无尽的情思和想象。

寻古访胜

【中国昆曲博物馆】中国昆曲博物馆建在昆曲的发祥地苏州，位于苏州古城平江历史保护街区上。1986 年苏州建城二千五百年，作为江苏省文物保护单位的全晋会馆修复后，建成苏州戏曲博物馆。为了更好地保护和弘扬古老的昆曲艺术，经批准，在苏州戏曲博物馆的基础上，利用全晋会馆古建筑，筹建中国昆曲博物馆。一进门厅,就是魏良辅的木雕像。博物馆内颇多魏良辅、梁辰鱼的事迹展览。

提示:苏州市区最靠近的公交车站为“醋坊桥观前街东”。

文化辞典

昆曲人物邮票

【昆曲】昆曲,又称昆腔,是中国最古老的剧种之一,是中国传统文化艺术中的瑰宝。昆曲原是民间小调,后来逐渐流传扩散于长江以南等地区,最后成为明清时期影响最大的剧种,是戏曲艺术中的珍品。昆曲中的许多剧本,如《牡丹亭》《长生殿》《桃花扇》等,都是古代戏曲文学中的不朽之作。2001 年 5 月 18 日,联合国教科文组织在巴黎宣布第一批“人类口头和非物质文化遗产”代表作名单,共有 19 个申报项目入选,其中包括中国的昆曲艺术,中国成为首次获此殊荣的 19 个国家之一。

【《浣纱记》】《浣纱记》是梁辰鱼根据中国明代传奇作品《吴越春秋》而改编的昆曲剧目。借中国春秋时期吴、越两个诸侯国争霸的故事表达对国家兴盛和衰亡历史规律的深沉思考。故事曲折,结构完整,西施形象刻画得较为饱满,人物性格鲜明。它第一次成功地把水磨调用于舞台,并开拓了昆山腔传奇借助生旦爱情抒发兴亡之感的创作领域,唱词优美抒情,昆曲音乐与剧情结合得非常自然,许多富于创造性的音乐段落很好地加强了演出效果。

震川园

归有光

他善于独立思考，不人云亦云；他感情丰富，擅写肺腑之言。正因为如此，他的文章才会赢得被他抨击为“妄庸巨子”的王世贞的称赞。

历史回放

归有光(1506—1571)，明代散文家。字熙甫，又字开甫，别号震川，又号项脊生。昆山人。自幼明悟绝人，九岁能成文章，十岁时就写出了洋洋千余言的《乞醯论》，十一二岁就有远大志向，十四岁应童子试，二十岁考了个第一名，补苏州府学生员，同年到南京参加乡试。嘉靖十九年(1540)举人，会

归有光

试落第八次。后读书谈道，学徒众多，60岁方成进士，历长兴知县、顺德通判、南京太仆寺丞，留掌内阁制敕房，与修《世宗实录》，卒于南京。

归有光与唐顺之、王慎中两人均崇尚内容翔实、文字朴实的唐宋古文，并称为“嘉靖三大家”。由于归有光在散文创作方面的极高造诣，在当时被称为“今之欧阳修”，后人称赞其散文为“明文第一”，著有《震川集》《三吴水利录》等。

轶事趣闻

【平反冤案】归有光曾到长兴当知县。一到长兴，归有光就平反了不少冤假错案。当时长兴县内盗贼极多，官府乱抓一批无辜之人顶罪，归有光用计擒获盗首，将狱中被错判死刑的三十多人释放，还为无辜入狱的一百多人平了反。归有光办案也很有特色，每次审案子，都让妇女儿童围一圈，不用官话而用当地方言审讯，让老百姓听得懂，有机会申诉。他审案很少定罪，常常是案子一审完，犯罪嫌疑人就可以走了。

【重囚感恩】有一个犯了重罪的囚犯，母亲死了，归有光让他回家奔丧。这囚犯回家料理完丧事，别人都唆使他趁机逃跑，他有感于县令的信任，自动回到监狱，一时传为美谈。

诗文赏读

寒花葬志

归有光

婢，魏孺人媵也。嘉靖丁酉五月四日死。葬虚丘。事我而不卒，命也夫！

婢初媵时，年十岁，垂双鬟，曳深绿布裳。一日天寒，爇火煮荸荠熟，婢削之盈瓯，予入自外，取食之，婢持去不与。魏孺人笑之。孺人每令婢倚几旁饭，即饭，目眶冉冉动，孺人又指予以为笑。回思是时，奄忽便已十年。吁，可悲也已！

这是归有光的一篇散文。当时，作者的妻子魏孺人已经离开人世，而魏氏的陪侍丫鬟寒花也过早去世。这篇短文中通过追忆寒花的生前经历，表达了作者对妻子深切的思念之情。通过家务事表现人物，是归有光散文的一大特点。作者仅仅写了寒花初来时垂鬟绿裳、不让作者吃荸荠、吃饭时目眶冉冉动，就表现出了一个萌萌的稚气未脱的小姑娘形象。归有光明写婢女寒花，字里行间流露的却是对自己妻子的无限怀念，明眼人不难看出言在此而意在彼的手法。文末以一句"回思是时，奄忽便已十年。吁，可悲也已！"戛然而止，便涵盖了生与死的人生无奈。

寻古访胜

【归有光墓】归有光墓在昆山震川西路震川桥西，称为"震川园"，墓地方圆5亩多。墓有多冢，东冢为其高祖南隐公暨配俞氏之墓；西冢为归有光暨配魏氏、王氏之墓。曾孙归庄墓附葬在西冢之次。原墓门在东，乾隆六年(1741)县令丁元正封筑后，移至冢之前。1934年重加修葺，将墓门改建，篆额"归震川先生墓"，墓穴用水泥浇成圆顶，并立"明太仆寺丞归震川先生墓碑"；墓左建御倭亭，纪念归有光嘉靖年间(1522—1566)入城御倭的功绩。

提示：昆山最靠近的公交车站为"东大桥"。

文化辞典

【唐宋派】中国明代中叶文学流派。代表人物有嘉靖年间的王慎中、唐顺之、茅坤和归有光等人。该派反对前后七子"文必秦汉，诗必盛唐"的拟古主义主张。唐宋派散文成就超过前后七子，但也并非俱是佳品，他们的集子中有不少表彰孝子烈妇的道学文章和应酬捧场的文字。唐宋派中散文成就最高的当推归有光。

弇山园

王世贞

一天,他遇到书商出售宋刻《两汉书》,欣喜异常;不过一时之间手头又没有足够现金,遂与书商议定以自己的一座山庄换取这部珍刻。书商当然应允了,可怜他失去祖传的家业,才拥有了这部宝籍。他就是王世贞。

历史回放

王世贞(1526—1590),字元美,号弇(yǎn)州山人,太仓人,明代文学家、史学家,“后七子”领袖之一。官刑部主事,累官刑部尚书,卒赠太子少保。

王世贞是吴门地区杰出的书画鉴藏家,他与众多的文人书画家都有很深的交游。就书法而言,他极力推崇文徵明和其弟子的书法,对前代书家有所鄙薄;其篆隶书学观虽有偏颇,但在篆隶创作式微的明代,他对篆隶的鉴赏和品评弥足珍贵,对后世篆隶创作和品评的兴起不无裨益。

王世贞与李攀龙同为文坛盟主。李死后,王又为文坛领袖 20 年,"一时士大夫及山人、词客、衲子、羽流,莫不奔走门下。片言褒赏,声价骤起"。

王世贞的文学观主要表现在《艺苑卮言》里。虽然他并未脱离前七子的影响,仍然主张"文必秦汉,诗必盛唐",但其学问渊博,持论并不似李攀龙那样偏激,故时露卓见。他虽然十分强调以格调为中心,但也认识到:"才生思,思生调,调生格;思即才之用,调即思之境,格即调之界。"这就是看到了才思生格调、格调因人而异的必然性,实为李梦阳、李攀龙所未发。

王世贞

轶事趣闻

【金瓶梅与王世贞】金瓶梅向来是中国文学史上饱受争论的一部奇书,其作者只有寥寥五字"兰陵笑笑生"。自古至今对于作者的猜想不胜其数。明代有记录称王世贞是最早获得该书的人之一。坊间有传言称王世贞父亲当年受到严嵩的迫害致死,王世贞求情未果后万分激愤,听闻严子好读情色书籍,于是特意编写此书,引诱严子,还在书页上每张沾上剧毒以令仇人身亡。

诗文赏读

题秋江独钓图

王世贞

一蓑一笠一扁舟,一丈丝纶一寸钩。一曲高歌一樽酒,一人独钓一江秋。

一件蓑衣、一顶斗笠、一叶轻舟、一支钓竿、一樽酒，垂钓的潇洒被刻画得活灵活现。虽然独自钓起一江的秋意，但逍遥中不免深藏几许萧瑟和孤寂。

前两句近乎白描，后两句却有着无穷意味。图中看似不可能的“一曲高歌一樽酒”在作者的想象中展现出来。而最后一句“一人独钓一江秋”似是回归原图，但此“钓”已非彼“钓”了，赏一江秋景，感一江秋色，联想开去，那是一种感怀，或者说，最后一句已是“虚实相映”了。

再观全诗，九个“一”巧妙嵌入其中，将诗与画的意境表现出来，细细品味，这些“一”用得十分贴切又有情趣。最后一句“一人独钓一江秋”，渔人钓的是鱼？是秋？是潇洒自在的生活？是无拘无束的心情？在诗人看来，这样的秋江独钓者，才是真正懂得生活乐趣的人。

寻古访胜

【弇山园】弇山园为王世贞家园。他自号“弇州山人”，亦起园名为“弇山园”，后门又榜为“琅琊别墅”。王世贞以为“第居足以适吾体，而不能适吾耳目，计必先园”，因而与当时造园高手张南垣合作，在太仓城里最先建成了号称“东南第一名园”的“弇山园”。可惜这样一座历史名园在清初已毁。2003年在南宋“海宁寺”旧址重建的“弇山园”，成了探询太仓古韵的重要旅游景点。

提示：太仓最靠近的公交车站为“弇山园”。

文化辞典

【前后“七子”】中国文学史上，“前七子”包括李梦阳、何景明、徐祯卿、边贡、康海、王九思和王廷相等七位文人。其文学主张被后人概括为“文必秦汉、诗必盛唐”，旨在为诗文创作指明一条新路，以拯救萎靡不振的诗风。“前七子”崛起文坛之后，其复古主张迅速风行天下，成为文学思想之主流，掀起了一场文学复古运动。这在明代文学史上有一定的进步意义。明代嘉靖、隆庆时期文学家李攀龙、王世贞、谢榛、宗臣、梁有誉、徐中行和吴国伦继承“前七子”复古的文学主张，结社宣传，相互标榜，使拟古的声势更盛。他们被称为“后七子”。

张凤翼故居

张凤翼

他不仅是一个只会写剧本的书生，还是一个优秀的演员，也就是说，他能够自编、自导、自演，甚至亲自配乐。他就是明代著名的戏剧家张凤翼。

张凤翼

历史回放

张凤翼(1527—1613)，字伯起，号灵虚，别署灵墟先生、冷然居士，苏州人。与弟燕翼、献翼并有才名，时人号为“吴中三杰”。嘉靖四十三年(1564)与燕翼同中举人,凤翼为解元。

张凤翼能诗亦工琵琶。不仅擅作戏曲,也很爱唱,从早到晚,口中吟唱不绝,成语"曲不离口"说的就是他。他曾与二儿子合演《琵琶记》,自饰蔡伯喈,儿子饰赵五娘,观看者把门都堵住了,他毫不在意。他还曾为施耐庵《水浒传》作序,开创了中国知识分子为虚构小说写序的先河。他对《水浒传》各种版本亦颇有微词。

轶事趣闻

【大器晚成】张凤翼是个大器晚成的人物,据《平江区志》记载,他五岁还不会说话,突然开口,语出惊人。随着年岁的增长,才华渐渐显露。

【耻以诗文词结交贵人】张凤翼第四次会试不第后无意仕途,以卖字鬻书自给养母。人说张凤翼文学品格,独迈时流,而耻以诗文词结交贵人,他在门口贴着一张告示:"本宅缺少纸笔,凡有以扇其楷书满面者,银一钱;行书八句者三分;特撰寿诗寿文,每轴各若干。"

诗文赏读

缥缈峰

张凤翼

湖上孤峰类削成,盘空石磴倚云平。攀跻忽觉虚无尽,身世真从缥缈行。
翠色低浮春嶂水,烟光遥漾夕阳明。相携况是游仙侣,正好临风理凤笙。

缥缈峰为苏州西山八大胜景之一。太湖地区旧时有重阳节登缥缈峰的习俗,戏曲家张凤翼也留下了优美的诗作《缥缈峰》。首联的"类削成""倚云平"写出了缥缈峰山石的陡峭与高耸入云;颔联的"虚无尽""缥缈行"写出了缥缈峰的连绵不断与自己独特的想法;颈联的"翠色""烟光"写出了缥缈峰青翠欲滴、烟光朦胧的美丽景色;尾联的"游仙侣""理凤笙"写出结伴旅游的快乐以及迎风弹奏乐曲的惬意。

寻古访胜

【文起堂】文起堂位于干将东路712号，后门在小曹家巷，为张凤翼三兄弟故居。故居坐北朝南，原分东西两路，东路建筑毁于咸丰战火，现有房屋为后期重建。宅后有小漆园，池亭木石，俱有幽致。现存西路轿厅、大厅及东西两厢，占地650平方米。轿厅面阔3间12米，进深6.5米，扁作梁，木柱础，屋顶坡度平缓。轿厅北为双面砖雕门楼，砖雕门楼两翼有贴砖细照壁，与大厅相对。门楼砖刻及须弥座石雕简练精细，可惜已残缺不全。轿厅、门楼为明代建筑，建于明嘉靖年间。大厅结构已于清代有所改动，原悬有“文起堂”匾额，1959年摘除。门厅在1985年干将路第一次拓宽路面时拆除，至1992年再度扩建时围墙向内移进并重修墙门间。

提示：苏州市区最靠近的公交车站为“市一中”，轨道交通车站为“临顿路”。

文化辞典

【《红拂记》】张凤翼代表作为《红拂记》，说的是隋末大乱，李靖投奔西京留守杨素，与杨府歌妓红拂一见钟情，两人私订终身一起投奔太原李世民，途中偶遇虬髯客张仲坚，张倾家资助李靖，使之辅佐李世民成就功业。

王锡爵故居

王锡爵、王衡、王时敏、王原祁

名门望族——太原王氏的一支在元初为躲避战火，弃官逃到江南。后来，其中的一脉在明代弘治年间进入太仓。这就是王锡爵的祖先。

历史回放

王锡爵(1534—1611)，字元驭，号荆石，明代太仓人。王锡爵之祖王涌善于经营，成为当时太仓巨富。其父王梦祥早年中过秀才，入过南监为监生，后因官司纠纷被迫弃儒经商，操持家业，但立志把两个儿子培养成材。

王锡爵不负父祖之望，在嘉靖四十一年(1562)会试名列第一(会元)，廷试名列第二(榜眼)，该榜状元即为申时行。

王锡爵进士及第后被授翰林院编修，万历二十一年(1593)为首辅，官至太子太保、吏部尚书、建极殿大学士。万历二十二年(1594)辞官致仕后仍一再被皇帝相召。万历三十九年(1611)，王锡爵终老于太仓老家，赠太保，谥文肃。

王锡爵在任期间，日寇侵略朝鲜，大明朝堂纷争，是战还是不战？王锡爵看穿了日本以朝鲜为跳板，真实目的在于侵略大明王朝的实质，力主对日本一战。最后在他的运筹之下，大明战而胜之，斩断了日寇侵略中国的妄想。

王锡爵

王锡爵墓位于原虎丘公社辛庄大队来凤桥东，1966年“农业学大寨”平整土地，由苏州博物馆进行考古挖掘，出土随葬品161件，现陈列于苏州博物馆。

王衡(1562—1609)，王锡爵之子，字辰玉，号缑山，别署蘅芜室主人。王衡出生于官宦家庭，从小聪颖过人，又好学强记，尤好古文诗歌，并从同乡同姓的大文豪王世贞处学习诗文，得到钱谦益、陈继儒、董其昌等人的高度赞赏。

万历二十九年(1601)，王衡高中进士第二名(榜眼)。此后，王衡被授翰林院编修。由于王衡自感自身之才无法贡献朝廷，对仕途颇感失望，就索性借奉使江南之机，辞官回故里。王衡辞官回太仓后，与当时的文坛名人时有往来，诗文唱和，并与戏曲家汤显祖、屠隆等人都有交往。

作为明代南剧的名家，王衡善于展示人性的多侧面，避免了元杂剧人物刻画单一的弊端。如《真傀儡》中的杜衍辞官后，穿着道袍，骑着毛驴，粗茶淡饭，混迹市井，过着避世逃名、悠然自在的生活，王衡并没有给他冠上过多的光环，而极力把他描绘得和普通百姓一般。而对愚昧可笑、附庸风雅的赵大爷、商员外之类，作者也没有把他们刻画成十恶不赦的形象，使其形象真实可信，符合生活实际。

47岁时，王衡头疾发作，比他父亲早一年去世。白发人送黑发人，王锡爵悲伤之余，写下了著名的《祭天男衡文》。

王时敏(1592—1680)，字逊之，号烟客，明末清初画家，大学士王锡爵之孙，翰林编修王衡之子，画坛“四王”第一代人。

王时敏少时即聪慧伶俐，显示出绘画方面的天赋，于是，祖父王锡爵就请董其昌来指导这个孙子。在董其昌的指导下，王时敏很早就开始从摹古入手，深究传统画法。由于家里古书、名画收藏丰富，且大都是名迹，这对他的影响很是深远。

王时敏

作为著名的画家，王时敏主张摹古，笔墨含蓄，苍润松秀，浑厚清逸，但构图较少变化。其画在清代影响极大，王翚、吴历及其孙王原祁均得其亲授。王时敏开创了山水画的“娄东派”，晚清娄东画派代表画家与评论家秦祖永评王时敏：“运腕虚灵，布墨神逸，随意点刷，丘壑浑成。”

入清后，王时敏继续归隐山林，潜心习画，且着力培养子孙辈的学业。膝下九子，多在清廷为官，八子王掞官至文渊阁大学士兼礼部尚书；其孙王原祁在画坛影响极大。康熙十九年(1680)王时敏卒于家中，时年89岁。

王时敏的传世作品有《仿梅道人溪山图》《仿山樵山水图》《层峦叠嶂图》《秋山图》《雅宜山斋图》等。王时敏的作品在立意、布局、运笔、色彩、线条等方面都达到了登峰造极的地步，是中国画的瑰丽奇葩。

王原祁(1642—1715)，号麓台、石师道人，王时敏孙。康熙九年(1670)进士，曾任顺天乡试同考官，后任直隶顺德府任县(今河北省邢台市任县)知县，防涝救灾，惩盗安民，官声颇好。

王原祁也是一个著名的画家，以画供奉内廷，康熙四十四年(1705)奉旨与孙岳颁、宋骏业等编《佩文斋书画谱》，五十六年(1717)主持绘《万寿盛典图》为康熙帝祝寿。他擅画山水，与祖父王时敏，以及王鉴、王翚并称“四王”，形成“娄东画派”，左右清代三百年画坛，成为正统派中坚人物。享年七十四岁。

轶事趣闻

【王锡爵出身之谜】关于王锡爵的出身,传言颇多。一说他明嘉靖十三年(1534)生于太仓,出生时群雀万数飞集王家院宅,因古时“雀”“爵”通假,遂起名“锡爵”。一说其父海外经商遇飓风翻船,被岛上土人救活,与土人女子结合生下王锡爵,返回时带孩子却未带回该女。《姑苏名宅》的作者之一谢勤国当年插队务农时,生产队长曾说起1958年开挖新浏河的往事:亲见开掘到王锡爵父亲的坟,三口棺材中,正中为王父,一侧为正室夫人,另一侧为皮草扎成的土人状的假人。

【王锡爵怒斥张居正】万历五年(1577),炙手可热的宰相张居正的父亲在老家湖北江陵逝世。按照礼仪,父母去世,儿子应马上离职守孝27个月,期满起复。期间,如果皇帝特旨挽留,不许离职,称为“夺情”。当时,张居正恐怕一旦大权旁落,将遭人乘机陷害,所以谋留位,以“夺情”任职。吴中行、赵用贤等一大批人上疏反对,批评张居正“谋位忘亲”。但“夺情”是经皇帝同意的,因而反对者将遭“廷杖”。王锡爵不顾淫威,邀请同馆十多人来到张居正面前说理,要求放人免杖。张居正不予理睬。王锡爵年少气盛,独自造访,严厉斥责张居正贪权不孝。吴中行等人遭到廷杖毒打后,人们纷纷回避;而王锡爵则亲自扶起吴中行号啕大哭。第二年三月,张居正回家乡安葬父亲。刚走,九卿大臣因慑于张居正的威势,急忙上疏请求皇帝召还张居正,而王锡爵则“独不署名”。张居正是个记仇的人,从此对王锡爵产生了不良印象,不予提拔。

【父子榜眼】万历十六年(1588)顺天乡试,王衡得第一,因为王衡是大学士王锡爵之子,且当时首辅申时行的女婿也同时中举,就有言官弹劾主试官,认为有作弊嫌疑。于是万历皇帝命众考官对试卷进行复校,众考官一致认为王衡才气逼人,名副其实。春闱前王衡参加复试,仍位列第一,获准参加会试。为避免父亲王锡爵陷入更大的党争之中,王衡在他父亲执政期间不再参加考试。直到万历二十九年(1601),王锡爵致仕后,王衡才再次走进科场,榜眼及第。因其父王锡爵也是榜眼出身,所以“父子榜眼”传为美谈。

【苍天清客】王时敏子孙众多,且又都贤能。王时敏尤其钟爱第八子王掞和次子王揆之子王原祁。康熙九年(1670),两人都以20岁年龄高中进士,当时喜报交互送至。正赶上吴伟业在座,吴伟业就开玩笑说道:“那个老天爷啊,应当是您家门下的清客吧?”王时敏感到惊骇,就问何意。吴伟业说,善于探听主人所想要的，让主人事事如意的，就是门下的清客啊。如今的老天爷正好接近于此。王时敏不觉微笑。

诗文赏读

牧　牛

王锡爵

陇上归来跨牸行，扬鞭遥指暮云生。明朝共把春犁去，闻道君王欲省耕。

这是王锡爵所写的一首田园诗，颇得陶渊明的遗韵。“陇上”即“垄上”，田埂上；“牸(zì)”，母牛，骑着母牛从田埂上回家，心情特别舒畅，愉快地用牧鞭遥指着暮色苍茫的远处。“省耕”，意为古代帝王视察春耕，《孟子·梁惠王下》有“春省耕而补不足，秋省敛而助不给”；“闻道君王欲省耕”，听说皇帝就是鼓励农耕的，我这种田园情趣不就符合皇帝的愿望吗？这也许就是自得其乐而已，但如果联想到王锡爵万历二十二年(1594)辞官致仕后屡次被征召的经过，也就很容易理解了。

寻古访胜

【王锡爵故居】王锡爵故居位于太仓城厢镇新华东路60号，与张溥故居同在一条街上。门前有一座四柱三间的气派的石牌坊，南面镌着“两世鼎甲”，北面镌着“四代一品”。牌坊面对着王锡爵故居。进入大门，首先看到一张“大学士第示意图”，图上标明大学士第内建有澄观堂、鹤来堂、燕喜堂、三余馆四幢主体建筑，西侧是王氏小祠堂，东侧是王氏大祠堂。故居内有王锡爵生平事迹展厅。

提示：太仓最靠近的公交车站为“锡爵故居”。

【南园】太仓南园为王锡爵赏梅种菊处，距今四百多年历史。明万历年间始建，其孙大画家王时敏又加以拓建。原来的南园占地三十余亩，为清代以来太仓园林之首。清初，王

太仓南园

时敏与叠山大师张南垣合作增拓，有两峰名“簪云”“侍儿”，系自“弇山园”移至，乾隆时荒芜，嘉庆、道光年间重建，同治时又修，后渐破旧。抗战时毁损于日寇的炸弹，新中国成立后一度被辟为苗圃。改革开放后，曾被深圳一家公司相中，买去后准备开发房地产，后经有识之士呼吁，市政府出面重金收回，并决定恢复南园。1998 年，在省文管会、苏州市园林局帮助下，按老照片进行设计、规划，逐步给以恢复。

提示：太仓最靠近的公交车站为“体育场”。

文化辞典

【王锡爵家训】王锡爵孙王时敏曾回忆祖父教诲，作《家训》一篇，将祖父王锡爵的家风家训传承深化，编写成册，以垂后世。《家训》分为“孝友敦睦”“省察功过”“和睦乡闾”“克己退让”“早完国课”五款，教导家族子弟务存宽厚、勿萌邪曲、培养元气、和睦乡间。据介绍，反映王锡爵家族家风家训的电视专题片摄制组还走进王锡爵故居、太仓南园等地，采访了王锡爵后人及王锡爵家族研究学者，挖掘王锡爵优良家风家训的深刻内涵以及对当代太仓的影响。

【画坛“四王”】王时敏与其孙王原祁、同宗王鉴、常熟王翚合称“四王”。绘画史通常把他们归为中国画“正统派”的代表人物，反映这一时期绘画创作的正统风格与美学趣味。“四王”在明末清初可谓独领风骚百余年，其影响与知名度都是同一时期其他画家无法比肩的，其画风对后世产生了深远影响。

申时行故居

申时行

万历年间的宰相张居正炙手可热，容不得人。但申时行含蓄宽容，不标新立异，因为文采与书法而受到张居正赏识，颇得张居正欢心。

历史回放

申时行(1535—1614)，字汝默，号瑶泉，晚号休休居士。明代大臣。苏州人。嘉靖四十一年(1562)殿试第一名，夺得状元。历任翰林院修撰、礼部右侍郎、吏部右侍郎兼东阁大学士、首辅、太子太师、中极殿大学士。

万历六年三月，张居正准备回家安葬父亲，奏请扩竞内阁大臣，申时行便以吏部右侍郎兼东阁大学士的身份入阁参与机要事务。等到张居正去世，张四维、申时行相继执政，实行宽大政策，依次召收老练成熟之人，安排在各个职位上，朝廷的议论大都称赞此举。后张四维服丧回乡，申时行任首辅。

申时行为官清正，为人温和，老练稳重，熟谙官场“游戏规则”。张居正为相时，推行变革，保守顽固派纷纷被罢官贬谪，而申时行则以“蕴藉不立崖异”，连连升官。申时行为相后，政务扩大，却赢得一片赞誉，朝廷大臣多“乐其宽，多与(之)相厚善”。为首相九年，国家相对比较安定，朝廷也较平静，文恬武嬉，海内清晏，故人称之为“太平宰相”。

申时行

万历四十二年(1614)，申时行80岁。皇帝派遣使者慰问他，诏书到他家门口，他就死了。诏封他为太师，谥号文定。

轶事趣闻

【巧用“梳子”】申时行想扩展一下他的住宅，他的邻居是一个做梳子生意的工匠。申时行先同这个邻居商量，但这邻居不买他的账。申时行想到一个办法：让管家到这家梳子店买了很多梳子，每当有客人来时就赠送一把，并称颂这梳子如何如何好。逐渐这家梳子店的生意越来越红火，来店买梳子的人络绎不绝。但生意好带来的问题是店面太小。于是，店主主动找到申时行，请求他买下其店面。这就是申时行的处事方式：用温和的方法达到双赢的目的。

诗文赏读

及第作

申时行

御笔亲题冠士髦，胪声唱入五云高。千寻日观悬金榜，十里春堤度彩旄。

仙仗许乘珠勒马，中官擎赐绛罗袍。清时幸得同仪凤，不负生平学钓鳌。

金榜是指科举时代殿试揭晓的榜；题名是指写上名字，指科举得中。申时行及第后非常高兴就写下此诗。《列子·汤问》载神话传说：古代渤海的东面有五座山，常随波涛漂流。上帝命15只巨鳌用头顶着山，才固定不动。本诗首联以"御笔亲题"写出自己高中的事实,难以遏止喜悦之情;颔联以"十里春堤度彩旆"表明一种隆重的场景,快乐幸福溢于言表;颈联以"珠勒马""绛罗袍"表明高中后地位的提升;尾联的"学钓鳌"比喻豪迈的举止或远大的抱负。正如"金榜题名墨上新,今年依旧去年春。花间每被红妆问,何事重来只一人?"所流露的幸福一样是满满的。

寻古访胜

【申时行故居】申时行故居,现在能找到踪迹的只有景德路 314 号汤家巷口的一处"春晖堂杨宅"。此处宅子,文献历有记述,较为可靠。如今,苏州市文物保护标志牌上称之为"春晖堂杨宅"。这座宅院的东邻,就是原来的苏州市中医院,随着中医院的拆迁,故居的东路已不见踪影。目前,只能看到"春晖堂杨宅"的两路宅子。2001 年,中医院对这座宅子中路的南面第三进(大厅)、第四进(楼厅)建筑进行维修,辟为中医药博物馆,现为苏州市文物保护单位。

提示:苏州市区最近的公交车站为"儿童医院景德路院区"。

文化辞典

【《玉蜻蜓》】《玉蜻蜓》是苏州弹词中的名篇。剧情主要内容为:姑苏南濠申贵升与法华庵三师太王志贞相遇又相爱,当三师太怀上了申贵升骨肉时,申却因病而去世,临终留下家里的祖传之宝玉蜻蜓扇坠。三师太因触犯佛门戒律,生下孩子后不得不忍痛抛弃,托老佛婆将襁褓之中的婴儿送出,以血书和玉蜻蜓作为印记。老佛婆抱着孩子沿山塘街路急匆匆由西向东,但是到达桐桥之畔,再不敢往前走一步。原来有岗哨在此设立。慌乱之中,就将孩子丢在了桐桥西圩旁的一家叫做"朱小溪"的豆腐店前。朱小溪将孩子抱回家中抚养,后来孩子被送给苏州离任知府徐上珍,婴儿取名徐元宰。以后,被徐家抚养成人的徐元宰中了解元,得血书和玉蜻蜓,始知亲生父母,方到庵堂认母。徐元宰这个艺术形象的生活原型,就是明万历时的状元宰相申时行。

董其昌墓

董其昌

有一个人，从 35 岁走上仕途到 80 岁告老还乡，在仕途中三进三退，他把明哲保身的政治智慧运用得出神入化。既结交东林党、公安派，又与反东林党人惺惺相惜，其谥号就来自于阮大铖。他，就是董其昌。

历史回放

董其昌(1555—1636)，字玄宰，号思白，别号香光居士，松江华亭(今属上海)人。明朝后期大臣，著名书画家。松江历史上曾属吴郡；明代与苏州府毗邻，但其文化是典型的(以苏州为中心的)吴文化。董墓也位于今苏州地界。

董其昌万历十七年(1589)中进士，授翰林院编修，官至南京礼部尚书。卒后赐谥“文敏”。

董其昌擅画山水，师法董源、巨然、黄公望、倪瓒。董其昌强调以古人为

董其昌

师，但反对单纯机械地模拟蹈袭。随着阅历的增加、思想的成熟，他在继承前人技法时有取舍，融入了自己的创意。他认为如果离开了自己的创意，古人的精神也难以表达，故应以自己独创的形式再现古人的“风神”。凭借自己对古人书画技法得失的深刻体会，他摄取众家之法，按己意运笔挥洒，融合变化。

他为“华亭画派”的杰出代表，其画与画论对明末清初画坛影响甚大。书法出入晋唐，自成一格；亦能诗文。主要作品有《岩居图》《昼锦堂图》《白居易琵琶行》《草书诗册》《烟江叠嶂图跋》《画禅室随笔》《容台文集》《戏鸿堂帖》等。

轶事趣闻

【苦练书法】董其昌17岁时参加乡试得了第二名，但他得知这个消息，却心有不甘——这次考试的第一名解元是他的堂侄董原正，他和董原正的年龄与受教育经历近似，但他的文采远超董原正，不知为什么居然名落其后？在拜见主考官的时候，便忍不住委婉地就此进行了询问。主考官也不回避，先是大赞了他的文章，称其当为第一。又娓娓道来，说因为他答卷的字写得太差，所以才被降为第二名。得知原委后，他发奋临池，苦练书法，一方面以古人为师，临写颜真卿的《多宝塔》，并遍学诸家；另一方面潜心结交了一批书林妙手，常与书法名士在一起切磋研习。最终成为了书法高手。

【袁董深交】睢阳（今河南睢县）的袁可立比董其昌小七岁，但董其昌总是对他谦称为“弟”，两者的家乡相距千里，却能同窗共读成为同年知交。据说当年董其昌屡试不第，心情十分郁闷，一天晚上，梦见神人前来告诉他说，你要等待袁可立和你同考，才有希望上榜。他梦醒后觉得非常奇怪，于是到各地学堂逐一查访，终于找到袁可立。在知道袁可立家中贫穷恐无力上进后，就将袁可立带回自己家中一起读书。后两人一起参加考试，结果在乡试和会试中都中榜。在今天的山东蓬莱阁避风亭内袁可立的《海市诗》刻石上，仍然留下了两人在事业顶峰时期的合作之笔"睢阳袁可立题、云间董其昌书"的字样。

【真假董其昌】传说有一徽商特别喜欢董其昌的墨宝，特地来到松江，花了很大的代价托人带他拜见董其昌。"董其昌"并不摆架子，命人展纸磨墨，刷刷刷，挥毫而就，当即完成一幅清秀文雅的书法作品，署名"玄宰(董其昌字)"以赠徽商。第二年，这位徽商再次来到松江，发现坐官轿的董其昌跟去年花重金求见的董其昌居然不是同一个人！忍不住大哭失声。董其昌听见后当即命人落轿。徽商把事情的前因后果告诉了董其昌，董其昌微微一笑，说道，这样吧，我亲自为你写一幅字，弥补你的遗憾。徽商终于得到真董其昌的墨宝。

【民抄董宦】万历四十三年(1615)秋天，董其昌辞官在家，他的儿子董祖常强抢佃户之女绿英。此故事被说书艺人钱二到处说唱。董其昌认为这个故事起于庠生范昶，即私设公堂拷问。但范昶拒不承认，而且还跑到城隍庙里起誓，为自己辩白。不久范昶暴病而死，范母认为这是董家所逼造成的，于是带着儿媳龚氏、孙媳董氏与一众女仆身穿孝服到董家门上哭闹。董、范两家大打出手。由于董家的势力大，后来范家儿子告状未成。万历四十四年(1616)春天，松江等地的大批百姓围住董府，最后将董府数百间房屋与亭台轩榭付之一炬。董其昌惶惶然避难于苏州等地，直到半年后事件才平息下来。

诗文赏读

题诗驿楼

画家霜景与烟景淆乱，余未有以易也。丁酉冬，燕山道上乃始悟之，题诗驿楼。

董其昌

晓角寒声散柳堤，千林雪色亚枝低。行人不到邯郸道，一种烟霜也自迷。

这是一首七言绝句。诗题交代了写作的缘由：画画的时候，是无法区分烟与霜的，即使我也没法改变这个现象。直到丁酉年的冬天，我到了京城附近，看见了一片雪景，才悟出了其中的道理，于是在驿站的楼上题下了这首诗。诗的开篇即渲染了冬日的景色，柳堤上散落着白雪，也幽幽地响着角声，轻轻地透露出凄清的寒意。接着画面转到了柳堤上的柳树，"亚"，压也，那里覆盖着一片白雪，密密的枝丫被雪压得沉沉地垂了下来，啥也分不清。"邯郸道"，应该与“梦黄粱”的故事有关,不是到了梦中,如何能分辨出白茫茫的一片中哪是霜,那是烟呢?显然,作者没有给人明确的答案,但没有答案就是有答案:有些事,你不必要在清醒的时候搞明白它。这或许就是如今的“朦胧诗”吧。

关于这首诗的主旨,历来阐释者很多,有认为诗人在艺术追求与仕途追求中徘徊者,有认为诗人在政治漩涡中徘徊者,甚至还有人认为诗人担忧努尔哈赤野心的……

寻古访胜

【董其昌墓】董其昌墓位于苏州胥口镇太湖大桥入口处的渔洋山北麓昙花庵之北,有一块吴县人民政府1986年3月25日立的石碑,上刻“吴县文物保护单位:董其昌墓”。墓碑上刻的是“明董文敏公墓”,落款为“己未冬吴中保墓会立,后学吴荫培拜书”。离此墓约1 000米处渔洋山坞另有一座董其昌墓,规制较大,曾任吴县文管会主任的张志新先生曾亲见该处有龟、狮、马、翁仲、碑等石构件,他认为渔洋山坞的董墓为真墓,但如今此墓被荆棘围困,游人根本无法到达。而昙花庵北的董其昌墓,据说是当年李根源进行“吴中保墓”活动时当地人错指所致。

提示:苏州市区最靠近的公交车站为“昙花庵”(暂未通车)。

文化辞典

【邢张米董】董其昌书法造诣甚高,与当时分别出名的书法家邢侗、张瑞图、米万钟并列,合称“邢张米董”,就如宋朝的“苏黄米蔡”一样。又,人们将董其昌与米万钟并称,称“南董北米”。

【华亭画派】又名“松江画派”,以顾正谊为创始人,以董其昌为代表。董其昌深谙古法,所画用笔洗练,墨色清淡,风格古雅秀润,代表了“华亭画派”的风格,与“吴门画派”的精工形成对照。

文震孟故居

文震孟

有这样一位状元，他酷爱《楚辞》，颇有自比屈原之意；但是，他自比的，难道仅仅是屈赋华丽的辞藻吗？他，就是文震孟。

历史回放

文震孟(1574—1636)，初名从鼎，字文起，号湘南，别号湛持，一作湛村。明代苏州人，著名画家文徵明的曾孙。文震孟少好学，擅长诗文；为人刚正，品行高洁。他在《春秋》的研习上下过一番工夫，精于此书。

像大多数文人学士一样，文震孟也踏上了科举入仕之路。万历二十二年(1594)，文震孟成为一名举人。但在后来的会试中，文震孟一次又一次地失

文震孟

败，再一次又一次地去北京赶考。直到天启二年(1622)，文震孟第十次参加礼部会试，终于成了一名贡士。三月十五日，新科贡士参加殿试，文震孟一举夺魁，成为明代第82位状元。

文震孟中状元后，按惯例入翰林院为修撰，掌修国史。当时巨奸宦官魏忠贤掌权，正直的大臣则愤懑难抑，凛然与"阉党"抗争，文震孟就是其中的代表人物。正因为如此，他遭到了魏忠贤的迫害。昏庸的熹宗对魏忠贤一向言听计从，一天，魏忠贤忽然传旨：廷杖文震孟80棍。内阁首辅在家休假，次辅韩旷力争，替文震孟开脱，熹宗置之不理。廷杖行刑的地点在紫禁城的正门——午门前的御街东侧。文震孟被拉到刑场，80棍下来，皮开肉绽。接着，诏令下达：文震孟遭贬谪出京。

天启七年(1627)，熹宗驾崩，崇祯皇帝即位，魏忠贤投缳自尽，文震孟重新得到任用。崇祯三年(1630)二月，因边境危机，崇祯皇帝下诏求安边将才。"阉党"余孽王永光乘机荐举同党吕纯如等人，试图为"阉党"翻案。一时间，"阉党"的残渣余孽蠢蠢欲动，鼓噪翻案。文震孟见状，上疏弹劾。但崇祯皇帝对文震孟的奏疏不予理睬。后文震孟再度上疏，提醒崇祯皇帝小心阉党翻案。王永光恼羞成怒，勾结太监王永祚，谎言文震孟假公济私，引起崇祯皇帝怀疑，转而斥责文震孟肆意诋毁。文震孟不仅遭到崇祯皇帝的斥责，且得罪了权臣王永光，他觉得难以再在朝中做官了，遂退隐田园。

文震孟一身正气，据说他生而奇伟，目光炯炯逼人，与世所传文天祥像无异。甚至有人竟说文震孟就是文天祥的后代。

轶事趣闻

【使皇帝懂规矩】一次，文震孟给崇祯皇帝讲经，崇祯皇帝把一只脚搁在膝上，当讲解《尚书》中的《五子之歌》时，文震孟高声朗诵《五子之歌》中的"为人上者，奈何不敬"一语，两眼直盯着崇祯皇帝的腿，崇祯皇帝慌忙用袖子掩住脚,再慢慢地把脚抽回放下。

【智劝皇帝】崇祯皇帝即位不久,文震孟奉命以左中允的身份充任日讲官,为崇祯皇帝讲解经史。崇祯二年(1629)冬十月,因在押囚犯刘仲金等170人乘机越狱逃跑一案,崇祯皇帝诏令逮捕刑部尚书乔允升、左侍郎胡世赏等人,准备问斩,无人敢劝。按律,乔允升、胡世赏不应受此重刑。一天,轮到文震孟为崇祯皇帝讲解"鲁论",讲到"君使臣以礼"一段时,他目视皇帝,反复讲解,崇祯皇帝感悟,马上降旨放出乔允升、胡世赏等。

诗文赏读

题漱松堂

文震孟

禅关窈窕锁烟霞,时有松风漱齿牙。翠盖亭亭悬物外,青阴密密荫溪涯。

涛声入户偏随枕,香粉沾衣是雨花。茂苑于今成鹿苑,何妨竟日演三车。

《百城烟水》是一部苏州地方文献专集,记述当时苏州府及其所属的各州县的山川形胜、寺观名刹、园林宅第、名胜古迹;并在各条目下辑录了自唐宋以来,特别是明末清初诗家的登临怀古之作。上面这首诗被《百城烟水》置于云泉庵景区题咏之下。云泉庵如今称云泉寺,在苏州西部,就是如今风景宜人的通安树山大石山景区。

从首联来看,"禅关"指禅门或比喻悟彻佛教教义必须越过的关口,然而,越过这个深邃幽美的关口必须通过烟霞;幸好有伴随着松涛的风迎面而来,就如洗漱一般。颔联与颈联为写景,这个景,是"烟霞"深处的景:颔联写动,颈联写静;"翠盖""青阴"通过视觉呈现,"涛声"通过听觉呈现,而"香粉"一方面通过嗅觉,一方面通过触觉呈现。这首诗的"转"与"合"都在尾联。句中的"茂苑",又名长洲苑,故址在今江苏省苏州西南,后也作苏州的代称;"三车"谓牛车、鹿车、羊车,既然昔日的茂苑早已荒废,成了养鹿场,那么,就驾着牛车、鹿车、羊车整日地奔驰吧。这就是作者急于摆脱官场的羁绊,回归自然之心的表露。可见,文震孟这首诗已经没有了当年的锐气,表达了退隐回归田园的愿望。此诗或写于诗人退出官场之后。

寻古访胜

【艺圃】艺圃园门向东,门牌为文衙弄5号。艺圃始建于明嘉靖二十年(1541),万历四十八年(1620)文震孟购得此处,起名为"药圃"。文震孟之后,他的弟弟文震亨(1585—1645)成了药圃的园主。清顺治十六年(1659)园归山东莱阳人姜埰(号敬亭),改名为"艺圃"。后来此园又数度易主,但园名仍叫艺圃。从民国初开始,园内房屋出租为民居,艺圃变得支离破碎,不堪入目。直到上世纪70年代末,艺圃被列为苏州市古典园林修复规划项目,才得以恢复。按"修旧如旧"原则,艺圃如今的布局、风格与原貌相近。

提示:苏州市区最靠近的公交车站为"皋桥"。

【树山大石山景区】树山大石山景区为苏州著名的观赏梨花的圣地。文震孟诗中的漱松堂就应该在树山景区。景区中有众多观赏、药用树木,还有野兔、山鸡、刺猬、猪獾、松鼠等野生动物及白鹭、画眉、白头翁等鸟类。整个景区林木幽深,有"山含图画意,水洒管弦音"的意境。

提示:苏州市区最靠近的公交车站为"树山景区东"。

文化辞典

【阉党】阉党一般指明代依附于宦官权势的官僚所结成的政治派别。明代的宦官用事最久,握有的权力极大,甚至能左右国家的政治形势。明英宗幼年即位,宠信宦官王振,阉党势力开始形成。此后明宪宗时宦官汪直、明武宗时宦官刘瑾都曾广树党羽,专擅朝政。明熹宗天启年间,大宦官魏忠贤专权,一大批朝官依附其权势,阉党势力达到历代顶峰。崇祯皇帝即位之后,魏忠贤先被免职谪去凤阳,后被迫在路上自杀,阉党主要成员伏法,阉党势力受到致命打击。

冯梦龙故居

冯梦龙

“三言二拍”，曾博得多少人的眼球，里面的那些故事，或许早已耳熟能详。那么，对“三言”的作者冯梦龙您又了解多少呢？

历史回放

冯梦龙(1574—1646)，明代文学家、思想家、戏曲家。字犹龙，又字子犹，号墨憨斋主人、顾曲散人、吴下词奴、姑苏词奴等。苏州人。

冯梦龙出身士大夫家庭。兄梦桂善画；弟梦熊为太学生，曾从冯梦龙治《春秋》，有诗传世。兄弟三人并称“吴下三冯”。冯梦龙的作品比较强调感情和行为，是中国白话短篇小说的经典代表。冯梦龙以其对小说、戏曲、民歌、笑话等通俗文学的创作、搜集、整理、编辑，为我国文学作出了独特的贡献。

冯梦龙从小好读书，他的童年和青年时代与许多读书人一样，把主要精力放在诵读经史以应科举上。他曾在《麟经指月》一书的《发凡》中回忆道："不佞童年受经，逢人问道，四方之秘复，尽得疏观；廿载之苦心，亦多研悟。"然而他的科举道路十分坎坷，屡试不中，不得不在家中著书。另外，因热恋一个叫侯慧卿的歌妓，所以他与苏州的茶坊酒楼接触频繁，这为他熟悉民间文学提供了第一手的资料。

冯梦龙

直到崇祯三年(1630)，他57岁时，才补为贡生，次年破例授丹徒训导，七年(1634)升任福建寿宁知县。在寿宁知县任上，曾上疏陈述国家衰败之因。当了四年知县后回到家乡。在清兵南下时，还以70高龄，奔走反清。

清顺治三年(1646)春冯梦龙忧愤而死，一说被清兵所杀。

轶事趣闻

【冯梦龙巧对】冯梦龙自幼好学，很受私塾先生器重。一次，先生出上句"塔顶葫芦，尖捏拳头捶白日"嘱对；冯梦龙灵机一动，对成"城头箭垛，倒生牙齿咬青天"。此联形象鲜明，想象神奇大胆，以拟人手法，连用捏、捶、生、咬等动词，将塔尖与城垛写活了，确为传世佳联！

【冯梦龙情史】明末时，纵情酒色是文人的常态。而追求名妓，为博一笑一掷千金，更是士子间受到追捧的风流韵事。就在这样的社会背景中，冯梦龙遇到了苏州名妓侯慧卿。因为她，冯梦龙留下了不少佳作。不过终究是有缘无分，侯慧卿从良后，嫁与一位富商，从此和冯梦龙再无交集。痛失所爱后，冯梦龙再未踏进青楼一步，可见其用情之深。正是与侯慧卿热恋，冯梦龙获取了底层人民生活的一手资料，为后来接地气的创作打下了基础。

【三道礼物】石门隘是通往寿宁县的门户。冯梦龙在寿宁当知县，进出都要经过石门隘。进石门隘时，一群面黄肌瘦的百姓迎接他，有手里捧着几棵芹菜的，有手里捧着木盘子、里头放一块圆形糍粑的，有手里捧着一个小碗、里头盛满莲子的。通过交流冯知县立刻明白：芹菜谐音"勤"，希望县太爷勤政为民；糍粑谐音"慈"，希望县太爷仁慈为怀；莲子谐音"廉"，希望知县为官清廉。四年后冯梦龙离开寿宁，经过石门隘时百姓又奉献三道礼物：香气扑鼻的芹菜炒猪肉、外红内白的豆沙裹糍粑、美味可口的莲子蒸鹅肉。冯知县吩咐随从取出二十两银子交付村民，说："美食我收下了，钱你们也要收下。就请乡亲们用这些钱做一点公益事业吧。"这一餐，冯知县吃得十分香甜可口。

诗文赏读

忍气不贪财

冯梦龙

不争闲气不贪钱，舍得钱时结得缘。除却钱财烦恼少，无烦无恼即神仙。

语句很简单，冯梦龙向我们传达了两个养生的观念："忍气"和"舍财"。而"忍气"也就是"不争闲气"。"闲气"，指为无关紧要的事情而生的气。既然是无关紧要的事情，又何必放在心上，一笑置之即可。"舍财"也就是"不贪钱"。当我们抛却了钱财带来的心理负担之后，自然可以无烦无恼，像神仙一般悠然自得。概括来说，"忍气"和"舍财"实际上就是一种旷达的人生态度，平生少计较，便可以畅快适意地生活。

只有放宽心态，真正做到"忍气"和"舍财"，保持一种豁达的人生态度，才能在复杂的社会中游刃有余，享受生活的乐趣。

寻古访胜

【黄埭冯梦龙纪念馆】坐北朝南、砖木结构的冯梦龙故居是一座典型的明代风格的江南建筑，外围是白粉墙、小青瓦，优雅别致。步入故居，前厅是三间小屋，东间为厨房，可以看见江南水乡的影子；西间是管家房间及杂物室，中间为客堂。进入后厅，中间为中堂，招待客人所用，陈设极简单，足见当年主人的清廉淳朴；东间为冯梦龙父母的卧房及书房，西间为冯梦龙三兄弟的卧房；西厅是冯梦龙三兄弟及村上孩童的学堂，仿佛还能看到当年孩子们听课、玩耍的场景。

提示：苏州市区最靠近的公交车站为“冯梦龙村”。

文化辞典

【三言二拍】“三言二拍”是我国古代流传颇广的通俗话本短篇小说集。“三言”是指明代冯梦龙的《喻世明言》《警世通言》和《醒世恒言》，这是我国文学史上规模宏大的白话短篇小说总集，也是白话短篇小说发展历程上由民间艺人的口头艺术转为文人作家的案头文学的第一座丰碑。“二拍”是指凌濛初的《初刻拍案惊奇》和《二刻拍案惊奇》，是作者根据野史笔记、文言小说和当时的社会传闻创作的，主体反映了市民生活中追求财富和享乐的社会风气，同时反映了资本主义萌芽时期人们渴望爱情和平等的自由主义思想。

五人墓

周顺昌、五义士与张溥

当阉党势力甚嚣尘上，魏忠贤炙手可热的时候，一批正直的东林党人不惜牺牲生命，进行着可歌可泣的斗争，周顺昌就是其中的代表人物。为了伸张正义，有五位民间的义士也献出了生命。而后来的复社文人张溥，以如椽之笔记下了这个事件，使可歌可泣的英雄事迹流传至今。

历史回放

周顺昌(1584—1626)，明代苏州人，字景文，号蓼洲，著名的东林党人，万历四十一年(1613)进士。为人刚直，疾恶如仇，因不屑于朝廷的黑暗，辞官回乡。

周顺昌

回乡后，他常在多个场合直呼魏忠贤名，骂不绝口。魏忠贤所派缇骑到苏州逮捕周顺昌时，苏州人民激于义愤，一时云集不下万人，拥进官衙痛打缇骑，并抗议加派捐税，掀起了一场声势浩大的抗暴斗争。后魏忠贤诬陷苏州人民谋反，派兵镇压，颜佩韦、杨念如、沈扬、马杰、周文元等五人为保护群众，挺身投案。临刑时五义士相顾笑谈，痛骂魏忠贤，慷慨赴义。周顺昌至京后，在狱中遇害。

次年(1627)，崇祯皇帝朱由检即位，逮治阉党，魏忠贤畏罪自杀。周顺昌谥忠介，有《烬余集》。

张溥(1602—1641)，字乾度，一字天如，号西铭，太仓人，明朝晚期文学家。

张溥自幼发奋读书，与同乡张采齐名，合称“娄东二张”。张溥、张采曾与郡中名士结为复社，评议时政，是东林党与阉党斗争的继续。张溥一生著作宏富，编述三千余卷，涉及文、史、经学各个学科，精通诗词，尤擅散文、时论。

张溥在文学方面，推崇前、后七子的理论，主张复古，反对公安、竟陵两派逃避现实，只写湖光山色、细闻琐事或追求所谓“幽深孤峭”的风格。但他在提倡兴复古学的同时，又以“务为有用”为口号，与前、后七子单纯追求形式、模拟古人有所区别。张溥散文的代表作有《五人墓碑记》等。

张溥

张溥乃明末最出名的“学生运动领袖”，尚未考过科举，就已经干出了无数大事，当真是不惜生死也要求名声。与后世那些连绝食都要轮流来的窝囊家伙相比较，其能力和勇气高出不止一个档次。

轶事趣闻

【周顺昌怒打“秦桧”】周顺昌考中进士后，被任命为杭州司理。临行前，在京城的一些杭州人设宴向他祝贺，还请了一个戏班来演《精忠记》。当演到秦桧东窗设计、欲害岳飞一出时，周顺昌突然怒发冲冠，“呼”地离席，跳上舞台，抓住一个演员一顿暴打。这位演员之所以被打，只是因为那天他演的是秦桧这个角色。

【周顺昌痛骂魏阉】巡抚周起元因触犯了魏忠贤被罢职丢官，周顺昌专门写文章来为他送别，指斥魏忠贤无所避讳。魏大中被逮捕，经过吴县城门，周顺昌外出为他饯行，三天中和他同睡同起，答应把女儿许配给魏大中孙子。解差多次催促上路，周顺昌瞪着眼睛说：“你不知世上有不怕死的男子吗？回去告诉魏忠贤，我就是以前的周顺昌。”于是大骂魏忠贤。

【张溥结仇权贵】复社兴起时，周延儒为首辅，他是张溥考取进士的宗师，复社中有许多人都出自他的门下。在政治斗争中，周延儒充分利用了这支力量。后来，周延儒被罢官，温体仁当上了首辅。不久，温体仁被多疑的崇祯帝罢官，后来又被赐死。在张溥等人的策划下，周延儒东山再起，张溥抓住周延儒强占民女的把柄，上门要挟周延儒推行改革。岂料张溥返回家中，当夜就腹部剧痛不已，一命归西，年仅39岁。一般认为是周延儒死党吴昌时投毒所致。

诗文赏读

五人墓

桑调元

吴下无斯墓，要离冢亦孤。义声嘘侠烈，悲吊有屠沽。

阘冗朝廷党，峥嵘里巷夫。田横岛中士，足敌五人无？

桑调元(1695—1771)，清代官员、学者。

首联直接点题，指明“五人”与“要离”是同样的英雄豪杰。颔联中的“嘘”，指的是叹气，哭泣时抽噎，如“嘘唏”。“屠沽”指的是屠夫和卖酒人，借代下层人士。诗人之所以要这样写，是为了表达五人的侠烈名声得到了人民的赞美，连那些平时“不问政治”，总有点“惟利是图”的屠夫和卖酒人之类普通市民都悲悼不已，这里运用的是“侧面描写”的手法，通过五人的正义行为所激起的强烈的反响，来歌颂五人的崇高品质。颈联中的“阘冗”（tàrǒng），庸碌低劣之意，而“峥嵘”，卓越、不平凡之意。可见，作者把两类人进行了强烈的对比：身居高爵显位的“朝廷党”竟是那样的卑劣，助纣为虐，而出身低贱的下层人士却反而品格高尚，得到了人们的崇敬。爱憎之情溢于言表。尾联将五人与田横手下宁愿自刎也拒不投降的五百勇士作类比——五人之不朽，震古烁今。

寻古访胜

【五人墓】魏忠贤倒台后，苏州百姓把毛一鹭为魏阉所造的“普惠生祠”拆毁，葬五人义骨于废基，立碑大书“五人之墓”。五人墓位于阊门外山塘街775号，1956年被列为江苏省文物保护单位。现墓门朝南，前临山塘河，壁嵌《五人墓义助疏》碑。门后立双柱出头石坊，“义风千古”字额为杨廷枢所书。过石坊是享堂，面阔三间，进深六架。明间立“五人之墓”碑，为韩馨所书，高约2.2米，1981年整修时自墓门移至此处。东次间立《五人墓碑记》石刻和清代书条石10块，堂后即五人墓冢，一字横列，围以条石，东西长16.87米，南北宽6米，高1.35米。

提示：苏州市区最靠近的公交车站为“虎丘首末站”。

【张溥故居】张溥故居位于太仓市区西门街新西华路57号，也是市博物馆所在地。建于明代天启、崇祯年间，距今已有近400年的历史。为三进组合式宅院，具有典型的明清建筑风格。现存的是一路三进建筑，第一进为大厅，第二、第三进均为二层楼房，展示了张溥的书房“七录斋”起居室及复社大事记等。前后房屋楼下有回廊相通，楼上为独具特色的“通转走马楼”，堂堂相应，楼楼相通。

张溥故居

提示：太仓最靠近的公交车站为“张溥故居”。

文化辞典

【东林党】万历三十二年(1604),顾宪成等人修复宋代杨时讲学的东林书院,与高攀龙、钱一本等讲学其中。东林讲学之际,正值明末社会矛盾日趋激化之时。东林人士遭到宦官魏忠贤势力的激烈反对,两者之间形成明末激烈的党争局面。魏忠贤阉党将东林书院讲学及与之有关系或支持、同情讲学的朝野人士笼统称为“东林党”。东林书院在无锡,内有顾宪成所撰名联:“风声雨声读书声,声声入耳;家事国事天下事,事事关心。”表现的是读书人既认真读书,又关心国家大事的胸怀,恰恰是“两耳不闻窗外事,一心只读圣贤书”的思想的反面。

【复社】崇祯六年(1633)在苏州虎丘成立。崇祯年间,朝政腐败,社会矛盾趋于激烈,一些江南士人以东林党后继者为己任,组织社团,主张改良政治。张溥、张采等合并江南几十个社团,成立复社,其成员多是青年士子,先后共计2 000多人。复社成员后来或被魏忠贤余党迫害致死,或抗清殉难,或入仕清朝,或削发为僧。顺治九年(1652)被清政府取缔。

【七录斋】张溥读书有一个习惯:每读一篇文章,总是先抄录下来,背诵一遍,然后烧掉。随后重抄一遍,再背诵,再烧。如此反复七次,把这篇文章背熟。因而他的书斋名为“七录斋”,他的文集名为《七录斋集》。

【《五人墓碑记》】魏忠贤倒台后,张溥有感于五义士“激昂大义,蹈死不顾”的英雄气概,撰写了《五人墓碑记》。中学语文传统篇目《五人墓碑记》中有“予犹记周公之被逮,在丁卯三月之望”一句,丁卯年就是天启七年(1627),但该事件发生在天启六年(1626)却是不可辩驳的史实,课本上一度注为“可能张溥记错”。实际上,五人墓碑至今还竖立在苏州“五人墓”内,碑上清清楚楚镌着“在丙寅(1626)三月之望”。这显然是语文课本的编者出了错。

【《绿牡丹传奇》】温体仁弟子吴丙所作,全剧以绿牡丹为关目,故以为名。此剧歌颂了以才貌为基础的美满爱情,讽刺了假名士的欺骗行径,揭露了科场考试的种种弊端,比较真实地反映了明代后期各类知识分子的精神面貌。作者充分运用巧合、误会、双关等喜剧手法,揭示人物之间的喜剧性冲突,使全剧洋溢着轻松愉快的喜剧气氛。复社成员普遍认为此剧讥诮复社,为故意挑衅张溥之作。

拂水山庄

钱谦益与柳如是

从古至今,才女子不少,烈女子不少,而集两者于一身的,当属柳如是。而柳如是的命运,却和钱谦益紧密地联系在一起。

历史回放

钱谦益(1582—1664),字受之,号牧斋,晚号蒙叟、东涧老人,学者称虞山先生。清初诗坛盟主之一,常熟鹿苑(今张家港鹿苑)人。明万历三十八年(1610)一甲第三名进士,官至礼部侍郎,因与温体仁争权失败而被革职。

崇祯年间(1628—1644)他作为东林党首领,已颇具影响。明亡后,马士英、阮大铖在南京拥立福王,建立南明弘光政权,钱谦益依附之,为礼部尚书。后降清,为礼部侍郎。

钱谦益

钱谦益学问渊博,泛览各领域。作为诗人,他开创了有清一代诗风。作为史学家,钱谦益早年撰《太祖实录辨证》五卷,立志凭一己之力完成国史,他于弘光元年、顺治三年两次欲修明史,虽然因为种种原因未能如愿,但人们认为“虞山(钱谦益)尚在,国史犹未死也”,可见对他史学才能的极度推崇。作为文章家,钱谦益名扬四海,号称“当代文章伯”,黄梨洲《忠旧录》称他为王弇州(世贞)后文坛最负盛名之人。钱谦益论文论诗,反对明代“复古派”的模拟、“竟陵派”的狭窄,也不满“公安派”的肤浅。他一面倡“情真”“情至”以反对模拟,一面倡学问以反对空疏。

柳如是(1618—1664),本姓杨,名爱;后改姓柳,改名隐,字如是。柳如是幼年不幸,14 岁时,被故相周道登买于勾栏,强索为妾,未及一年,卖于娼家。后流落松江,一度自号“影怜”,与东林党人等交往。明崇祯十四年(1641),钱谦益与柳如是结婚,居绛云楼,读书论诗,相对甚欢。明亡,钱降清后,柳如是被迫回乡,46 岁时自尽。

轶 事 趣 闻

【柳如是得名】柳如是个性坚强,正直聪慧,魄力奇伟,声名不亚于李香君、卞玉京和顾眉生。柳如是本名杨爱,因读辛弃疾词:“我见青山多妩媚,料青山见我应如是”,故自号“如是”,被世人称为“风骨嶒峻柳如是”。

【拜见钱谦益】一日午后,钱谦益忽听得家人传报:“有客人来访!”不一会儿,拜帖就送到了书桌上,上面写着:“晚生柳儒士叩拜钱学士。”待钱谦益慢条斯理地踱进客厅,打量着来客,钱谦益猛觉得有几分面熟,来客只是轻悠悠地吟出一首诗:“家住断桥东,好句清如湖上风。近日西泠夸柳隐,桃花得气美人中。”来人就是柳如是。后来,这一老一少共同踏雪赏梅、寒舟垂钓,相处得竟是那么和谐。

【钱谦益背礼娶姬】崇祯十四年(1641),赋闲在家的文坛领袖钱谦益在一艘船上迎娶了相识不久的柳如是。这一年,钱谦益刚好 59 岁,而柳如是才 23 岁。依照明末的道德标准,大礼婚娶妓女,被视为伤风败俗、悖礼之举。钱谦益爱柳如是心切,全然不顾世俗偏见,坚持用大礼聘娶。据说在婚礼当天,许多人站在岸边,捡起石头往他们结婚的船上砸去。为了置办风风光光的婚礼,钱谦益忍痛把自己珍藏多年的宋刻《汉书》出售。婚后,这对闻名一时的“老少配”,还不断被人嘲笑。据说钱谦益有一天对柳如是说“我爱你乌黑头发白个肉”,柳如是俏皮地回答说“我爱你雪白头发乌个肉”。

【“水冷”降清】清顺治二年(1645)五月,清兵逼近南京。柳如是劝钱谦益一起投水殉国,钱谦益沉思无语,最后走下水池试了一下水,说是“水太冷,不能下”。柳如是“奋身欲沉池水中”,却被钱谦益硬拽住了。六月十五日,钱谦益率诸大臣在滂沱大雨中开城向清军统帅多铎迎降。多铎南下江南时下令剃发,南明民众对此议论纷纷。钱谦益忽然说“头皮痒得厉害”,出门而去,家人以为他去用篦子篦发。不一会儿,剪了头发,留着辫子进来了。时人有诗:“钱公出处好胸襟,山斗才名天下闻。国破从新朝北阙,官高依旧老东林。”而当时与钱谦益交好的河南巡抚越其杰和河南参政兵备道袁枢,俱誓不仕清,相继绝食而死。

诗文赏读

寒夕文讌再叠前韵,是日我闻室落成

钱谦益

清樽细雨不知愁,鹤引遥空凤下楼。红烛恍如花月夜,绿窗还似木兰舟。
曲中杨柳齐舒眼,诗里芙蓉亦并头。今夕梅魂共谁语,任他疏影蘸寒流。

“文讌”指文人赋诗论文的宴会。

明崇祯十三年(1640)十一月,柳如是在她如花似玉年龄时,冒寒放舟常熟虞山钱府半野堂,初访钱谦益。无比兴奋中的钱谦益,为了感谢柳如是的相慰之情,命人在附近的红豆山庄中为柳如是特筑一楼,他亲临现场督工,仅以十天时间,一座精美典雅的小楼就建成了。楼成当日,钱谦益写下这首诗赠柳如是。首联诗中,作者以“鹤”自比,以“凤”比柳,十分愉快地描述他们在一起的情形。“红烛恍如花月夜”,乃对烛作诗;“绿窗还似木兰舟”,回忆驾舟冶游的

幸福时光。尽管是寒冬，却想象着春暖花开的“杨柳齐舒眼”；想象着芙蓉“并头”的愉悦。尾联誓言要与柳如是梅魂共语，寒流共枕。据说柳如是看到这首诗不胜欣喜，即刻《次韵奉答》。再次以“西北楼”表示对钱的仰望；诗中柳以“神女”自比，以“鄂君”比钱，再次表达身心相许之意；用“窥青眼”“想白头”表达愿共白头之情。

寻古访胜

【钱谦益墓】钱谦益墓，位于常熟市虞山景区尚湖北岸中山路南侧刘神浜。钱谦益卒后葬于所建拂水山庄东侧。墓地原范围较广，有墓道、拜台、石坊等，后毁，建国后多次修缮。今存墓坐北朝南，背山面湖，占地743平方米，封土高1.3米，围以罗城，冢后竖清代嘉庆间书法家钱泳书“东涧老人之墓”和民国间立“钱牧斋先生墓”碑两块，墓前有新建石亭一座，亭柱上镌钱谦益书“遗民老似孤花在，陈迹闲随旧燕寻”楹联一副，现为省级文物保护单位。

提示：常熟最靠近的公交车站为“军营”。

【拂水山庄】拂水山庄位于尚湖风景区内，荷香洲的南侧，是钱谦益和柳如是的居所。如今为钱谦益、柳如是纪念馆。其实原来的拂水山庄在虞山脚下，已不复存在。如今的拂水山庄是根据钱谦益的诗作恢复重建的。山庄为江南园林式布局，假山堆砌，错落有致的朝阳榭、耦耕堂、花信楼、燕楼、明发堂、梅圃溪堂、秋水阁，外加山庄外的月堤，构成了钱谦益笔下的“八景”。

提示：常熟最靠近的公交车站为“尚湖”。

文化辞典

【秦淮八艳】秦淮八艳指的是明末清初江南地区南京秦淮河畔的八位才艺名伎。坊间所记八人姓名有出入，一般指柳如是、顾横波、马湘兰、陈圆圆、寇白门、卞玉京、李香君、董小宛八人。

【《贰臣传》】清乾隆皇帝为了进一步巩固统治，缓和民族矛盾，在大力表彰明朝忠臣(即因抗清遇难的明朝官员)的同时，下令编纂《钦定国史贰臣表传》(简称《贰臣传》)。明白无误地把对大清有大功的洪承畴、祖大寿、冯铨等降臣都归入《贰臣传》。前后两朝做官，又暗中诋毁清朝的钱谦益也名列其中。

金圣叹墓

金圣叹

传说他身故后托梦给朱眉方,说他已成为邓尉山神。邓尉山多梅树,花开时一望如雪,正如他人品之高洁。他,就是金圣叹。

历史回放

金圣叹(1608—1661),苏州人。童年贫困孤独,九岁入读私塾,刻苦勤奋,思想独立,喜爱阅读,尤其沉迷于《水浒传》。

金圣叹埋首书本,崇祯十四年(1641)评点小说《水浒传》,清顺治十三年(1656)评点王实甫《西厢记》,此外编辑唐诗选集《唐才子书》8卷,编写八股文应试范本《制义才子书》,并注释杜甫诗集。他亦开堂招生讲学,旁征博引，炫耀才学，颇受当地士庶赞赏。他为人狂放不羁，能文善诗，因岁试作文怪诞而被黜革。

金圣叹

顺治十七年(1660)，吴县新任县令任维初为追收欠税，鞭打百姓，盗卖常平仓的漕粮，激起苏州士人愤怒。次年二月，一百多个士人到孔庙聚集，痛哭悼念顺治帝驾崩，借机发泄积愤，到府台衙门给江苏巡抚朱国治上呈状纸，控诉任维初，要求罢免其职。朱国治为任维初遮瞒回护，并下令逮捕其中11人，上报京城诸生倡乱抗税，并惊动先帝之灵。清朝有意威慑江南士族，又借机逮捕金圣叹等七名士人，押送到江宁会审，严刑拷问，后以叛逆罪判处斩首，于七月十三日行刑，这就是著名的“哭庙案”。

轶事趣闻

【“腰斩”水浒】金圣叹是清初著名文学评论家，也是中国水浒传研究分水岭式人物，他所删改的71回本水浒传，是中国文化史上的一大奇观，历来被文化界尤其是文学史界视为奇趣之一。《水浒》120回本，写到梁山英雄被招安后征大辽、田虎、王庆和方腊。金圣叹从艺术完整的角度出发，认为此小说聚义成功就可以结束，所以把后面的50回砍掉，剩下70回，增加了一回，以卢俊义的一个恶梦做结。对此学界褒贬不一。

【临终要事】金圣叹因冒犯巡抚，受“抗粮哭庙”案牵连而被朝廷处以极刑。其子前往探监，涕泣如雨，父子相对惨然。临别，儿子询问父亲有何遗嘱。金圣叹叫他附耳过来，悄声说：“花生米与五香豆腐干同嚼，有火腿味道，千万不要让那些刽子手知道，免得他们大发其横财。”金圣叹把生死置之度外，幽默诙谐，表现了他对清朝统治者的蔑视与反抗。

诗文赏读

楹联一则

金圣叹

莲子心中苦;梨儿腹内酸。

据说金圣叹被绑赴刑场与家人诀别时瞬间拟出此联。谐音双关是此联的最大特点。首先是写实,莲心确实味苦,而梨心确实味酸。其次,上联的"莲"与"怜"谐音,"莲子"即"怜子",意为他看到儿子悲戚恸哭之状深感可怜;下联的"梨"与"离"谐音,"梨儿"即"离儿",意即离别儿子心中酸楚难忍。此联平仄和谐,对仗严谨,字字珠玑,出神入化,撼人心魄。金圣叹的才情可见一斑。

寻古访胜

【金圣叹墓】金圣叹被杀后,安葬在吴县藏书乡五峰山博士坞里,只起了一座极普通的封士墓丘。多年后,吴中保墓会成员吴荫培书写"文学家金人瑞之墓"石碑竖立于前。据说日占时期,日军在博士坞左后侧山冈上修筑军火库,从墓中挖出藏在铁匣子里的金圣叹批评《三国演义》手稿。1959 年普查文物时,苏州市曾对金圣叹墓进行整修,并在墓地四周栽植了松树。"文革"中,造反派认为金圣叹批改的《水浒》有反动观点,曾在金圣叹墓前举行"现场"批判会。会上,有人曾提议挖掘金圣叹的坟墓,让这个"反动文人的丑恶面目"在光天化日之下"示众",因另有人认为这样做会招来晦气,最后仅把墓碑扔进水池里,使其"永世不得翻身"。如今,金圣叹墓虽已列入市级文物保护单位(简称"文保"单位),但周边环境混乱。

提示:苏州市区最靠近的公交车站为"博士坞"。

文化辞典

【六才子书】清金圣叹将《庄子》、《离骚》、《史记》、"杜甫律诗"、《水浒传》、《西厢记》视作"六才子书",并加评点。其《〈三国志演义〉序》云:"余尝集才子书者六。目曰《庄》也,《骚》也,马之《史记》也,杜之律诗也,《水浒》也,《西厢》也。谬加评订,海内君子皆许余,以为知言。"

穿山寺

吴伟业

他是明末清初著名诗人，与钱谦益、龚鼎孳并称“江左三大家”，他又是娄东诗派开创者。长于七言歌行，初学“长庆体”，后自成新吟，后人称之为“梅村体”。他就是明末清初的吴伟业。

吴伟业

历史回放

吴伟业(1609—1672)，字骏公，号梅村，别署鹿樵生、灌隐主人、大云道人，太仓人。生于明万历三十七年，23岁参加会试，获得会元。紧接着廷试，又以一甲第二名(榜眼)连捷。曾任翰林院编修、左庶子等职。清顺治十年(1653)被迫应诏北上,次年被授予秘书院侍讲,后升国子监祭酒。顺治十三年(1656)底,以奉嗣母之丧为由乞假南归,此后不再出仕。

轶事趣闻

【虎丘千人石被讽】顺治十年(1653),三吴士大夫集会虎丘,此次聚会原为钱谦益策划和发起,想通过举办这样的诗人聚会,来达到凝聚汉族知识分子团结的作用,从而掀起和复活一度沉寂的江南诗会。此时的吴伟业已步入不惑之年,事业正趋成熟,且已成为文坛领袖。此次诗会,吴被与会的数千诗人共同推为宗主,显见其在诗坛上举足轻重的地位。然就在此次诗会上,忽有一青年诗人投一函,启之得绝句云:"千人石上坐千人,一半清朝一半明。寄语娄东吴学士,两朝天子一朝臣。"举座皆惊,诗会不欢而散。

诗文赏读

悲歌赠吴季子

吴梅村

人生千里与万里,黯然销魂别而已。君独何为至于此?山非山兮水非水,生非生兮死非死。十三学经并学史,生在江南长纨绮。词赋翩翩众莫比,白璧青蝇见排抵。一朝束缚去,上书难自理,绝塞千山断行李。送吏泪不止,流人复何倚?彼尚愁不归,我行定已矣。八月龙沙雪花起,橐驼垂腰马没耳。白骨皑皑经战垒,黑河无船渡者几?前忧猛虎后苍兕,土穴偷生若蝼蚁。大鱼如山不见尾,张鬐为风沫如雨。日月倒行入海底,白昼相逢半人鬼。噫嘻乎悲哉!生男聪明慎勿喜,仓颉夜哭良有以。受患只从读书始,君不见,吴季子!

吴兆骞,吴梅村朋友,因受冤遣戍东北宁古塔,居塞外23年,后经友人营救,得赎归。称"季子"以其排行在后。

题目中的"悲歌"两字揭示了主题。

开头五句,诗人饱蘸感情,发出强烈的感叹。第二层次实写,先后写了吴兆骞的出身、才华和受诬。"白璧青蝇"语出陈子昂《宴胡楚真禁所》:"青蝇一相点,白璧遂成冤",比喻好人为谗言小人所诬,等待着的厄运是流放到行客不至的遥远边塞。第三层次写吴兆骞行前情景,连押送的官吏都流泪不止,流徙者则无指望了。第四层次应该是续写,写宁古塔流放地的恶劣环境,一幅边塞荒漠可怕的图画立现眼前。八月江南正是天高气爽、景色宜人之际,而在边塞沙漠已是冰天雪地,久居江南的吴兆骞怎能习惯如此恶劣的气候呢?这种环境诗人不可能见过,只能是书上所见与道听途说。诗的末尾,诗人发出深深的感叹。“生男聪明慎勿喜”,为什么?“受患只从读书始,君不见,吴季子!”

寻古访胜

【太仓穿山遗址】太仓曾坐落着一座穿山,为天目山余脉。山下有洞穴,通南北往来,因名“穿山”。穿山高约几十米,但石奇岩秀,历来受文人青睐,吴伟业经常光顾穿山,赏石吟诗。20岁时,吴伟业登临穿山,写成《穿山》一诗:“势削悬崖断,根移怒雨来。洞深山转伏,石尽海方开。废寺三盘磴,孤云五尺台。苍然飞动意,未肯卧蒿莱。”不难看出,作者借写山述石,来抒发个人志向,暗喻自己也将如穿山之石,不卧蒿莱,脱颖而出,报效国家。《穿山》流淌出的是一个青年布衣诗人的抱负和志向。新中国成立后开山取石,穿山胜景永远成为了记忆。其遗址在太仓市沙溪镇归庄乡凡山村境内,现有一座穿山寺。

提示:太仓最靠近的公交车站为“凡山村”。

文化辞典

【梅村体】“梅村体”指明清之际著名诗人吴伟业(号梅村)的七言歌行体叙事诗。内容上以明清易代之际的史实为题材,人物形象丰满,反映社会变故,感慨朝代兴亡,具“诗史”风格。艺术上,在学习白居易长篇歌行的基础上,自成特点,结构跌宕,多用典,讲声律,辞藻缤纷,色彩鲜艳。《圆圆曲》是“梅村体”的代表作,把古代叙事诗推到新的高峰。

亭林公园

顾炎武

我们都知道“天下兴亡,匹夫有责”的含义,所以,我们更有必要认识这句话的提出者顾炎武。

顾炎武

历史回放

顾炎武(1613—1682),昆山人,著名思想家、史学家、语言学家,与黄宗羲、王夫之并称为明末清初三大儒。本名绛,字忠清;南明败后,因为仰慕文天祥学生王炎午的为人,所以改名炎武,字宁人,亦自署蒋山佣,学者尊为亭林先生。明季诸生,青年时发愤为经世致用之学,并参加昆山抗清义军,败后漫游南北,曾十谒明陵,晚岁卒于曲沃。顾炎武学问渊博,于国家典制、郡邑掌故、天文仪象、河漕、兵农及经史百家、音韵训诂之学,都有研究。晚年治经重考证,开清代朴学风气。

轶事趣闻

【驴背上读书】顾炎武自小至老手不释卷,出门则总是骑着一头跛驴,用两匹瘦马驮着几箱书。遇到边塞亭障,就叫身边的老仆到路边的酒店买酒,两人对坐痛饮,咨询当地的风土人情,考究其地理山川。如果与平生所听到的不相符,他就打开书本验证,必定要弄清楚才罢休。骑在驴上无事时,他就默诵诸经。碰上老朋友,他往往记不起他是谁了。有时掉到崖下,他也毫不怨悔。正因为这样勤学,顾炎武终于成为学问渊博的大家。

【鼠咬书无怒色】顾炎武在写《音学五书》时,已经写好的《诗本音》第二稿却被老鼠咬坏了。他便再次誊写,一点怒色也没有。有人劝他翻瓦清壁消灭老鼠,他却说:“老鼠咬我的书稿,其实是鼓励我呢! 不然,把它好好地搁置起来,我怎么会五易其稿呢?”

【避青先生】明朝灭亡后,年仅 32 岁的顾炎武发誓不为清朝服务,还参加抗清复明的“复社”。每年端午节,他总是在门前悬挂一块红色的蔓菁,在里面塞上一点蒜青,并在后面挂一块白布,白布上写着“避青”两字,因此人们称他为“避青先生”。其意不言自喻。他曾六次从家里步行至南京明孝陵哭吊明朝开国皇帝朱元璋,往返数百里,不辞跋涉之苦。又在漂泊各地途中,两次到北京昌平县长陵哭吊明成祖朱棣,六次到明思陵哭吊明代末帝朱由检。

【抨击科举】科举制度在我国的历史上曾经作出过非常多的贡献,但是实际上并不是在中国的任何一个时期科举制都真正发挥了作用,在顾炎武的时代,就是科举制度低迷的时期。顾炎武大力抨击科举制度,认为科举制致使学子不能够有自己的发展和创新;另外,科举制度导致学子读书的目的是为了升官发财。这和顾炎武所崇尚的思想,也就是经世致用有非常大的差别。

诗文赏读

精　卫

顾炎武

万事有不平，尔何空自苦；长将一寸身，衔木到终古？

我愿平东海，身沉心不改；大海无平期，我心无绝时。

呜呼！君不见，西山衔木众鸟多，鹊来燕去自成窠。

精卫，古代神话中的一种鸟。《山海经·北山经》说："炎帝之少女名曰女娃。女娃游于东海，溺（淹死）而不返，故为精卫。常衔西山之木（树枝）石（石片），以堙（填塞）于东海。"一只小鸟，有多大的力量，哪能填平大海？但它为了实现复仇的理想而奋不顾身。

这首诗由两段对话和一段旁白构成，章法十分奇特。顾炎武以"精卫"自比，精卫正是顾炎武及其所代表的民族义士们的化身。从旁白"呜呼"三句中，我们能联想到陈涉的"燕雀安知鸿鹄之志哉！"作者巧妙地利用了《山海经》原典中"西山""衔木"等两个关键词。"西山"既有"精卫"，自然也可以有其他鸟；"衔木"竟可填海，而在现实生活中它的功用本是垒巢。由此合理想象，乃生发出"鹊""燕"等"众鸟"及其"衔木""自成窠"的情节。作为反衬，更加立体地凸出了当代"精卫"——亦即顾炎武们不恤"小家"，心系"大家"（国家、民族），以"匹夫"之微躯而勇于担当"天下兴亡"之重责的崇高形象。

寻古访胜

顾炎武墓

【顾炎武故居】顾炎武故居在昆山千灯古镇，原来占地只有6亩，现在的占地面积已经扩大至60亩，形成了包括顾炎武起居生活区、顾炎武祠堂、顾炎武墓和顾园几个景点，其中顾炎武墓地和顾园相连，形成墓、祠、厅一体的园林布局，为千灯诸景之首。故居为整个宅第主体，朝东落西，为五进古色古香的明清建筑，自东而西依次为水墙门、门厅、清厅（轿厅）、明厅（正厅、楠木厅）、住宅楼，北侧有备弄连接灶房、读书楼和后花园，故居前与千年石板街相接，后与顾炎武墓地和顾园相连。该区域主要再现亭林先生居家生活、读书场景，各厅内陈列顾炎武先生塑像、手迹、著作、生平事迹和国内外对顾炎武先生及其作品的研究成果。

提示：昆山最靠近的公交车站为“千灯”。

【昆山亭林公园】亭林公园位于江南水乡昆山城内西北隅，园中玉峰山形似马鞍。地处江南水乡苏沪之间，百里平畴，一峰独秀。1906年始辟地为马鞍山公园，1936年为纪念顾炎武改名为亭林公园。占地850余亩。亭林公园绿水青山，景物天成，四周曲水环绕，山川相映，素有“江东之山良秀绝”之誉。园林专家陈从周评价为“江南园林甲天下，二分春色在玉峰”。园内古树名木繁多，四周曲水环抱，山中奇峰怪石林立，名胜古迹遍布，人文景观比比皆是，古有七十二景之说。亭林公园除了秀丽的自然景色和富有传奇的人文景观外，还有被誉为“玉峰三宝”的昆石、琼花、并蒂莲。

提示：昆山最靠近的公交车站为“亭林公园”。

文化辞典

【《日知录》】顾炎武自幼勤学。他6岁启蒙，10岁开始读史书、文学名著。11岁那年，他的祖父蠡源公要求他读完《资治通鉴》，并告诫说：“现在有的人图省事，只浏览一下《纲目》之类的书便以为万事皆了了，我认为这是不足取的。”这番话使顾炎武领悟到，读书做学问是件老老实实的事，必须认真忠实地对待。顾炎武勤奋治学，他采取了“自督读书”的措施。首先，他给自己规定每天必须读完的卷数。其次，他限定自己每天读完后把所读的书抄写一遍；他读完《资治通鉴》后，一部书就变成了两部书。再次，要求自己每读一本书都要做笔记，写下心得体会。他的一部分读书笔记，后来汇成了著名的《日知录》一书。

【天下兴亡，匹夫有责】“天下兴亡，匹夫有责”，这个家喻户晓的名言，是由明末清初的爱国主义思想家、著名学者顾炎武最先提出的。这句话最早出自顾炎武的《日知录・正始》，背景是清军入关。原句是：“保国者，其君其臣肉食者谋之；保天下者，匹夫之贱与有责焉。”以八字成文的语型，则出自梁启超。意为一国一家的兴亡，保护它不致被倾覆，是帝王将相、文武大臣的职责；而天下大家的兴盛、灭亡，每一个老百姓都有义不容辞的责任。

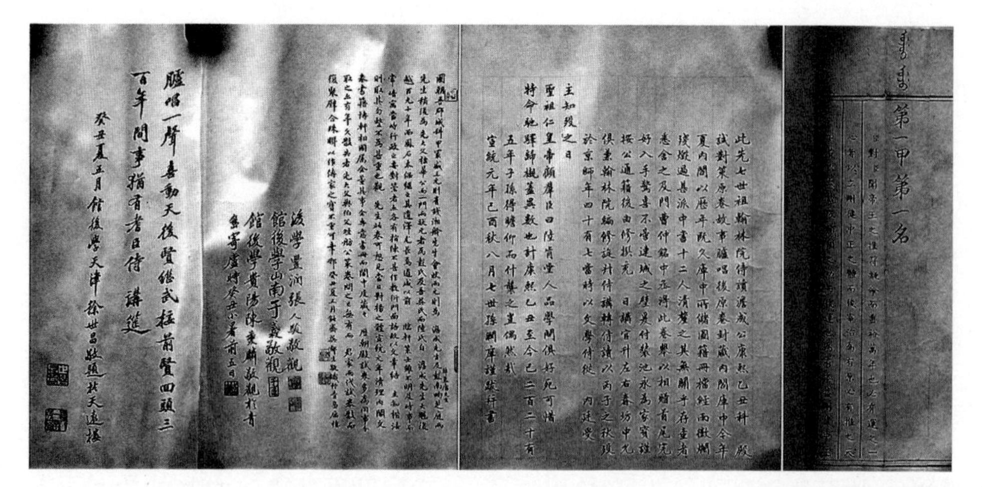

陆肯堂状元试卷

彭定求、彭启丰与陆肯堂、陆润庠

自隋朝以科举考试方式选拔人才开始，中国历史上总计有据可考的文武状元为 777 人，其中，苏州有两户人家为祖孙状元，他们出自居住于苏州十全街的彭氏家族和居住于阊门内下塘街的陆氏家族。

历史回放

彭定求(1645—1719)、彭启丰(1701—1784)，苏州人。祖孙两人均高中状元，数百年来一直被街巷传为美谈。被称为“葑门第一家”。

彭定求于清代康熙十五年(1676)状元及第，其孙彭启丰 20 多岁即科举夺魁。

中状元后，彭定求入翰林院为修撰，掌修国史。康熙四十四年(1705)彭定求等十人奉敕编校《全唐诗》。

彭定求的孙子彭启丰，字翰文，16 岁入官学读书，好学上进，誓效祖父。在彭定求中状元 51 年后，他的孙子彭启丰于雍正五年(1727)会试第一，也夺得会元桂冠；殿试时也为第一，夺得状元。

中状元后，彭启丰入翰林院为修撰，掌修国史。不过，尽管彭启丰满腹学识，却始终得不到乾隆皇帝的宠爱，被乾隆皇帝说成是“从无一言建白，一事指陈”。乾隆三十三年(1768)皇帝下诏，勒令彭启丰离职。至此，彭启丰结束了他极为坎坷的41年仕途生涯，回老家苏州去了。

彭定求

陆肯堂(1650—1696)，字邃深，苏州人。康熙二十四年(1685)状元及第后，主要留京为官，累官至侍读。朝廷的诸多著作，多出自其手。康熙皇帝尝赞其学问人品，屡加恩赐。

陆润庠

陆肯堂不仅才学为人称颂，而且德行令人钦佩。他孝顺父母，爱护兄弟，赈济穷困，是道德的楷模，至今为人称道。

陆润庠(1841—1915)，陆肯堂七世孙，字凤石，号云洒。同治十三年(1874)状元，历任山东学政、国子监祭酒等要职。八国联军入侵，慈禧太后西行途中，陆润庠代言草制。后任工部尚书、吏部尚书，官至太保、东阁大学士、体仁阁大学士。辛亥后，留清宫，任溥仪老师。民国四年(1915)卒，退位的末代皇帝溥仪追赠其“太傅”，谥文端。

轶 事 趣 闻

【钦点状元彭定求】彭定求入京参加会试，一举夺得第一名会元。殿试时，他的卷子被“读卷大臣”列为第三名。殿试前十名卷子进呈皇上御览，康熙皇帝很欣赏彭定求的卷子，问“读卷大臣”为什么会把会元的卷子置于第三名。“读卷大臣”说他的楷书不及前两卷，康熙皇帝龙颜不悦，道：“会元的卷子有劝勉朕的意思，很不错。难道先儒大师周(敦颐)程(程颢、程颐)朱(熹)张(载)都是书法家吗?”于是,康熙皇帝把彭定求的卷子擢为第一。就这样,彭定求成了清开国以来的第十五位状元,时年32岁。

【陆润庠得名】陆润庠道光二十一年(1841)五月生于镇江丹徒(今江苏镇江)学舍。镇江,古称“润州”;地方学校,古曰“庠”。故取名“润庠”理所当然。

【红绿状元结亲家】晚清,苏州有两状元。“红”状元便是洪钧,因为“洪”“红”同音;“绿”状元是陆润痒,因为苏州话中,“绿”“陆”不分。“红”“绿”两状元不仅是好朋友,而且后来成为儿女亲家,洪的儿子洪洛是陆的女婿,陆的女儿陆霞是洪的儿媳。然而,洪钧儿子早逝,据说陆润庠女儿是抱着一只公鸡完成婚礼的。

诗文赏读

人间文福无双品,昭代科名第一家。

彭家为清朝著名的大家族,三百年中,彭家竟然出了17名进士,其中2名会元加状元,1名探花,另有31名举人。清朝灭亡后,科举考试已经被废除,苏州彭氏家族还有很多子孙后代,学业有成,或者远赴海外留学,或者在国内做专家、教授。因为苏州彭氏家族科甲冠于江浙,通俗点说,就是该家族的人参加科举考试的成绩在整个江浙一带甚至全国都是最优异的,所以清代名臣嵇璜赞叹苏州彭氏家族,给彭氏家族题词说:“人间文福无双品,昭代科名第一家”。

寻古访胜

【彭氏故居】清代祖孙状元彭定求、彭启丰故居位于十全街上。宅坐南朝北面河,原包括住宅、义庄、祠堂、庭园、菜圃及船埠、隔河照墙等。现存正路门厅、轿厅及东路书厅等建筑。轿厅面阔三间11米,进深六檩8.4米,扁作梁,硬山顶。

提示:苏州市区最靠近的公交车站为“苏州饭店”。

【陆肯堂、陆润庠故居】陆肯堂、陆润庠故居在阊门内下塘街10号,坐北朝南,门口挂有控制保护建筑蓝牌和有关介绍的木牌。故居占地颇广,目前能辨出旧时规模的是两路,西路被称为“老状元府”,实际上是陆肯堂故居;东路被称为“新状元府”，应该是陆润庠故居。两路宅子各为五进，由一条陪弄隔开。

提示：苏州市区最靠近的公交车站为“皋桥”“接驾桥西”“中市桥”。

文化辞典

【《全唐诗》】我国古代最大的诗歌总集就是《全唐诗》。全书有900卷，共辑录唐、五代三百年间2 800多位诗人的诗歌48 900余首，另附有唐、五代词。是迄今为止古典诗歌总集中篇幅最多、影响最大的一部，对于研究我国唐代的历史、文化和文学，有着极大的参考价值。《全唐诗》根据年代排序，是研究中国唐代历史和文学方面极其重要的一部参考书。这本《全唐诗》的主编就是彭定求。

【陆肯堂状元试卷】2012年6月3日的《东方早报》登韩晓蓉文，称“昨天华东师范大学传出消息，该校图书馆发现了一份清代状元卷子，状元名叫陆肯堂”。清代殿试卷子统一存放于内阁，宣统元年重修内阁大库，移旧存书籍于学部图书馆，于是所藏历科策卷多流传世间。凭借这一机会，陆肯堂的殿试卷子为陆润庠所得。拿到卷子后，陆润庠欣喜若狂，自己写了一段跋，并请徐世昌等名人题跋。

苏州评弹博物馆

王周士

他是破天荒第一个在皇帝面前翘腿而坐的艺人。他，就是苏州评弹转折点的标志性人物王周士。

历史回放

王周士，苏州人，生卒年不详。为清代乾隆年间著名弹词艺人，擅说《白蛇传》《游龙传》。乾隆南巡时，奉诏至御前弹唱，赐以七品官衔，并随驾回京，在南府中供奉，名著京华。病乞归乡后，在苏州创立苏州弹词界的同业组织“光裕公所”，奠定了评弹业的基础，使说书成为一种专业，对联系艺人和培养后人，颇起积极作用。他还总结了弹词艺术的说唱经验，著有《书品》《书忌》各 14

则，为评弹艺术的进一步发展奠定了基础，为后世艺人所重视。

轶事趣闻

【并非帅哥】据说，王周士的长相实在不怎么样，不仅秃头，脸上还长着紫红色的瘢痕，像他这种相貌的，实在和传统印象中的清秀白面书生形象有很大差距。

【御前翘腿】坊间传说，王周士曾在沧浪亭受乾隆皇帝召见，乾隆皇帝要他说书。王周士见驾的时候，天色已晚，乾隆皇帝特别赐了他一支红烛，命他弹唱，但王周士只是默不作声。乾隆大惑不解，问其故。王周士说，臣所执行业虽然低微，不足道哉，但是我们的习惯是坐着演唱的，而且还要弹奏乐器，站跪都很难进行。乾隆听了，就赐座于他，王周士这才坐下来弹唱。苏州评弹博物馆正厅的那副抱柱联“沧浪亭御前弹唱垂青史，光裕社启后箴言耀艺坛”，说的就是王周士为苏州评弹所作的功绩。苏州评弹经过这次“御前供奉”，身价百倍，从学者蜂拥而至。

诗文赏读

赠说书紫癞痢

赵　翼

紫癞痢，貌何丑。尔头寡发面赤瘢，端恃滑稽一尺口。酣嬉每逐屠沽博，调笑惯侑侯王酒……故事荒唐出乌有……有时即席嘲座客，自演俚词弹脱手……

赵翼，清代常州人。欲扬先抑是这首写王周士的小诗的显著特点。开篇一句“紫癞痢”还不够，竟然直接说王周士“貌何丑”。紧接着，直接描述王周士之丑：头发稀少，面上瘢痕，可谓丑到了极致。一句“端恃滑稽一尺口”是转折，告诉人家，此人的真本事在嘴皮上。然后，写出了王周士说书内容的雅俗共赏：既能适应贩夫走卒，又能取悦王侯将相，虽然他所说的内容似乎荒诞不经。然后继续渲染，这位说书先生并不是照本宣读，说书时竟然能够以听客开涮，惟妙惟肖地模仿俚言俗语……

寻古访胜

苏州评弹博物馆一景

【苏州评弹博物馆】苏州评弹博物馆位于江苏省苏州市平江路中张家巷3号，建筑面积839平方米。馆内藏有评弹各类珍贵历史资料1.2万余件，各种评弹孤本、脚本几百部。值得一提的是，老一辈无产阶级革命家陈云的夫人于若木女士捐赠了陈云生前珍藏的评弹音像资料560多盘，为评弹博物馆的建立打下了良好的基础。

提示：苏州市区最靠近的公交车站为“醋坊桥观前街东”。

文化辞典

【苏州评弹】苏州评弹是盛行于江南一带的地方曲艺，系评话和弹词的总称。因起源于苏州，演出均操吴侬软语，被誉为江南奇葩。评话又称大书，有说无唱，演出大多为单档(一人)。演员凭一把折扇，一块醒木，边说边演。内容一般是演义、公案、武侠及英雄史诗。弹词又称小书，既有说表，又有弹唱。演出大多为双档(两人)，也有单档和三个档(三人)的。内容一般是描述社会生活和爱情故事。弹词演员使用的乐器以三弦、琵琶为主。苏州评弹，以它轻便灵活的形式、优美动听的音乐、生动传神的说表、引人入胜的内容博得了广大群众的喜爱，听众遍布全国，在海外侨胞中也有一定影响，被誉为“中国最美的声音”。

【光裕社】光裕社是苏州评弹艺人的行会组织，原名“光裕公所”，“光裕公所”由王周士于乾隆四十一年(1776)发起建立，1912年更名“光裕社”，取“光前裕后”之寓意。光裕社为提高评弹艺人的地位，推进评弹艺术的发展奠定了基础，是评弹界成立最早，参加演员最多，存在时间最长，对评弹艺术发展贡献最大的行会组织。两百多年来光裕社名家辈出，流派纷呈，素有“千里书声出光裕”之美誉。

叶天士故居

叶天士

“以是名著朝野，即下至贩夫竖子，远至邻省外服，无不知有叶天士先生，由其实至而名归也”。这是沈德潜为叶天士所立传中的话。

历史回放

叶天士(1667—1746)，名桂，号香岩，别号南阳先生，晚号上津老人。苏州人，清代杰出的医学家，为“温病学派”的主要代表人物之一。叶天士生于医学世家，祖父叶时、父叶朝采都精通医术，尤其以儿科闻名，叶天士 12 岁就开始

叶天士

从父学医。叶天士聪慧过人，悟超象外，一点即通。尤其虚心好学，凡听到某位医生有专长，就向他行弟子礼拜其为师，10 年之内，拜了 17 个老师。由于他能融会贯通，因此医术突飞猛进，名声大震。叶天士一生行医近 70 年，他医术高超，在长期的医疗实践中创立温病学说，发明杂症论治，突破了《伤寒论》的范畴，为中医学的发展作出了重要贡献。历来被誉为“吴门医派”的杰出代表。叶天士的医术多惠及贩夫走卒、引车卖浆之流，史书称他“居家内行修备，尤能拯人之危”，口碑极好。坊间早已将他的医术传得神乎其神，堪称吴中杰出医家之最。现传有《临证指南医案》十卷，后附《幼科心法》及《温热论治》各一卷，《叶天士医案存真》三卷。

轶事趣闻

【调戏救人命】一天，叶天士外出行医，无意中发现路旁的桑树林里有一位年轻漂亮的少妇正在采摘桑叶。叶天士对一个虎背熊腰的年轻轿夫说：“我让你过去非礼她。”“这……这个……”叶天士说：“你尽管按我的吩咐去做，出了问题由我承担。否则休怪我不给你工钱。”轿夫无奈，只好硬着头皮走进桑树林疯言疯语。少妇羞愧难当，十分恼怒地奋力和轿夫厮打起来。两人扭打了好一阵儿，叶天士才命轿夫住手并对少妇说：“我叫叶天士，是个医生。刚才我观你气色发现你患痘诊已经好几天了，但因你火气太盛，痘疹一直发不出来。再这样拖下去定会有性命之忧。我让轿夫激你发怒，目的是使你身上的痘疹赶快出来。”少妇知道叶天士的大名，将信将疑地说道：“凭什么才能让我相信你说的话是真的？”叶天士将自己的家庭住址告之说：“如果今晚你身上不出痘疹，明天你尽管来找我问罪！”说罢，他告别少妇继续赶路。第二天一大早，少妇和她的丈夫带着礼品来感谢叶天士的救命之恩。

【捡棋子矫胎位】有一天，叶天士正在家里和朋友下棋。此时，一个即将临产的孕妇来到他家。原来这个孕妇已经到了预产期，估计难产，只好请叶天士帮忙。叶天士抬头仔细观看了孕妇的肚子,又问了一些情况,说:"你先在那儿坐一会儿,等我下完这盘棋后再说。"叶天士随手将刚刚吃掉对方的十几枚棋子撒得遍地都是,说:"你要是着急就先把这些棋子一枚一枚地捡起来,然后我再给你看病。"孕妇无可奈何,只好腆着个大肚子,弯下腰一枚一枚地捡起撒在地上的棋子。哪知十几个棋子还没有捡完,孕妇就要生产了。很快,孕妇就顺利地生下了一个又白又胖的大小子。原来,叶天士通过观察,发现这位孕妇只是胎位不正,并没有其他毛病。因此他根据自己多年行医的经验,让孕妇通过捡棋子弯腰,一蹲一起的动作矫正了她的胎位,从而使她得以顺利地生产。

【妙方医治贫穷病】一天,一个衣衫褴褛的人闯进了叶天士的诊室,声称:"我一无内患,二无外伤,只是太贫穷了,你可会治贫吗?"叶天士捋着长须笑道:"'贫',治它也不太难。我看这样吧,我送给你一枚橄榄,只许你吃肉,光留核,再把它种下长大,到明年自然就不穷了。"来人觉得风马牛不相及,本当不信,但见叶天士说得诚恳,便拿着一枚橄榄满腹狐疑地回去了。第二年,橄榄树就长高了,挺拔的小树上长满了绿叶。没过多久,怪事出现了,买橄榄叶的人竟像赶会一样,接踵而来。虽然每人只买几片,价钱也便宜,但一树浓叶何止万千,所以那人就此发了个小财。再以这笔钱做起了小本买卖,不久便成了小康之家。原来,叶天士早料到明年会有某种传染病流行,配合医治此病的药引必须用橄榄叶。满城的药肆就是没有这东西,病家只好在叶天士的指点下,去那人处买橄榄叶了。

【天医星】江西龙虎山道士张天师游苏州,他被舌尖上的美味所诱惑,尽管神通广大,却吃坏了肚子。于是,"仙人"只能求助于"凡人",不得不问诊于叶天士。叶天士把脉看舌苔,药到病除,使得原以为不能"眉寿"的张天师感激涕零。一天,张天师乘轿经过渡僧桥,忽然看见叶天士出诊的小船从西而来,马上指令停轿,发出口谕:"让'天医星'先行。"这或许就是"册封"吧,从此,"天医星"的称呼不胫而走。

诗文赏读

语　录

叶天士

医可为而不可为。必天资敏悟,读万卷书,而后可以济世。不然,鲜有不杀人者,是以药饵为刀刃也。

叶天士深知当医生的不易,他认为必须天资十分聪明的人才可以行医。

所以他在临终时告诫他的儿子们说:“吾死,子孙慎勿轻言医。”求“眉寿”,人之所欲;但万一走错了,得到的就是“夭寿”。

寻古访胜

【叶天士故居】叶天士故居位于阊门外渡僧桥下塘46号、48号、50号、52号和54号,即眉寿堂。关于“眉寿”的“眉”是什么意思,古往今来有过很多说法。《诗· 豳风·七月》:“为此春酒,以介眉寿。”孔颖达对此进一步解释:“人年老者必有豪毛秀出者,故知眉谓豪眉也。”意思是由眉之长短而知寿之高低,所以说,眉寿就是长寿之意。医生治病救人,令人长寿,叶天士取此堂名,可谓寓意深刻。可惜的是,叶天士故居如今破败不堪。

提示:苏州市区最靠近的公交车站为“上塘街”。

【天云寺】位于天平山山北。上世纪80年代,周边村民在天平山后山自发筹资建庙宇祭祀“天爷”。俗称的“天爷”为清代江南名医叶天士。之后天平山管理处接手管理,并将其称为叶天士纪念馆。2011年,叶天士纪念馆正式更名为“天云寺”。

提示:苏州市区最靠近的公交车站为“天平山”。

文化辞典

【温病学】是研究温病的发生发展规律及其诊治和预防方法的一门中医临床学科,也就是认识和防治温病的学说。而“温病学派”是吴门最具地方特色和科技优势的一大流派,从某种意义上说是吴门医派主流。明清时期达到鼎盛阶段,并在相当长的时期内,居世界科技领先的地位。叶天士的最大贡献,是建立了温病学的独立体系。可以说没有叶天士的贡献,就没有今天的温病学。

沈德潜故居

沈德潜

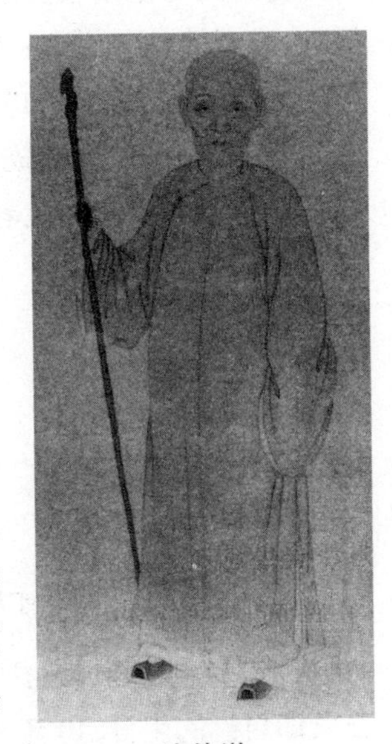

沈德潜

他 22 岁参加乡试，总共参加科举考试 17 次，最终在乾隆四年(1739)中进士，时年 67 岁。从此备享荣宠。他，就是“老名士”沈德潜。

历 史 回 放

沈德潜(1673—1769)，字确士，号归愚，苏州人。沈德潜热衷于功名，但就是这样一个满腹才学的读书人，竟然科举屡不中。1746 年因夫人去世归里，举家搬入城中带城桥路阔家头巷(今 26 号)，从此阔家头巷“教忠堂”成了他的终老之地。1749年他以年老乞休获准致仕。回苏州后，家居20年，执教于紫阳书院。在家先后4次接驾，随乾隆帝南巡江浙。今木渎严家花园最初的主人也是沈德潜。

乾隆三十四年(1769)，沈德潜去世，终年97岁。追封太子太师，赐谥文悫，入配贤良祠祭祀。乾隆还为其写了挽诗，极一时之荣。

轶事趣闻

【君臣唱和】沈德潜一朝得中龙虎榜，十年身到凤凰池。自称爱才如爱子的乾隆皇帝看到了白发苍苍的“沈老”，怜才之心顿起，拉着其手，穿行于翰林院里，共相唱和。夏天，两人唱和《消夏诗十首》，冬天，两人围炉对话，切磋诗艺。沈老为父母乞诰命，乾隆二话不说，即命给三代封典，并赐诗曰：“我爱德潜德，淳风挹古初。”侍郎钱陈群在旁唱和曰：“帝爱德潜德，我羡归愚归。”赐诗与和诗中巧妙地嵌入沈德潜的名“德潜”与号“归愚”，一时被传为艺林盛事。

【老而耄荒】沈德潜编了一部《国朝诗别裁》，当然是“盛世”之“颂歌”，并将此敬献给乾隆。不料，这回马屁拍到马腿上了，“别裁”将钱谦益列为集中之首，乾隆大怒。钱谦益投降了大清，但乾隆敬“英雄”而不敬“叛徒”。沈德潜没有摸透乾隆心思，纯粹从“艺术”出发，没有“政治标准”，把钱某的诗排在首位，引得乾隆大骂他是“老而耄荒”！后来，沈德潜又卷入已故举人徐述夔的“文字狱”中。事情是这样的：徐、沈是老友，徐氏写有《一柱楼诗集》，集中有“明朝期振翮，一举去清都”的“反动口号”，乾隆把这事当政治案子查处，查到了沈德潜脑壳上，因他为徐氏做了“传记”，乾隆决定把原先封给沈德潜的所有荣誉全部“追回”，而此时的“沈老”早已作古，怎么办？仆碑，乾隆命人把沈德潜的坟墓铲平了。

诗文赏读

寓中遇母难日

沈德潜

真觉光阴如过客，可堪四十竟无闻。中宵孤馆听残雨，远道佳人合暮云。

此诗为沈德潜40岁所作，凄清之意和不甘寂寞的心情溢于言表。“母难日”，即自己的生日，40年光阴如匆匆过客，但自己还是默默无闻，可悲可叹。半夜，听听那残存的雨声，心中想的却是远方的“佳人”，在中国的古典诗词中，这个“佳人”的真正含义是理想境界，实际上，直到27年后，沈德潜才与“佳人”相会。

寻古访胜

【教忠堂】沈德潜故居为“教忠堂”，在带城桥南阔家头巷26号。现存照墙、门厅、轿厅、大厅及贯穿前后的东备弄等建筑，占地约480平方米。大厅面阔3间10.8米，进深11.6米，前置鹤颈轩，扁作梁，雕饰棹木，楠木步柱，青石鼓墩，尚存清代前期建筑风格。原轿厅、两进楼厅和后园已废。目前整修一新的仅仅为当年的一小部分，为一路三进。现为苏州市文物保护单位，门口挂“苏州昆曲传习所”之牌。

提示：苏州市区最靠近的公交车站为“网师园”。

【木渎严家花园】严家花园的前身是清乾隆年间沈德潜的寓所，乾隆皇帝下江南，曾多次在此吟诗唱和。道光八年(1828)，沈氏后人将此院落转让给木渎诗人钱端溪。钱氏叠石疏池，筑亭建楼。光绪二十八年(1902)，木渎首富严国馨(台湾政要严家淦先生祖父)买下此园，修葺一新，更名“羡园”。因园主姓严，当地人称“严家花园”。

严家花园

提示：苏州市区最靠近的公交车站为“木渎严家花园”。

文化辞典

【捉刀人】指拿着笔的旁侍。古代的侍从，有专门的刀笔吏。捉刀，这里指握着刀，拿着刀。这里的“刀”为修改竹木简错字的小型工具，和笔的作用类似。比喻替别人代笔作文的人。沈德潜就是这样一位“捉刀人”。乾隆的诗，其中不少出自沈的手笔，或者说经沈润色过。

钱棨故居

钱 棨

钱棨

他,不仅仅连中三元,还连中六元。因为考秀才要考三次,分别为县试、府试、院试,他连拿三个第一,俗称“小三元”,再加上解元、会元、状元这“大三元”,一共六次登顶。他,就是钱棨。

历史回放

钱棨(1734—1799),字振威,号湘舲,1734年出生于苏州。

钱棨出身于书香门第,家境富裕,他自

小习文,天资聪颖。28 岁时,钱棨参加了府试,成为秀才。在接下来的 11 年内,钱棨参加了五场乡试,结果皆名落孙山。但他毫不气馁,坚持不懈地应考。

乾隆四十四年(1779),钱棨在他 45 岁时第六次步入了江宁贡院参加乡试,得中"解元";两年后,钱棨进京会试,得中第一名会元;紧接着在同年殿试中,又摘得状元桂冠,他从而成为清代第一位连中三元的状元。

当时的苏州府及长、元、吴三县的地方官,在苏州府学东面专门为钱棨建造了一座高大的牌楼"三元坊",这就是三元坊地名的由来。

轶事趣闻

【迁祖坟】相传清朝风水大师沈穷醉年轻时因骄奢懒逸而败家。一日,为躲债逃到山间的一个地穴里准备上吊自杀,可连续多次上吊都无法成功,就在山穴内睡着了。梦里有一位老人对他说:"此乃钱家状元之祖坟也,尔岂能身死此地?"沈穷醉醒来,仔细观察,发现此处确实是一块风水宝地,尤其能福荫读书人。再一想,这附近村内的确有一姓钱的大户人家,正好有一位公子要赴京赶考……沈穷醉一时彻悟,当即赴钱家言明此事,劝说钱家移祖坟至那山穴。钱家听从了沈穷醉的建议,果然第二年即乾隆四十六年(1781)科举殿试中,钱家的这位读书人钱棨高中状元。沈穷醉自此闻名于江浙。

【梦中神笔】乾隆四十四年(1779),钱棨在他 45 岁时第六次步入了江宁贡院参加乡试。考完后,主考官谢墉阅卷至深夜,不觉伏在案头睡着了。他做了一个梦,梦见一个神仙授给他一支巨笔,笔的顶端装饰着孔雀毛,光彩夺目,美丽之至;笔杆上面写着"经天纬地"四个大字。谢墉惊醒后,见案上放着一份试卷,拿过一读,文笔甚佳。他暗中思忖:此卷莫非梦中的神笔写成的?于是,他把此卷列为第一名,钱棨得中"解元"。

【圣意难违】乾隆四十六年(1781),殿试结束后,主考官把前十名的卷子呈给乾隆。乾隆叹气说:"我大清朝立国一百多年了,还没出来一个'三元',可能我这辈子都看不到了。"突然,主考官脑子里一闪,本科考生钱棨不是连中了解元和会元吗?就赶紧跟乾隆说:"皇上别担心,三元就出在这一科!这个考生叫钱棨,江苏苏州人,去年考中了江南乡试的解元,今年又刚考了个会元,这次殿试考得也不错,排在第十名。"乾隆连忙把第十名的卷子抽出来,看了几行就大加赞赏,连声说:"这就是状元之才!我大清终于出来一位三元了!"于是,原本第十名的钱棨幸运地成了状元。

【擅离职守】乾隆皇帝非常欣赏钱棨,命他入上书房做了授读师傅。一天,乾隆皇帝来到了上书房检查皇子们的教学情况,却发现室内空无一人,原来是钱棨等人擅离职守。乾隆一怒之下,把这些师傅全都给撤职了,又规定他们八年内如不再犯错,才能再做官。不过,乾隆帝对钱棨还是格外器重的,仅四年后,钱棨又被乾隆皇帝委以重任了。

诗文赏读

三元诗

爱新觉罗·弘历

龙虎传胪唱,太和晓日暾。国朝经百载,春榜得三元。文运风云壮,清时礼乐蕃。载咨申四义,敷奏近千言。讵止求端楷,所期进谠论。王曾如何继,违弼我心存。

这是一首古风。钱棨的面子够大了,这首诗就是乾隆皇帝因为他连中三元而写。帝王之诗自有帝王之气,诗中前三联虽气势恢宏,但总给人空洞之感;直至第四联"载咨申四义,敷奏近千言"才入正题。诗的第五、第六联换韵,乾隆称赞了钱棨的殿试对策好,文章虽只"近千言",而内容切实,表述完整,书法亦端正,清秀有力。皇帝这首诗一出来,"和者数百家",在京的士大夫们及四方诗人纷纷赋诗。曾是钱棨乡试座主的翁方纲,又以伯乐自任,发起三元喜宴,一人曾作有《三元花歌》《三元喜宴》诗等四首。翁方纲还特地将这些祝贺诗收集起米,汇编成《三元诗集》,并付梓传世。当时地方政府将乾隆的御诗刻碑,树立于府学中,诗碑上还有乾隆皇帝的跋。"御诗"碑拓片至今还保存在苏州文庙。

三元坊

寻古访胜

【三元府第】“三元府第”为钱棨旧居，是一座典型的江南水乡古民居建筑。原名“澄心堂”“莲花居”，坐落在阳澄湖莲花岛之南端。阳澄湖自古碧波千顷、荷池百亩，艳红盛开于宅前，故雅称“莲花居”。院内展示了钱棨曾祖父钱中谐等钱氏家族人物的介绍；介绍了钱棨“连中三元”“连中六元”“帝赐御诗”的故事；展现了钱氏一门世代讲究孝悌，耕读传家，诗书济世，崇文而尚礼，博学而笃志，以及吴地重文兴教的优良传统。

提示：苏州市区最靠近的公交车站为“阳澄湖旅游集散中心”。

【三元坊】三元坊是苏州城区中南部的一处传统地名，即人民路自新市路至书院巷一段，一般认为因纪念钱棨连中三元而得名，也有人说钱棨高中状元前的明代嘉靖年间“三元坊”的名字已经出现。人民路(三元坊段)苏州文庙东，原有三元坊牌坊，是清乾隆四十六年(1781)为纪念钱棨“连中三元”而立的，民间因而惯称护龙街该路段为“三元坊”。1951 年拓宽人民路时，三元坊牌坊被拆除，但“三元坊”仍保留于苏州人口语里并用作公交车站名。如今，虽然古“三元坊”牌坊早不见了踪迹，但是，在苏州中学东北方向，市图书馆南侧的街心花园中，已经矗立起一座新的“三元坊”石牌坊，并有钱棨雕塑。他那手捧书卷沉思的神情，仿佛在告诉每个路过的人：千年府学，物华天宝，人杰地灵，历史文脉，隽永如斯。

提示：苏州市区最靠近的公交车站为“苏州图书馆”，轨道交通车站为“三元坊”。

文化辞典

【连中三元之人】在中国古代的科举考试中，共有 18 人连中三元。其中文状元 15 位：唐朝的张又新、崔元翰，宋朝的孙何、王曾、宋庠、杨置、王若叟、冯京，金朝的孟宋献，元朝的王宗哲，明朝的黄观、商辂，清朝的钱棨、陈继昌和戴衢亨。另外，武状元三人：明朝的尹凤、王名世，清朝的王玉璧。

状元博物馆

潘世恩

传说他出生前夜,他祖父梦见一只玉麒麟自空而降,落于自家庭院,随即化为婴儿,兆示他一生腾达。他,就是状元宰相潘世恩。

历史回放

潘世恩(1770—1854),苏州人,初名世辅,字槐堂,号芝轩,别署思补老人。乾隆五十八年(1793)状元及第,道光十三年至三十年(1833—1850),先后任体仁阁大学士、军机大臣、东阁大学士、武英殿大学士,任职长达17年。潘世恩为人正直,端方谨慎,外柔内刚,当年权臣和珅屡次拉拢他,他就是不上贼船;他曾反对在黑龙江增屯毁牧,主张严肃整顿漕河积弊,支持林则徐因时制宜处理“洋务”,曾极力引荐林则徐、姚莹、邵懿辰、冯桂芬等人才。他富贵长寿,享尽人间荣华,历乾隆、嘉庆、道光、咸丰四朝,人称“四朝元老”。

乾隆授他翰林院修撰。他最终获太傅衔。曾继任《四库全书》总裁,负责《全唐文》的缮刊。有清一代,生前加太傅衔的仅有5人,状元出身官至大学士的也仅为8人,能两次参加琼林宴的有6人,唯潘世恩一人兼而有之。《清稗类钞》称他“历事四朝,则昭代一人而已”。

潘世恩

与潘世恩同时代的权臣和珅,曾向往延续张廷玉那样三朝元老的殊荣,谁料嘉庆帝上台不久就掉了脑袋。倒是早年屡召不应,拒绝归于和氏门下的潘氏,却超越了张廷玉创下的汉臣在朝奇迹,而且还在道德文章和官场运气方面荫及子孙。咸丰帝即位后,潘士恩已80岁有余,但仍因“立品端方,学问醇正”而留任大学士。咸丰三年,在潘世恩得中状元60年之际,咸丰帝亲书“琼林人瑞”匾额。次年,潘世恩病逝于北京官邸,享年86岁。咸丰赐祭葬,谥“文恭”。

轶事趣闻

【扬名童子试】潘世恩16岁参加童子试时,吴县知县李昶亭见其“器宇端凝”,将他“拔置前席”,出对云:“范文正以天下自任”,潘世恩即应对道:“韩昌黎为百世之师”。李昶亭听后连连说:“此童子将来必定富贵!”当年就补诸生,就读于紫阳书院。

【夫妻情深】潘世恩考中举人后结婚,夫妻恩爱,形影不离。为了不影响其前程,父母暗中说通媳妇,假装反目,让潘世恩发奋苦读,全力准备赴京会试。然而,等到潘世恩乾隆五十八年(1793)中状元回来时,爱妻却因抑郁而死。他在妻子谢氏像前号啕大哭,责怪父母逼他赶考,失去爱妻。他痛悔欲绝,甚至打算出家做和尚,以示忏悔。此后数十年如一日,始终不忘结发之妻,每逢忌辰，总要祭奠一番，堪称是一位有情有义的状元公。

【误认南北】潘世恩原住大儒巷（玄妙观北，后来的端善堂潘镒芬故居），相传他高中状元后，被皇帝接见，曾六下江南的乾隆皇帝问他：家居苏州何处？答曰：苏州。接着又问：住在苏州玄妙观之南还是之北？当时二十三四岁的他一时惶恐，误说成了"苏州玄妙观南"。此事虽小，但有欺君之嫌。于是，潘世恩急命家人速寻购宅第，买下钮家巷凤池园西部作"状元府第"，名为"留余堂"。"留余"，留有余地也；如今的钮家巷"留余堂"，即可理解为"玄妙观之南"。遗憾的是，乾隆未曾再来苏州。

【拒上和珅贼船】当朝大学士和珅是皇帝身边的"红人"，喜欢玩弄权术，他心底里盘算着：将来潘世恩这位后生必定大富贵，把他拉拢到自己的身边，纳为自己圈里人，好处多多，于是想将他收为门人，并暗中予以种种示意。然而，潘世恩就是不领会，只当不见；和珅接着又派人私下传话，又遭到潘世恩的拒绝。当时的和珅真可谓炙手可热，许多人想巴结还攀不上，而潘世恩屡召不应，真令和珅意想不到。

【重逢甲子】潘世恩是苏州状元中"重逢甲子"的人。他是乾隆五十八年(1793)癸丑科状元，咸丰三年(1853)癸丑科会试时，他被邀参加礼部的"琼林宴"。为此，潘世恩特地赋诗记此盛事，其中有句曰："却喜新荫桃李盛，小门生认老同年"之句，一时被传为科场佳话。

诗文赏读

寒　蝶

潘世恩

生长花丛里，秋来见亦稀。最怜芳草歇，犹傍故园飞。

旧梦红墙隔，空阶落叶围。伶俜好将息，转眼又芳菲。

潘世恩的写作对象是蝴蝶，是天冷后的蝴蝶，这样的蝴蝶，当然是"秋来见亦稀"。"最怜芳草歇"的主体是谁？诗人推己及人，适合解读为"蝴蝶"，因为它"犹傍故园飞"。上半首描写，下半首议论。就寒蝶而言，必定有着各种各样的百花盛开的"旧梦"。"红墙"，红色的墙，通常特指紫禁城的宫墙，那么能否把这首诗看成是宫怨诗呢？"伶俜"，指孤单、孤独之意，《孔雀东南飞》中有"昼夜勤作息，伶俜萦苦辛"；然而，诗人却建议在"伶俜"的时候好好"将息"，因为芳菲的春天就在眼前，也就是说不要自怨自艾。如此，又比一般意义上的宫怨诗境界高出一筹。联系这一点来看人生境界，潘世恩能成为"四朝元老"，也就事出有因了。

寻古访胜

【苏州状元博物馆】苏州状元博物馆位于钮家巷潘世恩故居内,占地面积约840平方米,陈列面积约460平方米。苏州状元博物馆展示苏州状元文化,梳理苏州古建老宅文脉,突出苏州“崇文”的城市精神。苏州是著名的状元之乡,文史专家李嘉球所撰的《苏州状元》一书表明,按现在的辖区计算,历史上苏州曾出现过45位文状元、5位武状元,其中文状元数量占全国总量596位的7.55%,数量遥居全国各城市之首。最值得一提的是,清朝时期苏州一共出过26名状元,占全国114名状元的22.81%、江苏49名状元的53.03%,而同期苏州的人口只占全国的1%左右。苏州状元博物馆现为省级文物保护单位,建筑面积1 825平方米,有纱帽厅、轿厅、鸳鸯厅、女厅等建筑。

提示:苏州市区最靠近的公交车站为“醋坊桥观前街东”。

文化辞典

【清朝大学士】“大学士”出现于唐宋时期,开始时只是皇帝的秘书之职,到明清以后,成为实际上的内阁成员。清乾隆后,逐渐成形为“三殿三阁大学士”。从品级上讲,大学士都为正一品,但实际地位有些许差别。诸殿阁大学士中,以保和殿为最尊贵,一般很少人能得到。在六个名号的大学士中,乾隆十三年后从高到低依次为:保和殿、文华殿、武英殿、文渊阁、东阁、体仁阁。大学士的升迁也大多按从体仁阁至文华殿这样的顺序。

榜眼府第

冯桂芬

道光十二年(1832),林则徐任江苏巡抚时,识拔了素昧平生的冯桂芬,称他为“百年以来仅见”的人才,并招入抚署读书,收为学生。

历史回放

冯桂芬(1809—1874),苏州木渎人,因出生时正值桂花开放,故得名桂芬。他是近代中国著名政论家、洋务运动先导者,是中国由传统向近代转换时代具有开拓意义的、影响深远的思想家。冯桂芬是林则徐的弟子,其思想上接林魏,下启康梁。他主张以中国文化为思想资源,以开放、开明、健康、自信的态度对待外来文化,力主在多方面向西方学习,以唯善是从消解变法中的古今中西矛盾。他较早地提出全面系统的变法思想，比较理智地兼顾理想与现实的关系。他既具有世界眼光，又了解中国历史与现实，批评时弊多切中要害，变法主张多切实可行。

冯桂芬

冯桂芬祖辈累世名门望族。到他父亲这一代，家中失火，从此一蹶不振。他自幼博览群书，通经史，精历算、勾股之学，以才学闻名乡里。自幼聪慧特异，读书能一目数行。20岁时，补为县学的生员。年轻时，曾为该邑县令记室，兼治钱谷。县令由于拖欠纳粮，要被夺职罢官。他尽力为县令争辩不得，拂衣而去。冯桂芬遇事能深思熟虑，虽然沉默寡言，但是面临大事、决断大疑，他就会慷慨激昂，直任不辞。冯桂芬严于律己，不轻易与人交往，尚未出仕，已经名重大江南北。

冯桂芬参加道光二十年(1840)庚子科礼部会试、殿试，钦赐一甲二名进士及第，授翰林院编修。而后，他曾经主持多处乡试。

他于同治元年(1862)力请李鸿章奏减苏南田赋，最后朝廷同意苏州、松江、太仓三州府减税三分之一，常州、镇江府减税十分之一。晚年隐居木渎后，在家开修志局，纂修成《苏州府志》153卷。曾先后主讲南京惜阴、上海敬业以及苏州紫阳、正谊诸书院，舆地、算学、小学、水利、农田，他皆有讲求；对当时的河漕、兵刑、盐铁等问题尤有研究。论学不为门户之争，能接受资本主义影响，主张“采西学”“制洋器”。工书法，书宗欧阳询、虞世南，工行草，疏秀简逸。冯桂芬卒于木渎寓所，葬在天池山北竹坞鸡窠岭，苏州绅民为他立祠奉祀。

轶事趣闻

【奉旨读《汉书》】冯桂芬考取进士后任翰林院编修。一次咸丰皇帝来南书房，随口问冯桂芬：“你下班之后都有什么消遣?”冯桂芬为了表示自己很勤奋，就回答说：“读书”。咸丰又问读的什么书，冯桂芬觉得应该说些经典来让皇上高兴，于是回答："读的是《汉书》"，结果这一答，就被咸丰逮住了，因为咸丰那一段时间正在读《汉书》，兴致一来，就要跟冯桂芬讨论《汉书》中关于匡衡"说诗解颐"的典故。不曾想冯桂芬对这个典故不甚了解，只好含糊应答。咸丰很生气，将他打回原籍去读《汉书》，三年后再来述职，相当于停薪留职去读书。冯桂芬回家后"优游田里"三年，没把读《汉书》的事放在心上。期满回京城，没想到咸丰皇帝记性特好，一见到冯桂芬就问："尔非奉旨读《汉书》者乎？"咸丰立即又考他：那你说说党锢之祸这起事件当中，所涉及的主要人物有哪些？冯桂芬又傻眼了，幸亏他还模糊知道此事发生在东汉桓帝时期，冯桂芬只好又硬着头皮回答："臣在家里读的是《汉书》，党锢之祸发生在东汉，记录在《后汉书》里，我还没有去翻书呢。"言下之意就是说皇上您没给我布置这个任务。皇上面试你，你还挑三拣四？咸丰又怒了，又命令他回家读《汉书》。这回冯桂芬不敢马虎了，低着头在家里老老实实读了三年《汉书》，当然包括前后《汉书》。这番用功还真让他的学问得到提升，不仅了解史实，而且还增长"经济"才能。正当他信心满满地准备向咸丰回报读书成果时，咸丰却已经驾崩了。

诗文赏读

落　木

冯桂芬

落木竟无边，萧萧客馆前。壮心悲落日，乡思逼残年。
寒鹊喧枯树，霜鸿唳远天。几茎添白发，揽镜一凄然。

不故弄玄虚，雅俗共赏，也就是说不"隔"，是这首诗的典型特点。从文字上看，这首诗理解起来不甚困难，一般人都能读懂。如果我们将之和历史上著名的诗人作品联系起来，就能发现冯桂芬的功底。首联让人想起了"袅袅兮秋风，洞庭波兮木叶下"和"无边落木萧萧下，不尽长江滚滚来"，这是屈原的悲吟，一种追求不到美好事物的苦闷；这是老杜的凄凉，对韶光易逝、壮志难酬的感慨。当然，这更是诗人冯桂芬的苦闷和感慨——对时局的担忧。颔联和颈联，不由得使人想起了马致远的《天净沙》，这又表现了作者的乡愁，实际上借乡愁表现对时局的担忧。尾联又使人联想到老杜的"白头搔更短，浑欲不胜簪"，抒发了诗人忧国、伤时、念家、悲己的情感，以及对亲人的思念之情。由这首诗，就能理解作者写《校邠庐抗议》的深层原因了。

寻古访胜

冯桂芬故居

【榜眼府第】榜眼府第为冯桂芬的故居，在木渎镇下塘街。其宅坐南朝北，前宅后园结构，具有典型的清朝早期江南宅第园林建筑风格。正路现存三进，分为门厅、大厅和楼厅。西路有花篮厅和书楼。花园在原园址废墟上重建，以池为中心，厅、轩、廊、榭、桥和黄石假山散落其间，高低错落，绿树掩映，充满了诗情画意。整个园宅占地近十亩。榜眼府第里有三件宝，即砖雕、石雕、木雕，被称为“江南三雕”，除了木雕花篮厅和砖雕门楼外，第三件宝便是庭院东侧廊内的石刻——盛世滋生图。现图为木渎民间雕刻家所刻，由八块长一点二米的灵岩山砚石组成，采用阴刻手法，画面线条流畅，气韵生动，成功地表达了原作意境。

提示：苏州市区最靠近的公交车站为“木渎古镇翠坊桥”。

文化辞典

【《校邠庐抗议》】此书是冯桂芬的代表作，一部政论集。“校邠庐”是作者居住处，“抗议”二字语出《后汉书·赵壹传》，即位卑言高之意。作者针对清咸丰朝以后的社会大变动，以及当时科技水平落后于西方国家的状况，向当权者提出了一系列改革方案。此书共收政论 47 篇，大部分作于流亡上海期间，少数为旧作。

曲园

俞 樾

他进京赴试，曾国藩任主考，诗题为“淡烟疏雨落花天”。当众人为“落花”而赋词流泪时，他别出心裁，写出了“花落春仍在”的惊人之句。曾国藩深为赏识，列部试第一名，并将之推荐给咸丰皇帝。他，就是俞樾。

历史回放

俞樾(1821—1907)，字荫甫，自号曲园居士，浙江德清人。清末著名学者、文学家、经学家、古文字学家、书法家。他是现代诗人、作家、红学家俞平伯的曾祖父。俞樾是章太炎、吴昌硕的老师，章太炎又是鲁迅的老师。清道光三十年(1850)进士，曾任翰林院编修。后受咸丰皇帝赏识，放河南学政，被御史曹登庸劾奏“试题割裂经义”，因而罢官。遂移居苏州，潜心学术达40余载。治学以经学为主，旁及诸子学、史学、训诂学，乃至戏曲、诗词、小说、书法等，可谓博大精深。海内及日本、朝鲜等国向他求学者甚众，尊之为朴学大师。

俞樾

俞樾的著作有《春在堂全书》四百六十四卷。著有《易贯》《艮宧易说》《玩易篇》《易旁通变化论》《周易互体征》《八卦方位说》《卦气直日考》《卦气续考》《邵易补原》等。

轶事趣闻

【反对中医】俞樾这样一位治学严谨、造诣颇深的著名学者，却提出了偏激的“废中医论”，成为近代史上反对中医“第一人”，于情于理都令人难以理解。对于其提出“废医”的原因，一般认为俞樾家人多因病早丧，厄运连连，尤其是妻子病故直接促使他提出了“废医”的偏激言论。俞樾涉及“废医”的文章有两篇：《废医论》与《医药说》。但俞樾又认为“医可废，药不可尽废”。

【清理门户】章太炎作为清末民初思想家和学者，是近代史上鼎鼎大名的人物。1891年，章太炎入杭州诂经精舍，在俞樾门下学习七年，其间，学问大进，很受俞老师的赏识。后来，章太炎的民主主义观增强，反清意识浓厚。1901年春，章太炎到苏州东吴大学执教，特地去拜望住在苏州的恩师俞樾，没想到秉持忠君底线的国学大师俞樾对其来访火冒三丈，声色俱厉地斥责章太炎“曲园无是弟子，小子鸣鼓而攻之，可也！”被严责之后，章太炎气愤难平，当晚写下《谢本师》一文，宣布与老师俞樾的师生关系一刀两断。

诗文赏析

“三多四美”联

俞 樾

三多以外有三多，多德多才多觉悟；四美之先摽四美，美名美寿美儿孙。

这是俞樾为正厅乐知堂所撰的一副楹联，表露了他的人生观，据说写于自己60大寿之时。这副对联颇有特色。其一，重复用字。就如“三”和“四”各用了两次，而“多”和“美”各用了五次。其二，在俗语的基础上进一个层次。俗语中的“三多”为“多福多寿多子孙”，而作者增加了“三多”，为“多德多才多觉悟”；俗语中的“四美”为“良辰、美景、赏心、乐事”，而作者增加了“四美”，为“美名美寿美儿孙”。其三，借“三”为“四”，表面上看，“美名美寿美儿孙”只有“三美”，但如果将“儿”“孙”两字拆开，不就是“四”吗？“摽”，捆绑、联结之意。

寻古访胜

【曲园】曲园坐落于苏州市马医科巷43号，始建于清同治十三年，是清末著名文学家、朴学大师俞樾的故居，取《老子》“曲则全”句意，俞越也自号为曲园老人。因为俞樾孙子俞陛云为光绪二十四年(1898)探花，所以，挂有“探花及第”匾额。正宅居中，前后分为五进。其西、北为亭园部分，形成一个“曲尺”，对正宅形成半包围格局。全宅主厅名“乐知堂”，取“乐天而知命”之意。主厅面阔三间，进深五界，为全宅唯一大木结构扁作梁架的建筑，用料较为粗壮，装饰朴素简洁。第四第五进为内宅，即居住用房，与主厅间以封火山墙相隔，中间以石库门相通。

提示：苏州市区最靠近的公交车站为“察院场观前街西”。

文化辞典

【曲则全】老子《道德经》曰：“曲则全，枉则直，洼则盈，敝则新，少则得，多则惑。”意思是弯曲可以保全，受压反而伸直；低陷得到充盈，凋敝于是更新；单一因而得到，繁多所以迷惑。颇有辩证思维。“曲则全”，曲园得名，是否与此义有关？

潘祖荫故居

潘祖荫

大盂鼎、大克鼎与毛公鼎三鼎合称“海内三宝”。前两件古董，是潘祖荫最为得意的收藏，故其刻有“天下三宝有其二”印章一枚。

历 史 回 放

潘祖荫(1830—1890)，字东镛，潘世恩的孙子。号伯寅，自幼好学，精通经史，涉猎百家。咸丰二年(1852)中探花，光绪年间累官至工部尚书、军机大臣。他虽身居高位，却勤于政务，为人谦恭，广结天下朋友，任贤爱才。潘祖荫为官体恤民情，常为民请命。同治二年(1863)曾上疏请求减免江苏赋税；民间遭遇水涝灾害，他曾先后亲书“告灾乞赈”文书成百上千封，并想尽办法“饥者给食，寒者授衣”，为民救灾，无微不至，最后积劳成疾，卒于任上。

潘祖荫酷爱古玩金石，所藏国宝甚多。他在北京去世后，弟弟潘祖年将兄长的青铜器和书画典籍足足装了4船运回苏州，其中就有著名的国宝——大克鼎和大盂鼎。

潘祖荫

轶事趣闻

【拼死护鼎】潘祖荫的弟弟潘祖年去世后，孙媳潘达于挑起守护家藏的重任。1937年抗日战争爆发，苏州沦陷，为避免日寇觊觎，潘达于让家人将两鼎埋在家中一间堆放杂物的大屋里。她让家中的木匠做了一个大木箱，在鼎内塞入破絮，上面覆盖泥土，地面仍铺方砖，不露丝毫痕迹。潘氏全家避难离开苏州后，日军曾多次去潘宅搜查，都没搜到。1951年，潘达于将这两件国宝捐赠给即将开馆的上海博物馆。1959年国庆十周年，中国历史博物馆(2003年与中国革命博物馆合并重组为中国国家博物馆)建成开馆，上海博物馆以大盂鼎等125件珍贵文物支援。自此，两鼎南北两馆各镇一方。而“海内三宝”之一的毛公鼎，现藏于台北故宫博物院。

诗文赏读

山海关

潘祖荫

草色连云古战场，漫从胜国论边防。北来地势横玄菟，西去河声走白狼。
皂帽辽东空一榻，青山华表几斜阳。阑风伏雨无聊甚，行客先秋鬓已霜。

此诗为同治六年(1867)潘祖荫出山海关到沈阳之东查勘福陵工程(清太祖努尔哈赤陵墓)所作，颇有唐人边塞诗的风味。

首联写关外的地势和边防的必要。颔联用典，以衬托边塞的气氛。“玄菟”，古郡名，大致是盖马高原及其周边平原、吉林东部，山海关之北地区；“白狼”，白姓的氏族部落，在山海关之西。颈联用了对比手法，“皂帽”，黑色的帽子，这里又用了一个典故，三国时管宁学问渊博，品德高尚，朝廷屡次请他做官都被他拒绝了，毅然来辽东半岛的海城隐居。为了表明自己清白高雅的节操，他常常戴着染成黑色的帽子，这就是"辽东皂帽"典故的由来。当年的管宁，如今仅留下"一榻"，令人无比感慨。但是，坐落在青山中的华表却经受了多少斜阳！尾联道出了人生的无奈，风雨中，百无聊赖，只能面对斑白的两鬓！

寻古访胜

【探花府第】潘祖荫故居在南石子街5—10号，2003年被列为苏州市控制保护建筑。就是这个三路五进的故居，一度曾经是一家招待所和近50户人家居室，虽然整体格局未变，但内部已面目全非。如今，中路与东路已经经过了整修。中路石库门，上面砖雕"探花府"。目前开放的是第四进与第五进，从这两进房子就能看出典型的"走马楼"格局，东西两侧楼上楼下走廊相连。

提示：苏州市区最靠近的公交车站为"醋坊桥观前街东"。

文化辞典

【大盂鼎】大盂鼎，西周康王时期的青铜器，清道光年间在陕西岐山礼村出土。高101.9厘米，口径77.8厘米，重153.5公斤，造型雄伟凝重，纹饰简朴大方，工艺精湛。内壁铸有铭文19行2段291字，记载了周康王对大贵族盂的训诰和赏赐。大盂鼎出土后，辗转到清末名臣左宗棠的手里。清咸丰十年(1860)，左宗棠遭人劾奏，陷于"罪且不测"的困境。潘祖荫三次"上疏营救"，使左宗棠得以东山再起，成为"同治中兴"的一代名臣。因为这一段情谊，左宗棠将自己珍藏的大盂鼎赠送给了潘祖荫。

【大克鼎】西周晚期一名叫克的大贵族为祭祀祖父而铸造的青铜器。清光绪十六年(1890)陕西扶风出土。鼎高93.1厘米，重201.5公斤，口径75.6厘米。造型宏伟古朴，鼎口之上竖立双耳，底部三足已开始向西周晚期的兽蹄形演化，显得沉稳坚实。纹饰是三组对称的变体夔纹和宽阔的窃曲纹，线条雄浑流畅。鼎腹内壁亦铸有铭文2段，共28行，290字，主要记录克依凭先祖功绩，受到周王的策命和大量土地、奴隶的赏赐的内容。此鼎系潘祖荫用重金从柯氏手里购得。

翁同龢故居

翁同龢

“宰相合肥天下瘦，司农常熟世间荒。”这副名联涉及两个历史人物李鸿章、翁同龢，其中不乏调侃。事实上，清末历史人物中，两代帝师翁同龢值得我们景仰。

历史回放

翁同龢(1830—1904)，字叔平，号松禅，别署瓶庐居士、并眉居士等，别号天放闲人，晚号瓶庵居士。常熟人，中国近代史上著名政治家、书法艺术家。大学士翁心存之子，咸丰六年(1856)中状元，历任户部、工部尚书、军机大臣兼总理各国事务衙门大臣。先后担任清同治、光绪两代帝师。卒后追谥文恭。

翁同龢工诗画,尤以书法名世,幼学欧阳询、褚遂良,后学董其昌、米芾,中年后上追颜真卿,又不受颜字束缚,结体宽博开张,笔画刚劲有力,风格苍浑遒劲,朴茂雍容。著有《翁文恭公日记》《瓶庐诗文稿》等。

翁同龢

同治四年(1865),翁同龢接替父业,入值弘德殿,为同治师傅,前后教读九年。同治病逝后,光绪继位,慈禧又命翁同龢入值毓庆宫,为光绪师傅。大清王朝,历时近300年,举行了100多次会试,录取状元114名,其中入阁拜相,官至大学士,并荣膺太傅、太保头衔的仅三人。而作为状元出身的汉族大臣得以参与大清机要的也只三人,翁同龢便是其中之一。

如此荣耀,像一道神秘的光环让人仰慕。更为难得的是,这位差不多到了“国务院总理”一级职务的高官,心里装的不是中饱私囊,不是利用权势搜刮财富,他以中国古代士大夫的做人处事标准严格要求自己,虽说称不上完人,其风骨情操还是能成为清末历史中的一抹亮色的。

翁同龢最让人佩服的,是他在年近古稀的晚年,支持光绪皇帝变法,亲自撰写《定国是》诏书,倡导在全国自上而下改革。晚清历史的一些显赫的名词(事件),如“戊戌变法”“百日维新”等,无不与翁同龢密切相关。翁同龢一生接受的是封建文化的教育,但是为了国家的繁荣昌盛,毅然扬弃一些陈旧观念,跟上时代前进的步伐,顺应世界历史潮流,积极为光绪皇帝的变法出谋划策,大胆提出改革的诸多方针和措施,实属不易。

光绪皇帝和翁同龢一起发动的这场改革,被晚清保守势力视为洪水猛兽,一群旧大臣们在慈禧面前泣诉:“祖宗之法不可变。”翁同龢的命运同历朝历代的改革者一样,未能逃脱“凄凉”二字。变法后第三天,慈禧下令撤去翁同龢毓庆宫授读;第五天,慈禧又迫使光绪下诏贬翁同龢回原籍。翁师傅开缺,对学生光绪皇帝是个沉重打击,一场有希望改变中国命运的改革,终于以失败告终。最后,谭嗣同等七君子在北京菜市口被杀,为这场改革划上了一个悲壮的句号。

即使命运碰到这样的挫败，翁同龢依然心存坦荡，晚年靠典卖字画度日，生活拮据。曾自撰挽联一副："朝闻道，夕死可矣；今而后，予知免夫。"

轶事趣闻

【半支人参夺状元】翁同龢与孙毓汶都出身名门，两家对状元都是势在必得。孙家宅第就在皇城附近，考前的一个晚上，孙家很大方地邀请翁同龢吃饭并留宿。席间，孙父频频劝酒，絮絮畅谈。席散，孙父又将殿试规矩不厌其烦地一一指点，直到深夜；而孙毓汶推脱不胜酒力先退。翁同龢睡不到一刻，突然庭前爆竹声大作，接连不断，终夕不能成寐。考试中，翁同龢很快没了精神，突然记起临来时父亲给的两枝老山人参，急忙填入嘴中咀嚼起来。不一会，就觉精气流贯。结果：翁同龢第一，孙毓汶第二。幸亏老父亲更胜一筹，这半枝老山人参助他夺魁。后来人们就称翁同龢为"人参状元"。

【杨乃武案】翁同龢在任刑部右侍郎期间，处理的最重要的案件是当时轰动全国的杨乃武与小白菜这一冤案。光绪元年(1875)十二月，翁同龢直接负责重大案件的审办，他细阅全部案卷，发现供词与诉状的疑点和漏洞甚多。在询阅了杨乃武姐姐的呈词和浙江绅士的联名控诉，走访了浙江籍的京官，听取了刑部经办人员的各种意见之后，经过认真研究，讯问犯人，调查证人，重新检验尸骨，终于查清葛品连系病死而非中毒死亡。至此，杨乃武与小白菜冤案得以平反。办理此案的大小官员以及作伪证的证人全部受到惩治。此案可谓晚清中国狱讼、法制体系自我完善的典型。而翁同龢忠于职责、为平民平反的职业精神，也可谓一代帝师应有的风范。

【翁李恩怨】李鸿章与翁同龢势不两立，翁氏与李鸿章结怨，正是因为其兄翁同书。翁同书在安徽巡抚任上，奉命剿杀捻军，搞得整个形势十分难堪。在曾国藩处当秘书的李鸿章加油添醋上报皇帝，翁同书一审被判处"死刑"，后来改判为流放新疆。李鸿章组建北洋水军，为水军司令，翁同龢则主管"户部"。李鸿章多次打报告向"财政部"要钱，翁同龢每次都说没钱，致使北洋水军从光绪十四年(1888)以后，没再买过一艘军舰。就这样，个人的私仇被无限放大为公恨，而替其买单的，则全是百姓了。

诗文赏读

道逢村叟询余家事凄然有作

翁同龢

温公五亩宅，汝亦屡经过。乔木今何在？吾生可奈何！

雀罗原见惯，葛帔亦人情。白发何村叟，能呼小子名。

此诗应该写于翁同龢落难之际。翁同龢路上遇到的村间老头，原来是给得官、升官、考试得中的人家报喜而讨赏钱的一个"报子"。翁家全盛时期，屡次出入。而如今，翁家门庭冷落车马稀，翁同龢能不"凄然"！"温公"，司马光，此处用了借代，我家那种占地五亩的豪宅，你都见过了；但是，那里的高大树木今天又到了哪儿呢？我这一辈子可真是无奈呀。"雀罗"，门可罗雀，这本来是司空见惯的事情；"葛帔"，用葛制成的披肩，后用为怜恤友人贫困。你这个白发老头，在我落难的时候，你还肯认我，呼得出名字，我确实感动。这时候的翁同龢，靠典卖字画度日，生活拮据，定然看透了人生，认清了世态之炎凉。

寻古访胜

【翁同龢故居】翁同龢故居"彩衣堂"位于常熟古城区翁家巷，现在已辟为翁同龢纪念馆，为全国重点文物保护单位。进入大门，沿中轴线依次是门厅、轿厅、彩衣堂、后堂楼和双桂轩等七进。开阔高大的彩衣堂系明代建筑，为翁氏故居正厅，是翁家接待宾客和日常议事场所。因《二十四孝》中老莱子"彩衣娱亲"故事，故名"彩衣堂"，寓有世代为官、彩衣满堂之义。

提示：常熟最靠近的公交车站为"第一人民医院"。

文化辞典

【《翁同龢日记》】起自咸丰八年(1858)六月二十一日，迄于光绪三十年(1904)五月十四日，记叙了这一时期的许多重要史事和作者本人的思想、活动，被誉为晚清三大日记之一。据一些学者考证，翁同稣戊戌罢归后，为避忌讳，曾对日记中有关戊戌变法和维新派的内容作过删改。

洪钧故居

洪 钧

在产于苏州的50个状元中,他是最后一个。他一直处在外交漩涡中。他,就是洪钧。

历史回放

洪钧(1839—1893),清末外交家。字陶士,号文卿。苏州人。祖上原籍安徽歙县,曾祖时迁来苏州。同治三年(1864)26岁时参加南京乡试中举,同治七年(1868)中状元,任翰林院修撰。后出任湖北学政,主持陕西、山东乡试,并视学江西。1881年任内阁学士,官至兵部左侍郎。1889年至1892年任清廷驻

洪钧

俄、德、奥、荷兰四国公使。

洪钧担任驻外使节期间，充分利用外国著作，靠译员的帮助，补证中国史实。经数年努力，编撰成《元史译文证补》30卷，为中国史学界利用西方资料研究中国历史的开端。洪钧认真考察各国的政治、经济、文化，对欧洲各国形势均有研究，认为“欧洲多事”，“不出十年将有战争”，相对而言“中国稍安”。他建议清政府抓紧时机，搞好自身发展。后来第一次世界大战爆发，事实证明了洪钧分析的正确性。

洪钧回国后的光绪十八年(1892)，发生了帕米尔中俄争界案，洪钧依据外文地图误绘中俄边界，将帕米尔地区诸多哨卡画出中国国界，遭到朝中官员们联名弹劾。洪钧心理上遭受沉重打击，在悔恨交加中抑郁成疾，于光绪十九年(1893)八月二十三日病逝于北京，年仅54岁。

轶事趣闻

【“状元夫人”赛金花】曾有友人请洪钧“吃花酒”，巧遇傅彩云(赛金花)，后洪钧出钱替她赎身，娶回家中为妾。光绪十三年(1887)作为清朝皇帝的特命全权公使，洪钧奉命出使欧洲列国。按西洋礼仪，夫人该随同前往，但洪钧夫人是深受封建礼教熏陶的大家闺秀，无法承受西洋那种握手、拥抱甚至亲吻的礼仪，故将诰命服饰借与傅彩云，让傅彩云以“状元夫人”的身份随洪钧出使。洪钧病逝后，傅彩云被迫离开洪家，重操旧业。八国联军攻陷北京时，烧杀抢掠，无恶不作。凭着当年曾与德国贵族、八国联军总司令瓦德西的一段交往，傅彩云孤身前往，劝瓦德西约束军纪成功。北京市民感激涕零，尊她为“赛二爷”，甚至称她“护国娘娘”。后来，由于小说家的渲染，赛金花被称为“中国的羊脂球”。

【代皇上充军】光绪十九年(1893)，山东义民在威海卫打死一名英国水手，英政府抗议并提出要把皇帝发配到大西北。据说洪钧主动提出“代皇上充军”，满朝震惊，皇帝感动，让洪钧戴上为其特铸的一副金手铐脚镣，赴边陲充军。光绪皇帝曾下诏将洪钧所戴金铐脚镣奉还苏州洪府，埋藏地下，以表彰其功勋。当然,这至今没人亲眼见过。

诗文赏读

西湖诗

闲情多付笑歌频,缓步芳尘画不尘。风送桃花随钓艇,一竿春色在渔人。

这是洪钧录在一幅扇面上的咏西湖的诗。后文的落款是"以奉培卿仁兄"。在洪钧赠别人的其他扇面上同样也有这首诗,所以,我们认为这是一首洪钧特别喜欢的诗,很可能就是洪钧自己所作。这首诗表现的是一种闲趣。首句即点名"闲"字,而"闲"的具体体现就是频频的"笑歌";在"芳尘"中"缓步",如画的风景却一尘不染。春天东风过处,吹落无数桃花,落英缤纷,飘向钓鱼船;那么,船上垂钓的渔翁,得到的就是无边的春色。洪钧是个忙人,但他也希望有这份悠闲!

寻古访胜

【洪钧故居】洪氏老宅在西支家巷。光绪十七年(1891)洪钧出使回国,在苏州建造新宅及庄祠,占地3 000余平方米,即今悬桥巷故居。宅院现为市级文物保护单位。坐北朝南,2路7进,后门临萧葭巷河(河已于1958年填没),原有廊桥,过桥即萧葭巷。如今的"洪钧故居"牌匾与文物保护标志牌都悬挂在东路门口,即悬桥巷29号。实际上,东路是洪氏桂荫义庄(洪氏祠堂),如今能见到的是一进门厅、一进享堂,左右以两庑相接,就如北京的四合院。住宅包围祠堂西北两面。西路共七进,入内依次为轿厅、花厅,花厅前原有旱船、亭子、假山、桂树,现已无存,第四进大厅已拆除,厅后两进为堂楼与上房,连以楼厢和旱桥,末进下房通后门。

提示:苏州市区最靠近的公交车站为"市立医院东区东"。

文化辞典

【诰命夫人】诰命夫人是唐、宋、明、清各朝有朝廷封号的贵妇人。明清时期形成了非常完备的诰封制度,一至五品官员授以诰命,六至九品授以敕命,夫人从夫品级,有俸禄,没实权。故世有"诰命夫人"之说。

金鸡湖

李超琼

在“三年清知府，十万雪花银”的黑暗时代，担任过江南膏腴之地八个县邑主官的人，身后竟然“几无以为殓”。这就是晚清的官员李超琼。

历史回放

李超琼(1846—1909)，四川合江县人，聪明、勤勉、正直，曾任苏州元和、吴县、长洲等地知县。在任时，李超琼谨慎对待和处理百姓呼声，深得苏州百姓爱戴。

李超琼

李超琼的建树，主要是修补地方公用设施。清代财政“轻徭薄赋”，长期实行低税率政策，在关系民生的公用设施建设上从来消极无为。加上清末列强勒索，官员贪腐，国库空虚，政府完全丧失了建设有形公共设施的能力。在国家积贫积弱，老百姓水深火热的时候，芝麻官李超琼凭他的勇气和智慧，竟屡屡在地方兴建或改建公共设施。仅元和一县，李超琼发起并完成的公共设施就有：苏州城东各官塘(葑门塘、相门塘、至和塘)、各驿道,金鸡湖长堤,车坊、洇径、章练塘等地的众多桥梁,甿字圩等防洪设施,章练塘、陈墓、白沙港、蔡泾等处的河道疏浚。李超琼调任元和县知县后,了解到金鸡湖由于湖面开阔,湖中心又无岛屿阻拦,一遇狂风,必波涛汹涌,翻船事故频繁。经过周密考虑,光绪十六年(1890)夏,李超琼发动民间捐资,在金鸡湖内筑一条长堤。这样既让湖中船只得以躲避风浪的干扰,又可改善交通条件,还可让广大灾民通过做工,有尊严地获得收入。

李超琼把赈济的钱款和改善公用设施结合起来。李公堤,就是这个思路的代表性产物。光绪十九年(1893),李超琼又利用"庚寅(1891)夏秋间""存县未缴"的"赈余之款",在章练塘和陈墓两镇发起改善公共设施的工程。

轶事趣闻

【修堤巧取土】金鸡湖周围是水网地区,筑堤取土是一个难题。当时葑门、相门、娄门和齐门外都堆有大量太平天国战争时期留下的砖瓦屑,李超琼动员了一百六十多条船只,组织当地百姓将这些砖瓦屑运到金鸡湖中,解决了取土的难题。早已毁于战火的斜塘市镇,也因长堤的建成而重新恢复生机。百姓把金鸡湖长堤称为"李公堤",把它比作杭州西湖的苏堤、白堤。

【为佃户做主】清末,"吴中私租之重,业户(地主)待佃(佃户)之苛"都到了极点。光绪十六年(1890)某日,元和县"某大绅"绑着斜塘佃户姚银和来到县衙告官。大绅站在大堂上"聒聒不已",声称"非严刑峻法,必长顽佃刁风"。县令李超琼当场沉下脸来,痛斥这位"大绅"的荒谬说法,使得"在座者皆失色"。佃户姚银和被当场松绑释放。地主不服气:"这哪行! 这个乡下人刚才还撕了一张县府的布告呢!"李超琼问:"你有证据吗?"那时候再有钱的人都不可能有录像设备。于是,李超琼说:"既没有,就该让他走!"

诗文赏读

绝句两首

李超琼

去年秋旱禾如毁,今岁春寒麦未舒。农事盼晴天又雨,深宵自责愧如何。

初蚕戢戢不宜风,几日狂飙已半空。多少蚕娘中夜泣,那禁愁叹与民同。

李超琼的诗歌作品往往直接表达了他对农民命运深切的关切。这是他在溧阳为官时作的两首同题七言绝句。第一首，与白居易的《杜陵叟》颇同。秋天遭灾，禾苗枯焦，盼望着来年春天，岂料春寒料峭，麦苗无法正常生长。农民们需要晴天时却又下雨，这让一个为民"父母"的地方官能怎样呢？难道也是"急征暴敛求考课"吗？那是豺狼！第二首吟诵的对象是蚕桑。"戢戢"，密集状，初蚕最怕风，但是几日的狂飙却与蚕娘作对，蚕娘的哭声怎能不引起作者的同情呢！联系李超琼在苏南各县任上的所作所为，一个深入民众、倾听民声、关心民瘼、勤政爱民的好官形象跃然纸上。

寻古访胜

【李公堤】李公堤是苏州市金鸡湖中唯一的湖中长堤，全长1 400米。李公堤整体典雅精致，当年商贾云集的盛景，从堤上古碑文中仍可略窥一二。如今李公堤已成为国内混合型亲水社区的成功典范，形成规模巨大的开放型现代城市生态公园。2009年12月，李公堤从苏州20多家市级特色商业街中脱颖而出，被中国步行商业街工作委员会评为"中国特色商业街"，成为苏州市区第一个"国字号"特色商业街。2010年李公堤被评为"苏州十大最美夜景地"。

提示：苏州市区最靠近的公交车站为"李公堤""李公堤南"。

文化辞典

【《李公堤记》】为经学大师俞樾所作。显然，曲园老人并非是一心钻进象牙塔中的书呆子，而是一位忧国忧民、富有正气和爱心的读书人。正是基于这种思想感情，俞樾才对金鸡湖畔的筑堤之举格外关注，并"乐观厥成"。也因此慨然允请，作《李公堤记》，并在简明朴实、精细有序的记叙中，对小他25岁的"李公"多有赞誉。细读《李公堤记》，不难发现李超琼在抗灾筑堤中有三大"高招"。一是勇于"报忧"，获得了朝廷拨款和省府支持。二是放手发动元和民众，有智出智，有钱出钱，有力出力，踊跃参加抗灾筑堤。三是聘请当地最早主张筑堤的潘祖谦、张履谦(兼出钱最多之人)为工程总指挥，做到了"工不浮""财不费""农事不伤"。

苏州织造署旧址

王颂蔚、王谢长达与王季玉

人说“富不过三代”，但指向“人才辈出”的“贵”呢？苏州的士大夫家庭，自有其教育后代的特殊“法宝”，就拿王鏊来说，他的后代中可是人才辈出。

历史回放

王颂蔚(1848—1895)，字芾卿，长洲(今苏州)人，明代大学士、文学家王鏊十三世孙。光绪五年(1879)进士。学识渊博，办事干练。

王颂蔚早年师从冯桂芬，20岁时由冯桂芬聘请修撰《苏州府志》，与叶昌炽、管礼耕、翟氏校定《铁琴铜剑楼书目》。通籍后，撰《周礼义疏》及《明史考证攟逸》若干卷。王颂蔚同叶昌炽、袁宝璜合称“苏州三才子”。

清光绪六年(1880)王颂蔚中庚辰科进士,改庶吉士继续进修,散馆改户部主事,补军机章京。因其内心钦慕朱蓉生、梁节庵等为人,故常说:假使我能为御史言官之职,则愿足矣。王颂蔚每每看到有耿直忠诚的为官事迹,都手抄笔录。

王颂蔚

朝廷考核录用御史,他参加考试,且获第一名。想不到军机处因其工作出色,业务熟练,不予放任而未成。但耿言敢说之志不衰——弹劾安徽巡抚阿克达春贪污渎职;在购买北洋海军军舰时浮报冒领价款一案的上奏文稿,也由王颂蔚撰写。

王谢长达(1848—1934)是王颂蔚的夫人,本名谢长达。清末在苏州成立放足会,是中国妇女解放运动的先驱者。1906 年,谢长达在几位热心教育的友人的资助下,募捐千余元,在苏州办起一所"两等"(初等和高等)小学,取名"振华女校",并亲任校长,致力教育救国,振兴中华民族。可以想象在科举制度兴盛千余年的封建社会,创办新学处境艰难,多有疑义责难,少有认同赞誉者,而且入学者寥寥无几。谢长达只好四处游说,苦口婆心地动员家长支持子女入校。年复一年,"振华女校"声誉日隆,为国家培养出一批批栋梁之材。

王季玉(1885—1967),为王谢长达之女。曾去日本补习英语及数理,再去"蒙特豪里尤克学院"专修文学。归国后,为继承母志,婉辞各大学之聘,致力于振华女校的校务工作。新中国成立后,历任苏州市教育工会委员、市妇联副主任,市第三、第六届人民代表,市人民委员会委员。1958 年,因年事过高,难于照顾校务,先后在南京中国科学院植物研究所及杭州药物试验所工作,并担任江苏师范学院附中(即原振华女中)名誉校长。1967 年 3 月 14 日,病逝于杭州。她终身未嫁,一生献身于教育事业。

轶事趣闻

【为官清廉】王颂蔚为官清廉,曾任工程监督,厂商按常例赠送因工程节约所提奖金,他坚决不收,说:提工价的十分之一奖人,虽为常例,但我不能随俗浮沉。潘祖荫和翁同龢都是他的恩师,官居高位,但除非请教学问,平时他决不轻易拜访。潘祖荫高风亮节,待人严谨,一般不随意夸奖人,唯独对王颂蔚推崇备至。

【慧眼识才】王颂蔚与蔡元培的交往,被传为佳话。当年蔡元培在北京参加会试,考官是王颂蔚。王发现了蔡答卷的与众不同之处,蔡得中贡士。但当时蔡元培以为录取无望,便离京南下。没想到发榜的时候,他却榜上有名;只因为他已回到南方,误了当年的殿试,所以只好在两年后再去补考。1892 年,蔡元培复试成功,得中进士。1934 年年底,王颂蔚夫人王谢长达逝世,蔡元培不忘师恩,在追悼会上说"鄙人于四十余年前,受黻卿先生教训……",黻卿(芾卿)先生,指的就是王颂蔚。

【远见卓识】中日甲午之战爆发,翁同龢负责军机处,王颂蔚积极进言说:"军机处总持战局,更应该先知道战区地形,今军机处连高丽地图都没有,每当前方奏报军情,连所指地名在哪里都不知道,如何能运筹帷幄、决胜千里呢?"当时有友人从日本归来,带给王颂蔚日本报馆所印中国的地图,上面铁道、港口、电线等悉数罗列,十分周详。王深为叹息:"敌人准备已非一日,而我们则在临渴掘井,如何能制胜敌人!"不久,中国果然战败,割地赔款,他深为悲愤,抑郁寡欢,于光绪二十一年(1895)七月在北京逝世,年仅 48 岁。

【叫花子校长】"振华女校"办学之初,由于经费不足,谢长达先生费尽心思,无奈将自己 70 大寿时亲友们祝寿的礼金悉数捐出……振华学校以高薪聘请名师教学,而被聘名师,都慕名而来,而且许多名师不计报酬追随谢长达先生而至。民国六年(1917),谢长达因年事已高,乃将校长一职交由刚从美国学成归来的三女王季玉担任。王季玉本人每月仅仅领取生活费二三十元,大部分工资都存放在学校,作为资助教职员工困难时的生活费用。王季玉生活俭朴,常年穿布衣布鞋,衣服破了就缝缝补补再穿,被人戏称为"叫花子校长"。

诗文赏读

胡适之先生在振华女校演讲(选段)

今天来是很惭愧的:因为几次到苏州来,总没有机会到此地,这次贵校长请我必要来参与这次毕业典礼,我是很快乐的。而我最快乐的一点,是见到这里的新校舍,就是以前的织造府,诸位想都知道我是很欢喜研究小说的,《红楼梦》一书,我时时在考据。

我今天应该对毕业同学说几句话，所以现在要转到毕业同学方面来讲。诸位毕业了，将离此地而到社会上，或是再升学去，但一个人，在将来总要有职业，所以不论你是升学，是入社会，对于你终身的职业，总得早日选定。

选职业，可从两方面说，(一)是社会的需要，(二)是自我的兴趣，在现在流行有偏重的毛病，就是大家只顾到第一个问题——即社会的需要，而忽略了第二个重要的自我的兴趣，所以说得不到多大的好处。

在适应社会的需要，实是应当的，但是事实上往往不能得好处。以我自己的经验讲。我在十二年前，那时将出洋，我见了我的哥哥，请求他对于我的教训，我的老兄劝我入农科，将来在农业上着些功绩，我想了他的话，我到了美国，我进了农科。可是读了好久，对于农业上一点经验学说都没有，犹记得第一次实习是洗马，我不会洗，我的老师笑着教了我，这样几次会了，却又要驾马去犁田，我又不会，后来慢慢的也会了，动作起来，常给他们笑。我想学了这种东西有什么用处，所以决计不学了，决计转科。那时，我又没钱，设法吃尽辛苦，聚了钱，转了文科。我说了这种经验，就是要使诸位知道，选择职业的重要。诸位，决不愿仅为了社会的需要而忘去了自己志趣，要晓得社会上的事业是很多很多，上而政治家、文学家、哲学家，以至负贩的都是职业，我们是应该看重自己的能力前进，不该埋没了自己的天才。

…………

所以我要劝诸位，应该第一看自己的天才之所近而进取，第二才看到社会。因为社会上的职业是有几千万。而我一人最聪明的只多是肩上一两种，所以要请诸位明了这点而努力于自己的才能，使“自我”尽量的发展。

寻古访胜

【苏州织造署旧址】苏州织造署旧址位于城区带城桥下塘18号(今苏州市第十中学西南部)。苏州织造署是一个特殊的机构，清廷专门为皇帝采办各种丝绸制品，而在江南设置苏州、南京和杭州三处织造署。苏州织造署第一任主官就是《红楼梦》作者曹雪芹的祖父曹寅。当年康熙南巡曾在此驻跸，如今该处还保留着顺治四年(1647)《织造经制记》《重建苏州织造署记》等珍贵碑刻；耸立于假山池塘中的瑞云峰，名冠江南，历经沧桑，英姿依旧；织造署旧址1982年被列为苏州市文物保护单位，2002年升为江苏省文物保护单位，2013年3月被列为第七批全国重点文物保护单位。

提示：苏州市区最靠近的公交车站为“东吴饭店”。

【瑞云峰】瑞云峰是一块太湖石，为宋徽宗“花石纲”遗物。与“江南三大名石”冠云峰、玉玲珑、绉云峰媲美。现坐落在江苏省苏州市第十中学(织造署遗址)校园内。此石形若半月，多孔，玲珑多姿，峰高5.12米，宽3.25米，厚1.3米，涡洞相套，褶皱相叠，剔透玲珑，被誉为妍巧甲于江南。明代时为董姓所得，董嫁女时将石作嫁妆赠给苏州富绅徐泰时，徐将石置于东园(即留园的前身)，更名为瑞云峰。乾隆四十四年(1779)，被苏州织造从留园迁至当年织造署西花园——乾隆南巡行宫。峰石外形巍峨，玲珑剔透，具有太湖石透、瘦、漏、皱等特点，以柔美见长。同时正面嶙峋，背面圆润。

提示：苏州市区最靠近的公交车站为“东吴饭店”。

【王颂蔚故居】在乌鹊桥东100余米的十全街南侧，如今的737号门口，悬挂着一块木质文物保护标志牌，其上部为“王颂蔚故居”五个大字，下部是对王颂蔚的简单介绍。然而，这却是一桩笑话，737号实际上是“慎思堂”王颂彬(王颂蔚的堂哥)的故居，而怀厚堂王颂蔚故居在737号东边百余米的一条叫“五龙堂”的小巷内。

提示：苏州市区最靠近的公交车站为“南林饭店”。

文化辞典

【振华女校】振华女校1906年由王谢长达女士创办，取名“振华”，旨在振兴中华。坐落于苏州古城区东南部十全街，后因学生日多，学校规模渐大，由季玉先生迁至严衙前，后又迁至带城桥下塘之旧织造署(即今十中校址)。著名教育家陶行知先生曾评价说：“振华是数一数二的学校，是振兴女子教育最早的先锋。”后学校多次重组，校名几经变化，如今为江苏省苏州第十中学和苏州市振华中学校。

【版本学】版本学就是研究图书在制作过程中的形态特征和流传过程中的递变演化，考辨其真伪优劣的专门学科，在古籍研究中尤显重要。研究的内容主要包括：图书的物质形态及特点风格，版本的源流系统，不同历史时期、地域的版刻特点，版本的识别与鉴定等。王颂蔚通目录版本之学，长于金石考证，对晁公武、陈振孙、欧阳修、赵明诚四人的著作研究颇深。

章太炎故居

章太炎

章太炎学识渊博，文通古今，生平留有四百万字的著述，为中华民族谱写了光辉灿烂的历史篇章；然而在生活中，他却是一个迂腐可笑、不谙世事者。

历史回放

章太炎(1869—1936)，初名学乘，字枚叔，后更名绛，号太炎，后又改名炳麟，浙江余杭人。章太炎为我国近代的国学大师及中国民族资产阶级的思想家、革命家，他毕生致力于资产阶级民主革命，是推翻清朝封建君主专制制度、反对袁世凯称帝、积极缔造共和的先驱者。

章太炎幼年受祖父及外祖父的民族主义熏陶，通过阅读《东华录》《扬州十

章太炎

日记》等书，不满于清朝的腐朽统治，奠定了贯穿其一生的华夷观念，后来与《春秋》的夷狄观以及西方的现代民族主义观点相结合，形成具有其个人特色的民族主义观。光绪十七年(1891)，章太炎师从俞樾等大学问家。

早年的章太炎关注经、子之学，初步确立对“今文”“古文”界线的认识。著有《膏兰室札记》《春秋左传读》等。辛亥革命后，他自敛锋芒，退居书斋，钻研学问，成为一代宗师。在学术上，他涉猎甚广，经学、哲学、文学、语言学、文字学、音韵学、逻辑学等方面都有所建树。一生著述颇丰，自 1982 年起上海人民出版社陆续出版《章太炎全集》，“全集”有“中国文化百科全书”之称。

轶事趣闻

【吵架认师徒】章太炎的大弟子黄侃也是国学大师，章太炎被称作“章疯子”，黄侃也被称为“黄疯子”。巧合的是，黄侃与章太炎曾同住一栋楼里，黄在楼上，章在楼下，两人起初均不知情。某晚黄侃夜读，尿急懒得上厕所，就爬上书桌对着窗口抒情，楼下的章太炎也在院内读书，被“尿雨”扫了兴致，对着楼上引经据典乱骂，可黄侃也是饱学才子，加上性格好强，也引经据典回骂。两人出口成章，旁观者听得钦佩不已。经熟人通告，双方握手言和。黄侃得知是章太炎，当下拜师。

lǐ　zhuó　zhǎn
㸚　叕　㠭

【怪字择婿】章太炎有三位“千金”，由于他是国学大师，又是专门从事“小学”(中国传统语言文字学)研究的，识字很多，在给自己的三个女儿起名时，他从浩如烟海的古籍中找了三个生僻之极的、就连当时的学界名流也叫不出的字，分别给三个女儿起名——“章 lǐ”“章 zhuó”“章 zhǎn”(见右图)。并且宣称，娶他女儿的男孩子要达到的最基本的条件是认识他女儿的名字，否则免谈。结果，三个如花似玉的女儿老大不小了，上门提亲者却左等不来、右等还是不来。

【骂袁世凯】民国初年，袁世凯设宴款待京城名流，章太炎也在被邀之列。章太炎得到袁世凯请柬后，在上端大书四字："恕不奉陪"，随即投入邮箱。辛亥革命后章太炎常手持一扇，扇面写"悔不击碎竖子脑袋"八字。

【只吃面前菜】章太炎吃饭时从来只吃摆在面前的两个菜，对摆在远处的菜则懒得举箸。久而久之，伺候他的听差便只把一些清淡的素菜放在他的近处，而把鲜腴的菜肴放在远处，等他吃完后，听差们便自己享用。就这一点而言，太炎先生颇像宋代的宰相王安石。

【不辨方位】章太炎方位感极差。在日本办《民报》期间，常闹出不识归途误入别人家门的笑话。当时他住在报社，距离孙中山寓所很近；但是每次去孙中山那里必须要有人同行，否则肯定迷路。这种情况到了晚年更加严重。一次，他坐车回家，车夫问他去哪里。他说："我的家里。"车夫问他家在哪里，他回答："马路上弄堂里，弄口有家烟纸店。"结果，车夫拉着他满大街转。

【充当人质】章太炎任教东吴大学的同事黄人也是一个痴人。一次，两人在茶馆小坐聊天，结账时才发现都没带钱，遂决定将章留下作"人质"，黄回去取钱。不料黄人回家后，正巧收到朋友寄来的书，于是一看成痴，竟然让章太炎无休止地担当"人质"的角色。

【婚礼趣闻】经过蔡元培介绍，章太炎与汤国梨女士结为夫妇。据说婚礼当天，章太炎皮鞋左右颠倒穿错，引得宾客大笑。宴饮之际，席上有人提议，要求新郎以 30 分钟为限，即席吟诗一首；待新郎吟成后，新娘须继续唱和，若新娘于短时间内未能步韵，录写旧作一首亦可。章太炎略一思索即吟道："吾生虽稊米，亦知天地宽；振衣涉高冈，招君云之端。"吟毕，席间掌声一片。随之，新娘也出示旧作一首："生来淡泊习蓬门，书剑携将隐小村。留有形骸随遇适，更无怀抱向人喧。消磨壮志余肝胆，谢绝尘缘慰梦魂。回首旧游烦恼地，可怜几辈尚生存。"举座亦一致称赞。

诗 文 赏 读

狱中赠邹容

章太炎

邹容吾小弟，被发下瀛洲。快剪刀除辫，干牛肉作餱。

英雄一入狱，天地亦悲秋。临命须掺手，乾坤只两头。

清朝光绪二十九年(1903)，作者和邹容一道在上海被捕。邹容写了一本

《革命军》,作者为他作序,另外还在报纸上写了骂大清皇帝的文章。作者以为他们这次入狱怕不能活着出来了,因而写了这首诗送给邹容,表示和他同患难,共生死。

首联中,“被发”即“披发”,一般形容年纪小;“瀛洲”即日本。此联意为邹容为了宣传革命思想,年尚幼即赴日本。颔联中,以剪除辫子的行动表示邹容献身反清革命的决心,“餱”,即干粮。颔联两句赞扬邹容的革命激情,有壮志雄心的忠勇之士被捕入狱,天地也会悲叹国之将亡,如秋天的万物萧条。形象生动,语言悲壮,字里行间饱含着革命的友谊和正气充塞于天地间的浓烈情感。此外,这两句也贴切地说明了一个革命者无辜被投入监狱,天地也会为之悲愤。尾联中的“掺手”即“执手”,手拉手,最后一句是说我们两颗头颅,好比天地一样大,表达愿和你同生共死之意。

寻古访胜

【章太炎故居】章太炎故居,位于苏州市锦帆路 38 号。章太炎自 1932 年起多次来苏州讲学。1934 年,购得锦帆路新式洋房一所,定居苏州,在此创办“章氏国学讲习会”。此处为章太炎当年藏书、著述、会客和生活起居之所,外观立面是中西合璧式建筑,清水砖墙,青平瓦屋面,大门柱子仿罗马式,木门窗既有苏州传统建筑风味,又有国外洋房气息。章太炎故居当年被称为“章园”,大门朝南在体育场路(原名宋衙弄),后门朝西在锦帆路。如今大门封闭,从锦帆路后门进出。故居现为“苏州市人民政府侨务办公室”和“苏州市海外交流协会”等单位的办公场所。

提示:苏州市区最靠近的公交车站为“饮马桥”“苏州日报社”。

文化辞典

【章氏国学讲习会】章太炎对“国学”的认知有“国粹”“国故”“国学”“国性”几个阶段,他曾前后有多次办国学讲习所。其中最著名的一次即办在苏州锦帆路的章氏国学讲习会。

曾朴故居

曾　朴

表面上，曾朴受着科举应试的教育，实际上沉浸在文艺书籍中，文学的基石在无形中得以奠定。

历史回放

曾朴(1872—1935)，中国清末民初小说家、出版家。家谱载名为朴华，初字太朴，改字孟朴(曾孟朴)，又字小木、籀斋，号铭珊，笔名东亚病夫。常熟人，近代文学家、出版家。

曾朴生于书香世家，曾家是常熟望族之一，祖上世代为官。曾朴的父亲曾之撰对曾朴寄予了殷切的期望，希望他能萤雪苦读换来春风得意。曾朴自幼

曾朴

聪慧好学。光绪十七年(1891)中举。次年赴京参加会试,以墨污考卷出场。弄污考卷事件发生后,父亲曾之撰为了不让曾朴过于难堪,立刻斥资给他捐了个内阁中书。在京任职的曾朴,眉宇间流露着自信,翩翩风华才子,交游广泛,豁达不羁。

曾朴于1902年至1903年间在沪经营丝业失败,遂于1904年与丁初我、徐念慈创办小说林社,大量发行译著小说以鼓荡新风气,其中也包括金松岑等编著的鼓吹民族革命思想的作品。继又发行《小说林》杂志,当资产阶级民主主义革命家秋瑾牺牲后,这个杂志发表了不少诗文、传奇以示哀悼。在这一时期内,曾朴完成了《孽海花》,鼓吹民族革命与民主革命的思想也由此萌发滋长。

五四运动发生那年,曾朴即摒弃旧学,嘱托留德学医的友人在欧洲购买大批文学书籍,打算全面介绍法国文学,并着手编撰了法国文学史大纲。他对五四新文学运动是抱着赞颂态度的。他主张中国的文学应开辟"新路径",主张输入外国新文学;注入新血液以扩大中国文学领域;他也赞扬"为人生而艺术"的观点,提倡纯净的、大众化的白话文和"平民文学"。

1927年,曾朴与长子虚白在沪创设真美善书店,办《真美善》杂志(真美善语出法国革命时期文学口号)。这一时期,曾朴的主要贡献是介绍法国文学。据现有资料统计,他翻译的法国文学创作和文艺评论有31篇(部),尤其对法国进步的浪漫主义大师雨果介绍最力。雨果反对古典主义的《克林威尔》,反对暴政的《嬉王》《欧那尼》,暴露资本主义社会黑暗的《笑的人》《巴黎圣母院》等戏剧和小说,都是由他最早介绍到中国来的。废寝忘食的工作使曾朴突发心脏病,几近不治,卧病两年,不能写字读书,只能靠欣赏法国音乐还有和家人用法语对话打发时间。

在五四后,上海涌现的富有天才的文人墨客中,曾朴是个异类。曾朴从未跨出国门,从未接受过正统的西式高等教育,仅仅凭借西欧小说和上海霞飞路上的异国风情而在精神上构建了一个全盘西化的世界。

1931年,《真美善》杂志停刊,曾朴回到家乡常熟虚廓园,潜心园艺,游憩养病,1935年病逝。

轶 事 趣 闻

【功名不合此中求】曾朴早年虽是个旧式举人，但十分厌恶封建科举制度；在其少时所作《赴试学院放歌》中就痛切揭露清廷科场视士子如盗贼的现象，对那些孜孜攻读八股文章钻营功名利禄的文士表示鄙夷。后来虽迫于老父严命并被督送北上应试，入场后却故意弄污试卷、题诗拂袖而出，愤然表示"功名不合此中求"！虽然其父为他捐内阁中书留京供职，但傲岸的曾朴不屑于浮沉宦海，日与同好文友诗酒遨游。他留京几年，终觉得小京官生涯不足以偿其志，遂愤然出都，脱离宦海。

【交往小凤仙】小凤仙原本是一位小妾的女儿，从小跟着一个名为养母实为女仆的人生活，正巧遇到了曾朴。曾朴每月会贴补她一些财帛，希望小凤仙可以接受良好的教育。未曾想到再次相见的时候，小凤仙已经落入了风尘之中。曾朴感觉十分的痛心，也对那女仆进行了训斥，但是已经没有法子改变近况了。小凤仙到北京等地，很快就成了那时当红的妓女，后来，小凤仙熟悉了蔡锷。蔡锷希望娶到小凤仙，可是小凤仙却踌躇不定。蔡锷突然想到了曾朴，于是托曾朴出头帮忙。最终，在曾朴的努力之下，蔡锷和小凤仙终成一路之人。

诗 文 赏 读

湖桥竹枝词

曾　朴

郎如拂水岩头石，怕成东风飞上天。妾如西门湾里坝，明明断却暗相连。

拂水岩，又名拂水晴岩，地处虞山顶藏海寺前。有呈丁字形的"长寿""香花"两桥架在山崖上。每逢雨后，山涧水泻成飞瀑，一旦南风起，瀑水倒卷而起，如珠玉飞溅，凌空飘洒。即使晴日，仍有细雨蒙面之感，阳光下常能现一道彩虹，故称"拂水晴岩"，为虞山十八景中的著名景点。竹枝词属于民歌类，语言平实，善用比喻，以表现男女情爱题材著称。这首诗用一个女子的口吻，把"郎"比作拂水岩上的巨石，她知道，一旦东风来临，可以将瀑布倒卷，但将这块巨石吹上天又谈何容易！然后表明自己的心：我的处境就如西门外的水坝，似乎将水流截断，但是这个水还是暗中相连。虽遭遇种种非难，但阻断我俩的情爱谈何容易!

寻古访胜

【曾园】为江南著名古典园林,位于常熟古城西南隅。清同治、光绪年间曾朴之父曾之撰建于明钱氏“小辋川”遗址,名“虚廓居”,亦名“曾园”。园内水面宽广,衬以平冈小阜,布局得宜。且借景虞山,景点丰富,遥山近水,风光如画。晚清及近代文化名人遗迹留存颇多,足堪玩味。有古红豆、香樟等名木,水池风荷,尤具佳趣。曾朴是曾园的第二代主人。1935 年病故于此。此前一两年,一度将园林向外界开放,并设茶座,可见他已有把园林公诸大众之心。新中国成立后,园林为学校所用,如今对外开放,其中部分被辟为曾朴纪念馆。

提示:常熟最靠近的公交车站为“第一人民医院”。

文化辞典

【《孽海花》】《孽海花》为晚清四大谴责小说之一,曾朴所作。小说采用隐喻的手法,以苏州状元洪钧和名妓傅彩云的经历为线索,展现了同治初年至甲午战争 30 年中国社会政治文化生活的历史变迁。作为近代历史小说的代表,后世评价甚高。作者采用网状的结构推进故事情节,文笔娟好,明丽如画。鲁迅称许《孽海花》:“结构工巧,文采斐然。”在国际汉学界,该书更是影响颇大,早有英、俄、日等多种文字传世,并获汉学界盛赞。

沈寿故居

沈　寿

她是苏绣的标志性人物,为苏绣赢得了最高荣誉。然而,她的后半生却在南通度过。她,就是沈寿。

历史回放

沈寿(1874—1921),初名云芝,号雪宧,1874 年生于苏州一儒商家庭,从小

沈寿

随父亲识字读书。十六七岁时成为苏州有名的刺绣能手。光绪三十年(1904)是慈禧太后的70寿辰,沈云芝奉上亲手制作的绣品。慈禧见到《八仙上寿图》和另外三幅《无量寿佛图》,大加赞赏,称为绝世神品。她除授予沈云芝四等商勋外,还亲笔书写了“福”“寿”两字,分赠沈寿夫妇。从此,沈云芝更名“沈寿”,而她的丈夫余兆熊则改名为余福。

同年11月,清廷农工商部派沈寿夫妇赴日考察,她成为中国刺绣史上第一个出国考察的刺绣艺人。1905年2月,沈寿回国后,在刺绣中将西洋绘画注重光线、透视、追求光色变化的特点与中国传统刺绣的用针、设色技巧熔于一炉,创造了以“求光”“肖神”为基本特点的“仿真秀”,把我国的传统刺绣推向了一个划时代的新阶段。

后来,沈寿所绣意大利皇帝、皇后像在意大利宫廷引起轰动。

1914年,张謇在江苏南通创办女红传习所,沈寿应聘担任了所长兼教习。在沈寿的精心培养下,刺绣人才辈出,后几十年,江南的刺绣高手,大多出自沈寿门下。

沈寿所著、张謇手录的《雪宧绣谱》一书,影响广泛。此书分绣备、绣引、针法、绣要、绣品、绣德、绣节、绣通等,从线与色的运用,刺绣的要点到艺人应有的品德修养,以至保健卫生,都有比较完整的阐述,堪为我国第一部系统总结苏绣艺术经验的专门著作,一度被译成英文版《中国刺绣术》,流传甚广。

完成《绣谱》后的沈寿已经耗尽自己人生的最后一丝气力,1921年6月8日沈寿与世长辞,时年48岁,葬南通黄泥山之东南麓,墓门石额上镌刻着张謇的楷书“世界美术家吴县沈女士之墓”。

轶事趣闻

【南通淹留】张謇,清状元。咸丰三年(1853)出生于长江北岸南通州。

1910年，清政府在南京举办南洋劝业会，时任江苏咨议局议长的张謇被任命为审查长。当时有一幅顾绣大屏需要鉴定。张謇听说沈寿的绣艺高人一筹，特地请她来鉴定真假。绣品刚展开，沈寿即断定为真品，问其何以断定，说："一看针法，便不难辨出。"张謇佩服她的才识，决定于南通女子师范学校设绣工科，即女红传习所，请沈寿来主持。沈寿在南通8年不归，与张謇诗词唱和，一时间流言蜚语传遍街头巷尾……

诗文赏读

惜忆四十八截句

张　謇

黄金谁返蔡姬身，常道曹瞒是可人。况是东南珠玉秀，忍听蕉萃北方尘。有斐馆前春水生，唐家闸外暮潮平；登楼即席殊矜重，不似惊鸿始为惊。

张謇在诗中把沈寿比作蔡文姬，而自己当然就是曹操。作者邀请沈寿到南通任职，与曹操赎回蔡文姬相类比，颇为恰当。或许，这时的作者应该"心有戚戚焉"，所以他为了"东南珠玉秀"，离开"北方尘"辞职回家；"蕉萃"，指卑贱低下的人，作者自谦之语。"有斐馆""唐家闸"，都是南通的地名，正合张謇把沈寿请到南通任女红传习所任所长兼绣科主任一事。尾联则是对沈寿举止的描绘。1911年沈寿的《意王后爱丽娜像》在意大利展览获金奖，张謇功不可没。

寻古访胜

【沈寿故居】沈寿故居位于木渎镇山塘街中段，故居原本是明代李氏小隐园，乾隆初年，由虹饮山房主人徐士元购得，并进行扩建改造，遂成前宅后园布局。到了清末，徐家日渐衰落，又将东园卖给了陈家。陈家有个外甥女沈云芝，就是后来大名鼎鼎的"刺绣皇后"——沈寿。沈寿从小就在这里跟着胞姐沈鹤一穿针度线，学习刺绣，开始她的艺术生涯。木渎镇利用修复后的虹饮山房东园办起了"沈寿纪念馆"，以发扬苏州传统刺绣技艺。

提示：苏州市区最靠近的公交车站为"木渎严家花园""木渎古镇翠坊桥"。

文化辞典

【苏绣】苏绣,被人们誉为中国艺术宝库中的一颗明珠,为我国“四大名绣”之首。苏绣的发源地在苏州,现已遍布江浙一带。苏绣作品的主要艺术特点为:山水能分远近之趣,楼阁具现深邃之体,人物能有瞻眺生动之情,花鸟能报绰约亲昵之态。苏绣的仿画绣、写真绣其逼真的艺术效果名满天下。在刺绣的技艺上,苏绣常用三四种不同的同类色线或邻近色相配,套绣出晕染自如的色彩效果。同时,在表现物象时善留“水路”,即在物象的深浅变化中,空留一线,使之层次分明,花样轮廓齐整。人们往往以“平、齐、细、密、匀、顺、和、光”八个字概括苏绣的特征。

【巴拿马太平洋万国博览会】为了庆祝巴拿马运河通航,1915 年 2 月,在美国西海岸的旧金山市举办了“巴拿马太平洋万国博览会”。博览会历时 280 余天,共有 31 个国家参加,参展品 20 多万件,参展人数达到 1 900 万。这届世博会,第一次让中国扬眉吐气了一回。在展品评奖时,中国展品获得各种大奖 74 项,金牌、银牌、铜牌等共 1 200 余枚,让中国工商业人士颇受鼓舞。沈寿绣品在这次博览会中获得金奖。

柳亚子故居

柳亚子

毛泽东主席喜欢吟诗作赋，与毛主席唱和最多的党外人士就是柳亚子。

柳亚子

历 史 回 放

柳亚子(1887—1958)，原名慰高，字安如，吴江黎里镇人，南社创始人之一。曾任孙中山总统府秘书，中国国民党中央监察委员、上海通志馆馆长。“四·一二”政变后，被通缉，逃往日本。1928 年回国，进行反蒋活动。抗日战争时期，与宋庆龄、何香凝等从事抗日民主活动。1949 年,出席中国人民政治协商会议第一届全体会议。新中国成立后,柳亚子历任中央人民政府委员、全国人大常委会委员之职。

柳亚子是著名的爱国人士,有“亚洲卢梭”“今屈原”之美誉。郭沫若评价柳亚子:“是一位典型的诗人,有热烈的感情,豪华的才气,卓越的器识,随着时代的进步而进步。”他的诗感慨豪宕,沉郁深婉,热情奔放,独树一帜,开一代革命诗风。他写了一部敢哭、敢笑、敢怒、敢骂的革命史诗。

轶事趣闻

【夹壁逃生】1927 年 4 月 12 日,蒋介石发动了“四·一二”反革命政变。5 月 8 日夜半,突然一阵拳打脚踢的砸门声将镇中柳宅的家人从睡梦中惊醒。原来是南京国民政府的陈群奉蒋介石密令,指使驻苏州第十独立旅旅长张镇派出一小股军警直扑黎里,目标就是被蒋视为眼中钉的柳亚子。柳亚子在夫人郑佩宜的协助下,赶紧从卧室穿过厢楼来到第五进的复壁。柳亚子当夜从复壁脱险后,便穿上当地渔民的服装,雇了一条打鱼船,天色未明即启程,消失在茫茫雾色之中。

诗文赏读

七律·和柳亚子先生

毛泽东

饮茶粤海未能忘,索句渝州叶正黄。三十一年还旧国,落花时节读华章。

牢骚太盛防肠断,风物长宜放眼量。莫道昆明池水浅,观鱼胜过富春江。

这首七律首联两句回忆自己同柳亚子在广州的第一次见面和在重庆的第二次的相见,表明彼此并非初交。颔联点到正题,“三十一年”,诗人第一次到北京至今 31 年了,也仍然是忆旧,就在这种情况下,读到了柳亚子的“华章”。显然,首联回忆的是两人的交往,颔联回忆的是自己的行踪。柳亚子原诗《感事呈毛主席一首》中流露出要回乡隐居的意思。所以,诗人用严子陵隐居垂钓富春江畔这个典故,借唱和的方式叙旧谈心,进行坦诚恳切的开导、规劝,表达了对挚友的一片爱护之情。再回头看“三十一年”,应该还有类比的含义吧:我当年不得志离开北京,经过了 31 年,不就又回来了吗?

寻古访胜

【柳亚子故居】柳亚子纪念馆坐落在吴江黎里古镇上,原为清乾隆直隶总督、工部尚书周元理私邸,落成于1780年之前,宅名“赐福堂”。宅中有周家设计的复壁,一旦遇到紧急情况,主人就可以携带金银细软暂入藏身。1922年,柳亚子向周氏后裔典租了这座深宅大院,这里就成了一代诗人会见四方爱国人士、议论国家大事、编辑《南社丛刻》、撰写爱国诗词文章的地方。柳亚子故居门厅正前方挂着屈武题写的“柳亚子纪念馆”六字匾额,第二进中央是柳亚子先生汉白玉雕像,两侧柱子上悬挂着周恩来总理赠送给柳亚子的“铁肩担道义,辣手著文章”墨迹。东西两侧的墙壁上,用巨大的版面布置了毛泽东主席和柳亚子先生的《沁园春》唱和诗。

提示:吴江最靠近的公交车站为“黎新桥”。

【中国南社纪念馆】位于山塘街800号原张国维祠堂内。在南社纪念馆展览的大量珍贵史料中,最珍贵还数以毛泽东带头、七十位领导人和学者一起响应为柳亚子题词的纪念册,这是中国革命博物馆为此制作的唯一一件复制品。此外,馆内还陈列了《南社丛刻》、《南社人物传》、《笠泽词征》、孙中山先生亲笔题写的《三民主义自序》等大量珍贵资料,以及陈去病、柳亚子等南社成员用过的遗物。

中国南社纪念馆

提示:苏州市区最靠近的公交车站为“虎丘首末站”。

文化辞典

【南社】南社是一个曾经在中国近现代史上产生过重要影响的资产阶级革命文化团体,1909成立于苏州,其发起人是柳亚子、高旭和陈去病等。南社受孙中山先生领导的同盟会的影响,取“操南音,不忘本也”之意,支持资产阶级民主革命,反对满清王朝的腐朽统治,为辛亥革命做了非常重要的舆论准备。

叶圣陶墓

叶圣陶

1904年“癸卯学制”实施，“语文”独立设科。但“语文”究竟是什么，这个看似简单的问题却一直拖了半个世纪才得以解决。解决这个问题的人就是叶圣陶。叶圣陶说：“平常说的话叫口头语言，写到纸面上叫书面语言。语就是口头语言，文就是书面语言。把口头语言和书面语言连在一起说，就叫语文。”

历史回放

叶圣陶(1894—1988)，原名叶绍钧，字秉臣、圣陶，1894年10月28日生于江苏苏州。叶圣陶是现代作家、教育家、文学出版家和社会活动家，有“优秀的语言艺术家”之称。1907年，考入草桥中学。1916年，进上海商务印书馆附设尚公学校执教，推出第一篇童话故事《稻草人》。1918 年，发表第一篇白话小说《春宴琐谭》。1923 年，发表长篇小说《倪焕之》。1949 年后，先后出任教育部副部长、人民教育出版社社长和总编、中央文史研究馆馆长、中华人民共和国全国政协副主席、民进中央主席等职。

叶圣陶

文学创作和教育工作是很难达到统一的，但叶圣陶例外。人称叶圣陶是“文学家从事教育，教育家进行文学创作”。作为文学家，叶圣陶是现代文学中“文学研究会”首批十二成员之一。叶圣陶小说的突出艺术成就，在于他对“灰色人生”的冷静观察和客观描写，表现了典型的现实主义的特征。如《潘先生在难中》就是被称为最能代表叶圣陶短篇小说创作成就的作品。作为语文教育家，他 70 余年如一日，身体力行，创造性地形成了独特的富有民族特色的科学的语文教育思想体系，为开创我国现代语文教育事业作出了不朽的贡献。

轶 事 趣 闻

【乔迁遭敲诈】据说叶圣陶居上海时，青石弄房屋建成，正值乔迁大喜之际，叶圣陶居然受到了敲诈：有人把他当成是“大款爷”，上门“借钱”。后来，又收到一封要 500 大洋的恐吓信，要他把钱放到北局国货商场（今人民商场）的抽水马桶上方的小水箱内，口气甚是狂妄。后来由于上海租界警局的介入，此事不了了之。

【亲自写范文】叶圣陶的作品《稻草人》《多收了三五斗》《苏州园林》等，因为是经典的“范文”，前前后后无数次被选入各种版本的中小学语文课本，直至当今。为了语文教学的需要，叶圣陶亲自写便于学生模仿的范文，如《记金华的两个岩洞》《景泰蓝的制作》等。

诗文赏读

浣溪沙(四首)

叶圣陶

曳杖铿然独往还,小桥流水自潺潺,数枝红叶点秋山。渐看清霜欺短鬓,稍怜瘦骨怯新寒。中年情味未阑珊。

尽日无人叩竹扉,家鸡邻犬偶穿篱,罗阶小雀亦忘机。观钓颇逾垂钓趣,种花何问看花谁?细推物理一凝思。

野菊芦花共瓦瓶,萧然秋意透疏棂,粉墙三两欲僵蝇。章句年年销壮思,音书日日望遥青。可堪暝色压眉棱!

几日云阴郁不开,远山愁黛锁江隈,乡关漫动庾郎哀。风叶洒空疑急雨,昏鸦翻乱似飞灰。入房出户只徘徊。

一般认为这四首《浣溪沙》写于1939年12月15日的乐山。抗战时期,叶圣陶辗转于四川,1939年8月19日,日寇飞机轰炸乐山,诗人只能移居城外。

从表面上看,作者似乎尽享田园乐趣。第二首中的境况确实写实,似乎有陶渊明笔下的境界。然而,面对这样的境况,诗人抒发的却是心中无尽的"愁"!"渐看清霜欺短鬓",与老杜的"白头搔更短"何异?"章句年年销壮思,音书日日望遥青",又是"家书抵万金"的境界!"几日云阴郁不开,远山愁黛锁江隈",写出了内心的愁苦,而"乡关漫动庾郎哀",更是直接点出了庾信的《哀江南赋》,显然,作者在为故乡江南而哀,为民族的灾难而哀!

擅长用典,但即使是不知这个典故的人,也能从字面上看懂,这就是作诗的高明之处,这就是所谓的不"隔"。而对文学略有所知者,从叶圣陶这四首诗中却能读出陶渊明的"狗吠深巷中,鸡鸣桑树颠",读出叶绍翁的"小扣柴扉久不开",读出欧阳修的"春山敛黛低歌扇",读出苏轼的"竹杖芒鞋轻胜马",读出马致远的"枯藤老树昏鸦,小桥流水人家"……可见作者古典文学根基之深。

寻古访胜

【叶圣陶故居】1935年秋,叶圣陶以多年笔耕收入,在苏州青石弄5号建屋,举家自沪回苏定居。后因抗战爆发,举家离开苏州,辗转四川等地。临走前,叶圣陶将这处房子交给朋友照看,后来几经波折,几十年中,此处陆续搬进多户人家。叶圣陶故居的围墙南面就是十全街上的南林饭店。一度,这座宅院被圈入南林饭店,后经反复交涉,才得以物归原主。1985年,叶圣陶正式把青石弄5号这所私房捐赠给苏州市文联。他说道,各地的作家若到苏州来体验生活,需要有一个适宜的地方居住,享受免费招待。其高风亮节实为可敬!1988年冬天,《苏州杂志》创刊,杂志社先设在文联大楼内。1990年,由苏州文联出面,正式迁入此处。远在北京的叶圣陶得知此消息后,非常高兴。

提示:苏州市区最靠近的公交车站为“南林饭店”。

【叶圣陶纪念馆】叶圣陶对甪直感情深厚,和当地人民结下了深情厚谊,早在“五高”期间,他在这里开始了教育改革的实验,创作了近百篇文学作品,同时积极传播新文化、新思想。当时他所创作的小说,有多篇取材于甪直,如《倪焕之》等。叶圣陶把甪直比作培育自己成长的“摇篮”,亲切地称之为“第二个故乡”。甪直人民为了表示对他的崇敬和怀念,将当年叶老执教的几处旧址重新建修,辟为叶圣陶纪念馆。纪念馆坐落在保圣寺西,陆龟蒙墓之南,是当年叶圣陶工作过的“五高”所在地。叶圣陶逝世后,他的骨灰就安葬在甪直当年的“五高”边上。

提示:苏州市区最靠近的公交车站为“甪直邮电局”。

【万盛米行】万盛米行是甪直镇一家老字号店铺,始于民国初年,由镇上沈、范两家富商合伙经营后转让给殷家。米行规模宏大,有存放米食的廒间近百个,是当时当地首屈一指的大米行,成为甪直镇及周围10多个乡镇的粮食集散中心之一。米行的格局为“前店后场”,前面是做买卖的店铺,后面是大米加工的工场和储存粮食的廒仓。米行的河埠头当地方言叫“河滩头”,为装卸谷米的码头。一旦新谷登场,这里舟船汇集,就会出现小说中所描绘的热闹场面。叶圣陶的著名作品《多收了三五斗》就是以万盛米行为背景。

提示:苏州市区最靠近的公交车站为“甪直邮电局”。

文化辞典

【语文的“工具性”】在新中国成立初期叶圣陶担任国家教育部副部长主管基础教育的一段时间内,以及“文革”后刚刚恢复高考的一段时间内,语文教学数度被冲击,成了政治的附庸。为了保证中小学生的读写听说能力的培养,叶圣陶大力强调语文的“工具”属性,拨正了语文教学的方向。

周瘦鹃故居

周瘦鹃

1968年8月12日凌晨,一个老人投进了自己花园里那口浇花用的水井中。他,就是周瘦鹃先生。

历史回放

周瘦鹃(1895—1968),原名周国贤,苏州人。现代作家,文学翻译家。曾任第三、第四届全国政协委员、江苏省人民代表、苏州市博物馆名誉副馆长。

周瘦鹃是一个著名的作家,他认为文学作品的主要阅读对象应该为平头百姓,因此,他的作品多以平民关注的风花雪月为题材,与程小青、范烟桥等被称为“鸳鸯蝴蝶派”作家。

周瘦鹃

周瘦鹃又是一个文学翻译家、编辑出版家，经他翻译、编辑的书刊杂志数不胜数。

周瘦鹃还是一个园艺师，在周家花园，他培植了大量的奇花异草，老一辈无产阶级革命家如周恩来、朱德、陈毅、董必武、刘伯承、叶剑英、陆定一等都到过周家花园，与其切磋园艺。

周瘦鹃更是一位由“旧文人”向“新文人”转型的过渡人物。新中国成立后，周瘦鹃一度封笔，自我陶醉于花木丛中。1953 年，当时任上海市市长的陈毅突然来访，同他亲切交谈，要他打消一切顾虑，为新中国歌唱。1962 年 4 月，出席全国政协第三届第二次会议的周瘦鹃在中南海受到毛泽东主席的单独接见，毛主席亲自鼓励他继续写作。于是，他再出江湖，写出了一篇又一篇不同凡响的作品。

1968 年，张春桥在一次接见苏州造反派的会议上点了周瘦鹃的名，大意是你们苏州那三只“老蝴蝶”(笔者按：“鸳鸯蝴蝶派”的周瘦鹃、范烟桥、程小青)不可以再搞搞吗？特别是那个周瘦鹃玩盆景，腐蚀革命斗志嘛！什么爱莲堂，臭不可闻的地方。许多大人物感兴趣，我就不去。于是，周瘦鹃被大会小会批斗，身心受到了极大的摧残。

轶事趣闻

【“瘦鹃”笔名的来历】1912 年，17 岁的周国贤开始翻译外国小说，他自取了一个笔名“瘦鹃”，接着以“红鹃啼瘦楼”命名自己的书斋。周瘦鹃成名之后，曾有好多人问及笔名的出处。周有过一段诠释：“别号最带苦相的要算是我的瘦鹃两字，杜鹃已是天地间的苦鸟，常在夜半啼血的，如今加上一个瘦字，分明是一头啼血啼瘦的杜鹃。这个苦，岂不是不折不扣十足的苦么?”这里面包含着两层意思：首先是作家笔耕的辛苦，其次，可以从他作品的题材、内容上来理解，周自己说过“吾满腔子里塞着的无非是悲思，无非是痛泪，提笔写来，自然满纸是凄风苦雨”。

诗文赏读

杜鹃花

周瘦鹃

杜鹃古木上盆栽,绝肖孤猿踞碧苔。花到三春红绰约,明珰翠羽入帘来。

抗战前,周瘦鹃曾以重价买得盆栽杜鹃花一本,枯干粗如人臂,下部一根斜出,衬以苔石,活像一头老猿蹲在那里,花作深红色,鲜艳异常。这首诗是他为这盆杜鹃而写。开头两句是对这盆景的形象描绘,可谓惟妙惟肖。后两句虚写,作者想象着春暖花开时绰约的红色,令人神往;更为奇妙的是作者在最后用了比喻,“明珰”或指用珠玉串成的耳饰,或泛指珠玉;“翠羽”,指翠鸟的羽毛,古代多用作饰物。作者想象着杜鹃之红,可与明珰翠羽媲美。

周瘦鹃喜欢杜鹃花;另外,他也喜欢鸟中的杜鹃,他认为“鸟和花虽有连带关系,然而鸟有鸟名,花有花名,几乎没一个是雷同的,惟有杜鹃却是花鸟同名,最为难得”。《杜鹃枝上杜鹃啼》是他著名的散文作品。

寻古访胜

【紫兰小筑】紫兰小筑在苏州城区凤凰街王长河头3号,进入第一人民医院西门的必经之处。周瘦鹃36岁时,购得王长河头原著名书法家何绍基裔孙何维朴的产业“墨园”,改建后称为“紫兰小筑”,俗称“周家花园”。

提示:苏州市区最靠近的公交车站为“苏大附一院十字街院区西”。

文化辞典

【鸳鸯蝴蝶派】“鸳鸯蝴蝶派”是中国现代一个文学流派,发端于20世纪初叶的上海,因写才子佳人成双成对如同鸳鸯蝴蝶而得名,以“游戏笔墨,备人消闲”为其主要宗旨。作品大都推崇以“消闲”“遣愁”“排闷”“除烦”为目的。人们又多以其所办最有影响的刊物《礼拜六》名之,称之为礼拜六派。但是,其中有些作家如包天笑、周瘦鹃、张恨水等,也曾写过一些有积极意义的作品。

后　记

2016 年初，我拿着担任苏州大学附属中学校长时所编的校本教材《千年烟雨》(主编：高万祥，执行主编：高俊清)找到家伦兄，希望与他合作正式成书，家伦兄欣然同意。于是，就进入了紧张的撰稿与寻找出版社的工作。

在将近两年的过程中，我们对原书的材料作了理性的分析、取舍，补充了大量的文字资料和现场图片。

本书写作大致分工如下：总体策划高万祥，第一单元主要撰稿人王家伦，第二单元主要撰稿人潘新娜，第三单元主要撰稿人高俊清，第四单元主要撰稿人董玉叶，第五单元主要撰稿人顾毓凡。最终统稿王家伦。

著名吴文化学者谢勤国先生和苏州三中赵龙泉老师分别对全部书稿作了精心的阅读，指出不少谬误之处，谨表示衷心感谢。丁向红、王之喆、王健、李烨、吴厚仁、沈明峰、张秋红、陈良、郁平、金士岳、姚红兰、陶梨、楼焱青等提供了大量帮助，另有苏州大学文学院“学科教学(语文)”研究生万泳菁、王艳丽、宋芝佳、仲捷敏、苏英、沈兰、张丽丹、张欣然、张星奕、张洪敏、张慧中、胡洁等都参与了本书的各项工作。一并表示感谢。

书稿的完成不是句号，我们恳切希望专家学者与广大读者对我们这本书予以批评指正，这厢先谢了。

高万祥

2019 年 4 月

后　记